思想
REFLEXION ⑦

解嚴以來：二十年目睹之台灣

編輯委員會

總編輯：錢永祥

編輯委員：江宜樺、沈松僑、汪宏倫
　　　　　林載爵、陳宜中、單德興

聯絡信箱：reflexion.linking@gmail.com

網址：www.linkingbooks.com.tw/reflexion/

目次

論「眞」*

陳瑞麟

台灣哲學學會與《思想》季刊以「真理」為題，舉辦2007年聯合徵文。收到的稿件，經台哲會與本刊邀聘7位學者組成評選委員會匿名評選，最後決定由陳瑞麟先生所撰〈論「真」〉一篇入選，並在本期《思想》刊登。本刊與台哲會感謝所有參與徵文活動的作者，也感謝7位評選委員的熱心與認真。

《思想》編輯委員會

一、眞理、眞相與眞實性

「爲眞理，我們義無反顧！」近20年前，還是稚嫩大學生的我，積極參與校園民主化的學生運動。在一次行動中，社團成員想出了如上的標語，大家毫無異議地贊同，心中滿懷「風蕭蕭兮易水寒」的悲憤。當時的我，相信「民主」、「校園應該民主化」

---

* 很感謝《思想》與台灣哲學學會的聯合徵文活動，我相信這樣的活動，長久下來將會深深地促進台灣「哲學創作」（而非哲學學術論文寫作）的風氣。哲學創作對於催生台灣自己的哲學思考傳統是必要的。

和「台灣應該解除政治禁錮」等等崇高的目標的確是「真理」，它們值得我們「義無反顧」地投身實踐。然而，我並沒有想過「爲什麼它們是真理？」「究竟根據什麼我判斷它們是真理？」更沒有想過「它們適合被稱做『真理』嗎？」

　　「沒有真相，就沒有總統！」2004年3月台灣總統大選，時任總統副總統的陳水扁和呂秀蓮在投票前一天遭到槍擊，子彈射傷呂秀蓮小腿並劃過陳水扁肚皮，史稱319槍擊事件。兩人在送醫急救後並無大礙，投票照常舉行。結果選前民調較高而且當選希望看好的候選人連戰與宋楚瑜落選了。泛藍陣營的支持者群情嘩然，他們不承認選舉結果，他們相信陳水扁自導自演槍擊案，賺得同情票，扭轉選舉結果。他們在憤怒之下盤據台北市景福門抗爭月餘，喊出「沒有真相，就沒有總統！」這句撼動人心的口號。

　　Wahrheit（德文）、truth（英文）、vérité（法文）、veritas（拉丁文）、alethia（古希臘文）這些語詞都被認爲代表了同一個概念，通譯成中文詞「真理」。它一直是最重要的哲學概念之一，也是最廣泛的哲學爭議來源。一個廣被接受的意見認爲「真、善、美」是最崇高的三個終極價值，在某些情況下「真理」甚至足以涵蓋善與美──例如，我們並不習慣講「道德善理」或「藝術美理」，我們仍然說「道德真理」或「藝術真理」。「真理」被視爲人類智性活動的最高目標或唯一目標，哲學家們爲這個概念或語詞投擲了無數腦力、心血、時間與文字篇幅。可是，當代英美哲學對於「真理」的討論，似乎環繞在下列這個看似平凡卻難懂的例子上：

　　「雪是白的」是真的，若且唯若，雪是白的。

　　如果要一般人舉出他相信是眞理的，他或許會舉出「地球繞太陽轉」、「司法是正義的最後防線」、「言論自由是每個人的天賦權利」、「宇宙是誕生於一個大霹靂爆炸」等等「高見」；他或許相信眞理是那種能夠扭轉社會成見與錯誤、足以「振聾發瞶」的洞見。一旦他看到英美哲學家浪擲許多文字在爭論「雪是白的」這樣的例子時，他或許會大失所望。不容置疑地，「雪是白的」爲眞，但是我們該稱它做眞理嗎？這豈不是太褻瀆「眞理」這個詞的崇高意義了？可是，誰又能否認「雪是白的」確實爲眞？或許英美哲學家想討論不是熱血青年心中那種爲之義無反顧的眞理？

　　美國前副總統高爾擔綱主演的紀錄片 *An Inconvenient Truth*，台灣通譯成「不願面對的眞相」。我們不必追究商業邏輯下對於 inconvenient 的譯詞，但是 truth 被譯成「眞相」卻是英漢字典與台灣社會的共識。對於崇高的眞理，一般人大抵保持尊敬之心，可遠觀而不可強求，那是科學家、思想家、學者的禁地；可是，我們的社會對於眞相有一種執著的激情：我們呼籲國民黨公開二二八事件的眞相並道歉、我們要求日本政府公開慰安婦的眞相並道歉、我們希望民進黨政府澄清決策的過程與眞相……等等，我們強烈要求各國各級政府公布他們隱瞞的事實眞相。如果眞相對我們那麼重要，我們要如何判斷一個人（或政府）所講的是眞相？我們究竟是根據什麼來下判斷？換言之，什麼是眞相的判斷標準（判準）？一個立即的回答是如果一個人講的話是事實，他講的就是眞相。可是深入一想，「話」並不是事實，正如畫像不是本人一樣。可是，畫像可以符合本人的形貌。所以，如果精確地說一個人講的話「符合」事實，他講的就是眞相。因此，如果一個人告訴我們「雪是白的」，而且他這句話符合雪是白的這個

事實。所以他的話是眞相。這麼說來，與其說英美哲學家想尋求「眞理的判準」，毋寧說他們想尋求「眞相的判準」。用哲學的術語來說，眞相就是眞語句或眞命題，所以，他們想尋求「眞語句或眞命題的判準」。

當哲學家說「眞語句」時，也就意謂一種擁有「眞的」這種性質的語句。我們可以把「眞的」名詞化，稱這性質爲「眞實性」（或者簡單地稱做「眞」〔truth〕）；正如我們可以把「綠的草」中的「綠的」加以名詞化成爲「綠色」。我們如何判斷草是綠的？依賴於我們對於綠色的知覺，我們的綠色知覺爲「綠色」這個名詞提供了意義。我們如何判斷語句是眞的？直覺上，依賴於該語句是否符合事實。換言之，如果語句符合事實，則它是眞的；如果語句是眞的，則它符合事實。這樣看來，「符合」爲「眞實性」提供了意義，「符合」定義了「眞實性」。如果語句符合事實，我們就可以判斷這個語句是眞的。所以，尋求眞語句的判準，也就是尋求眞實性的定義：關鍵答案就在於「符合」。如此，我們已經爲眞理議題提供解答了嗎？

二、眞實性的判準

眞相的判準是什麼？眞實性的定義又是什麼？眾所周知，20世紀早期有3個主要的答案互相競爭：符合論（或實在論）、融貫論和實效論。符合論主張眞相的判準就是「命題符合事實者爲眞」，我們可以使用「符合」這個概念來定義眞：如果一命題p是眞的，若且唯若，p符合事實。融貫論者主張「一命題和相關的命題集內所有命題都沒有不相容者爲眞」，「都沒有不相容」就是「融貫」。所以，如果一命題集Σ爲眞，若且唯若，Σ包含的

所有命題p_i互相融貫。實效論主張：一命題p爲眞，若且唯若，p可以產生實踐上的效用。

這3個古典的眞理觀，打從一開始就無法讓人滿意。哲學家的理由各異，至少用來定義「眞實性」的這幾個競爭的概念，作爲判準都有相當含糊的毛病。針對「符合」這個概念，我們很容易知道畫像符合本人的情況，但是語言性的命題(一群聲音和文字線條)要如何「符合」事實(一群占有時空位置的物體、動作和互動)？我們固然可以解釋「雪是白的」爲眞，是因爲「雪」指稱雪、「白的」指稱我們對雪的白色知覺；可是，「勇敢是一種美德」爲眞，「勇敢」要指稱什麼？「美德」又要指稱什麼？就融貫論而言，如何進一步理解和定義「融貫」？上文再把融貫解釋成「沒有不相容」，可是要怎樣才算不相容？是兩個命題不能同時爲眞，才是不相容嗎？若是如此，我們反而要依賴「眞」才能定義相容。整個定義陷入惡性循環。其次，怎樣才算與命題p相關？要相關到什麼程度？整個相關命題集的範圍有多大？如果有兩個不相容的命題如「美國是正義的世界警察」和「美國是邪惡的軍事帝國」分別融貫於兩組命題，是否這兩組命題都爲眞？眞命題也許一定有實踐上的效用，例如「搭高鐵可以抵達台北市」這個眞命題，確實可以引導我們搭乘高鐵抵達台北市；反過來說，實踐上有效用的命題，一定是眞嗎？「幫助他人會有好報應」也許是有用的信念，但是它是眞嗎？

也許我們不必說「眞實性」就是「符合」、「融貫」或「效用」，我們只消說：「命題 "p" 是眞的，若且唯若，p」。例如「命題『草是綠的』是眞的，若且唯若，草是綠的。」其中，加雙引號的前件『草是綠的』是「承載眞者」（truth bearer）；後件「草是綠的」是「使之眞者」（truth maker），它使得『草是綠的』

這個命題為真——這就是波蘭哲學家塔斯基提出的「真實性約定」（Convention T），它被設想做為真實性的基本公理（所以是「T約定」）——所有真命題的共通框架。

如果我們接受「T約定」是對真實性的一個恰當的刻畫，就容易產生一種真理觀：「真」就是真，它不需被定義成符合、融貫或實踐效用等等。傳統的真理觀想追問一個命題究竟擁有什麼底層性質使得它為真時，錯誤地以為「真」需要再加以定義，該定義為我們判斷命題是不是真的提供了判準或條件。實際上，命題 "p" 是真的，僅僅需要的就只是p，而不是「p符合事實」或「p與命題集融貫」或「p有實踐效用」。哲學家又把這樣的真理觀稱做「緊縮論」（the deflationary theory），主張「真」在邏輯、語意理論和知識論有其最低限的基本功能（例如可作為語句或命題的值、可定義語句的意義、可定義知識為證成的真信念等），除此之外，它再也沒有什麼需要進一步闡釋的意義。從緊縮論延伸出一種主張，相信「真」不可再定義、分析或化約成其它概念，它也沒有任何更底層的性質或內容。換言之，「真」就像一個公理系統中最基本的、不可再定義的概念。

儘管「T約定」影響了20世紀下半葉關於「真」的哲學討論，並使得哲學家傾向把真實性視為不可定義的概念，但是問題似乎仍未解決。或許，作為一位追根究底的思考者，我實在很難在直覺上滿足於T約定：「『雪是白的』是真的，若且唯若，雪是白的。」我總是會想問：第二句「雪是白的」是真的嗎？換言之，「使之真者」的真實性難道不需要交代嗎？我們難道不需要去注視世界，去觀察雪、去知覺它的顏色，以保證「雪是白的」是真的？這樣問似乎流於吹毛求疵。但是如果讀者有此印象，那是因為「雪是白的」和「草是綠的」一類例子過於簡單直接。假使我

們的例子是「『319槍擊案是暗殺事件』是眞的，若且唯若，319槍擊案是暗殺事件。」我們能滿意這樣的「T(眞實性)語句」嗎？換言之，如果有人問：「『319槍擊案是暗殺事件』是眞的嗎？」而我們回答「是眞的」，難道我們不該對「是眞的」判斷作出交代嗎？判斷一命題爲眞，難道不蘊涵對判斷做出交代嗎？如果我們的答案就只是「319槍擊案是暗殺事件」能令人滿意嗎？

接受「T約定」的哲學家會說我誤解了「眞之理論」的問題。一個「眞之理論」要探詢「眞實性」究竟是什麼？本質是什麼？意義是什麼？而不是要追問任何人在判斷特定語句或命題爲眞時，他應該爲他的判斷提供理由或根據——那是知識或科學的任務，不是邏輯與哲學的負擔。我不認爲哲學和科學有什麼截然的界線，何況重點不在於怎麼判斷「雪是白的」是眞，而是怎麼判斷T約定的後件p是眞？就算T約定再重構爲「假設p是眞的，命題 "p" 是眞的，若且唯若，p。」我們仍然要問如何確定這個假設是眞的？不管如何，我們總是有交代如何得到「使之眞者」的責任，T約定才有其說服力。進而T約定的不同例子，會有程度不同的交代責任。例如「『319槍擊案是暗殺事件』是眞的，若且唯若，319槍擊案是暗殺事件：因爲存在一位兇手，在2004年3月19日舉槍暗殺台灣總統陳水扁和副總統呂秀蓮，事件經過是如此如此等等。」「因爲」連詞後面的描述，就是我們的「交代」。進一步，我們的「交代」必須探查實際在世界發生的事件。這麼說來，我們是回到「實在論」——也就是眞之符合理論嗎？不盡然。

「T約定」的支持者可能會說我仍然誤解它。因爲「T約定」可以表達成「命題 s 是眞的，若且唯若，p。」其中，s和p可以是不同的命題。即使如此，我仍然想問：p這個「使之眞者」是

如何使得s這個「承載真者」承載了真實性？重點在於，「T語句」的提出者必須對如何得到p做出交代，才能真正令人滿意。

三、科學理論的真實性

「"F=ma"為真，若且唯若，F=ma」這個針對牛頓第二運動定律的T約定，我們能滿意嗎？大概不行。我們仍然會想追問：真的是 F=ma 嗎？這個命題的宣稱者要做許多科學驗證的工作才能滿足我們。可是，他也許永遠無法證實 F=ma 之後，再使用T約定使得 "F=ma" 為真。因為 F=ma 是個高度抽象、理想化、以及需要「但書條款」（ceteris paribus clause）才能成立的命題。因此科學哲學家卡特萊特故意說像 F=ma 這種基礎定律其實為假（說謊）。可是，如果它為假，為何它能說明、計算和預測許多現象？例如自由落體定律？當然，這些說明和計算都有誤差，但是理論經過校準誤差後的計算和實際觀測的數值誤差，可以小到幾乎可忽略的程度——為什麼假的語句卻有這樣的能力？一個令人滿意的真之理論，也必須處理科學理論語句的真假問題。

科學理論語句的真假問題，乃是當代科學哲學中的實在論與反實在論爭議的核心議題。一個完整的處理必須另文為之。在此我將簡單地宣稱：高度抽象的科學理論定律既不真也不假，它們蘊涵一個「模型階層體系」（a hierarchy of models），透過最底層的「可落實模型」（realizable models）來解釋現象或物質世界的結構。當然我們會有描述一個「可落實模型」的複合語句，這樣的語句就可能有真假可言（卡特萊特則區分「基礎定律」和「現象定律」，基礎定律若沒有但書條件一定為假，現象定律則可以為真）。例如「在一個垂直密閉管道中，氣壓小到1mm水銀柱高，

自由落下一物體，其下落10m所花的時間是1.0204秒」描述一個可落實的模型，它可能爲眞。可是單單使用T語句仍然不能滿足爲何此描述爲眞的問題，我們必須實際去製作一個垂直密閉管道，抽掉內部氣體以符合要求，再精確測量物體下落時間。總而言之，T約定在處理科學理論語句方面，也很難令人滿意。

四、眞之多元性

爲什麼眞之符合論、融貫論、實效論、T約定等等都無法令人滿意？爲什麼這些用來定義「眞」的概念都無法成功？種種爭議結果是否指向「眞」是不可再定義、不可化約的基本概念？大概也不是。因爲這個「基礎論」的觀點仍然無法捕捉我們的部分直覺：對於「眞」與「符合」、「融貫」、「實效」等概念的關係。例如，現在是8月16日下午3點，我正在打字寫論文。如果我說：「8月16日下午3點我在打字。」你問我：「眞的嗎？」我回答：「眞的。」你再問：「爲什麼你的話是眞的？」我可以回答：「因爲我的話符合當時的事實。」這時我使用「符合」來回答你「爲什麼眞」的問句，而且此時此刻這似乎是個令人滿意的回答。如果我說：「三角形的三個內角和是180度。」你同樣問我：「爲什麼你的話是眞的？」我可以回答：「因爲『三角形的三個內角和是180度』與歐幾里德幾何系統融貫。」這時我使用「眞是融貫」來回答你的問題。可是，在這個例子中，我們無法用『三角形的三個內角和是180度』符合事實」來回答，因爲實在沒有一個「事實」可以被該語句「符合」。同樣地，在第一個例子中使用「『8月16日下午3點我在打字』融貫於一組事實的描述」來回答也不適當，因爲這個語句不是一組語句集其中之一。如果我

說：「搭捷運可以在最短時間內從台大抵達士林夜市。」你仍然質問「為什麼真」，則我的最適當答案是：「請你照我講的去搭捷運試試看我的話是不是真（有用）。」似乎「符合」、「融貫」、「實效」等等都捕捉到「真」的部分意義，但沒有一個能妥當地應用到所有情況。這樣一來，我們是否陷入一個絕望的困境中──永遠無法掌握「真」的意義？

如果我們堅持「真」只能有一個單一意義，「真概念」是一元、純淨、均質、齊一的，不會因為適用的場合而有所變動，則我們大概真要陷入絕境中。但為什麼「真」不能有一個以上的意義？為什麼「真概念」不能是多元的、異質的、複雜的概念？為什麼「真」不能在一個場合中是「符合」、另一個場合是「融貫」、再一個場合則是「有用」？有什麼正當的理由阻止如此看待「真」嗎？我認為沒有。

我的確試圖建議一個真之「多元論」，它主張「真」擁有多元、異質的意義，會在不同的實例中呈現為「符合」、「融貫」、「有用」、「T約定」等等不同的意義或概念。正如牛頓力學理論也有一個核心的「力」概念，主張力是一切運動的原因；而且「力」可以在不同的運動系統中表現為「摩擦力」、「推力」、「向心力」、「恢復力」等等多元的「力」概念，所以建立在「多元論」上的真之理論，其核心的「真」概念也是一樣。正像科學理論總是蘊涵一個模型階層體系一般，多元論的真之理論也蘊涵一個「真之模型體系」，以不同類型的模型來解釋在不同場合下，不同的「真之認知者」、不同的「使之真者」與「承載真者」之間的關係。種種「真之模型」提供了具有規範力的判準，使我們在不同的場合下可以據以判斷一個語句是否為真。

一個令人滿意的「真之理論」，應該同時具有「規範力」和

「說明力」。所謂的「規範力」是指它應該提供一個具有規範性的判準，使得我們可以判斷一個語句是否爲眞，或者爲我們的眞語句之判斷提供一個起碼的交代。所謂的「說明力」是指它應該能夠說明我們對於「眞」在不同場合中有不同意義的直覺，這些直覺出現在我們的日常生活與學術應用中，已分別被哲學家各種不同的「眞之理論」捕捉到了。可是，幾乎沒有例外的是，哲學家的「眞之理論」採取化約論的說明立場，企圖把其它不同意義的「眞」之直覺，化約到他們主張的「眞」之一元、均質的意義上。例如符合論企圖顯示「融貫」、「實效」等意義，終究要建立在「符合」上；融貫論企圖證明「符合」其實是「判斷語句」與一組相關的「事實語句」融貫；實效論企圖爭論「符合」、「融貫」最終均指向「有用」。最後，他們揭示這個「眞」的單一意義，作爲眞語句的唯一規範判準。建立在T約定上的緊縮論和基礎論則採取消除論的說明立場，企圖消除「符合」、「融貫」、「有用」這些意義或概念，把它們視爲沒有必要的添加。

如前文所示，採取化約論和消除論的說明立場都無法令人滿意。可是，我們也不能僅僅宣稱「眞」在不同的場合中會呈現出不同的意義，而沒有建立一個統一的理論架構——也就是說，我們有義務展示一個「眞之模型體系」。

五、眞之多元論的架構和模型

傳統的眞之理論之所以不能令人滿意，也可能是因爲它們都採取「雙變項」的理論架構，即它們只考慮「承載眞者」和「使之眞者」，「眞」是兩變項之間的關係。所以，在符合論中，事實被指派給「使之眞者」，語句被指派給「承載眞者」，「眞」

是兩者間的符合。融貫論用來填入「使之眞者」的是不同於「承載眞者」的其它一組語句，「眞」是它們之間的融貫。實效論填入「使之眞者」的是根據「承載眞者」的內容而踐履的行爲，「眞」是該行爲有效地實現了該內容。可是，「承載眞者」和「使之眞者」要建立聯結，總是必須要有「眞之認知者」或「認知主體」才能實現。正是「認知者」與「承載眞者」和「使之眞者」間的不同關係，使得「眞」呈現出多元的樣貌。換言之，「眞之多元論架構」至少必須考察3個變項。如果有必要的話，我們也得引入溝通架構，把「眞之認知者」再區分爲「眞之宣稱者」和「眞之接收者」。亦即，眞之宣稱者對眞之接收者宣稱某個語句（承載眞者）爲眞，而且他以某個「使之眞者」交代了他的「眞實性」判斷。這個「眞之溝通架構」可以有效地處理眞與權力的聯結：亦即權力效應將顯現在眞之宣稱者和眞之接收者之間。不過，三元變項的架構仍是最基本的。

現在是8月17日上午9點，我在使用電腦打字。我宣稱：「8月17日上午9點，我在敲鍵盤。」我的宣稱是個眞語句。爲什麼眞？因爲我的宣稱符合事實，而且這個事實是我的親身經歷。可是，對於身爲本文的讀者，除非你在現場親身經歷這個事實，否則你不能作爲這個語句的眞之宣稱者。雪是白的──這是一個事實，而人人都可以根據他的感官去經驗雪的白色。所以，人人都可以宣稱「『雪是白的』爲眞」，因爲他的確經驗了雪是白的這個事實。在這兩種情況中，要不是眞之宣稱者本人是「使之眞者」（事實）的親身經歷者，就是能經驗者，而且「使之眞者」與他的宣稱（「承載眞者」）之間的確存在符合的關係，爲眞之宣稱者的宣稱提供了交代。所以，眞實性顯現爲符合。在此，我們有必要進一步釐清「符合」的含糊性。所謂「命題符合事實」的符合不

是像「畫像符合本人」一樣的符合，而是在「語句或命題所陳述的內容，的確發生了(的確是事實)」這樣的意義上，我們說命題符合事實。

以TB表示承載眞者、TM表示使之眞者、S表示眞之認知者，眞呈現爲符合的模型是：**如果S能親身經驗一事態，而且TB被用來敘述該事態，則TM是該事態。所以TB爲眞是因爲TB符合TM。**讓我們把這樣一般化的抽象描述稱爲「眞之符合模型」。

「『把湯匙擺在盤子左邊』而且『把餐刀擺在盤子右邊』而且『把叉子擺在湯匙下方』而且『把杯子擺在盤子下方』而且『把杯子擺在叉子右邊』」這一複合語句爲眞，因爲我們可以根據這5個成分語句在心中模擬地排出下列模型：

湯匙　盤子　餐刀
叉子　杯子

這一複合語句之所以爲眞，不是因爲符合什麼事實，而是因爲它的所有成分語句是融貫的。即使事實不是如此(例如在一餐宴場合中，杯子其實被擺在叉子左邊)，此一複合語句仍然爲眞。換言之，這種語句並不是在敘述事實，而是在做出「指導」的宣稱。反過來說，如果最後一個成分語句是「『把杯子擺在叉子左邊』」時，新的複合語句就不眞，因爲它不融貫——根據其它成分語句，杯子無法被擺到叉子左邊。讓我們把這種情況稱爲「眞之融貫模型」，它的抽象描述是：**如果S毋需參考經驗和事實就能判斷TB與一組命題融貫，則TM是該組命題。所以TB爲眞而且與TM一起爲眞是因爲它們彼此融貫。**

「眞之融貫模型」在很多情況下無法積極判定一語句集爲

眞，但可被用來判斷它的不眞。例如在一個刑事偵察案件中，警探（身爲眞之認知者）把關係人加以隔離偵訊之後，得到A的證詞是「案發時，A與B在一起，沒看到C」，B證詞「案發時，A、B、C三人都在一起」，C證詞是「案發時，C與B在一起，沒看到A」，則可知三人的證詞不能同時爲眞，必定至少有一人說謊，因爲這三條證詞並不融貫。此時警探不可能親身去經歷案發時，A、B、C三人的經歷，雖然A、B、C三人做爲眞之認知者時，他們可以應用「眞之符合模型」來判斷諸證詞之眞假，但警探不能。換言之，如果眞之認知者無法親身經驗一語句所敘述的特定事態時，「眞之符合模型」就不能適用，他或許可以應用「眞之融貫模型」來發現不眞的語句集，進而引導他去找出不眞的語句——讓我們把這種應用又稱爲「逆融貫模型」，其抽象描述是：**如果S無法親身經歷一組語句Σ敘述的事態，而且S發現Σ不融貫，則Σ不是一個TM。所以S可以判斷Σ不真，因為Σ不是一個TM，即其内部至少有一語句不融貫於Σ。** 這個模型同時適用於許多描述過去歷史的語句集。

A向B說「搭捷運可使你在最短時間內從台灣大學抵達士林夜市」，這個語句對A和B都爲眞。但是，A身爲眞之宣稱者，他也許有過經驗——他曾經多次搭過捷運在最短時間內從台灣大學抵達士林夜市，因此他使用「眞之符合模型」來交代語句的眞。可是，此語句對B爲眞並不是因爲B也經驗此事實。而是因爲如果B根據A的說詞去執行，確實能夠滿足他在最短時間內從台灣大學到士林夜市的目標。B身爲眞之接收者，也許從未經驗過A經驗的事實。換言之，此語句對B而言仍然爲眞是因爲它有用。就算A和B兩人都未曾有過任何經驗，此語句仍可以爲眞。我們說這是「眞之實效模型」，它的抽象描述是：**如果TB敘述的内**

容不曾被S經驗過，而且一旦它被S實際執行並達成S的目標時，則S的實際執行是TM。所以TB爲眞是因爲TM是S的有用行爲。

　　3個古典眞理觀，在眞之多元論的架構下，分別只是3個眞之模型，它們個別獨立都無法成爲一個完整的眞之理論。可是，眞之多元理論也不僅有這3個模型。「眞之約定模型」的抽象描述是：**如果TB是一個由S規定的定義，則S的規定是TM。所以TB爲眞是因爲TB是個被S規定而約定的定義。**如「『龍』指稱一種想像的動物，有蛇的身子、鹿的角、牛的眼睛、雞的爪、魚的鱗、豬的鼻子、老虎的牙等等。」這個語句爲眞，它的眞是因爲它是『龍』這個中文字的定義。

　　哲學家已經知道，並非所有的語句都能被指派眞假值，或者說並非所有的語句都具有眞實性或虛假性的性質。我們之前已經主張高度抽象的理論定律既不眞也不假。夾雜個人觀點與感受的歷史紀實或表達個人內在主體感觸的語句，也很難使用上述任一個「眞之模型」來處理。在科學哲學和邏輯中常討論的「虛擬條件句」，顯然無法應用「符合模型」來判斷眞假，但是它們的內容可以具體實驗，也許可以應用「實效模型」，或者它們出現在一理論中，可以應用「融貫模型」來判斷。

　　最後，讓我們討論「眞之邏輯模型」，也就是邏輯家所謂的「邏輯眞命題」，例如「『p或非p』爲眞」，爲什麼？只因爲「p或非p」本身就是眞的。換言之，「p或非p」這種命題自己交代了自己的眞。我們可以發現T約定特別適合這種情況：「『p或非p』爲眞，若且唯若，p或非p」。眞之邏輯模型的抽象描述是：**如果S單只根據TB即可判斷TB爲眞，則TM等於TB。所以TB爲眞是因爲TB。**

　　除了上述眞之模型外，我相信眞之理論還有其它的模型可以

被建構出來。在大多數的情況下，我們所面對的TB往往十分複雜，無法應用單一模型來判斷，而是必須同時併用好幾個模型。

　　統一上述諸不同模型的真之架構是：如果TB為真，則S能指認一個TM使得TB為真，而且S對TM的指認隨著S與TB和TM的不同關係而變動。

六、真、真相與真理

　　在我看來，一個「真之理論」必須回答下列重要的相關問題：(1)為什麼我們判斷一真語句為真？根據什麼意義(或標準)我們判斷它為真？(2)我們如何判斷真語句為真？什麼使得真語句為真？我們如何指認這個「什麼」(使之真者)？如何對我們的「真」之判斷給出交代？(3)為什麼我們有符合、融貫、實用、約定等等是真的直覺？如何說明它們？回答前二個問題才可以滿足「真之理論」的規範力要求，回答後一個問題可以滿足說明力的要求。

　　中文詞「真相」與「真理」代表兩種不同的承載真者。「真相」是個歧義的字眼。「我想知道真相」、「我們應該挖掘真相」意謂我想聽你告訴我描述事實的真話(真語句)，或者我想找出能描述事實的真語句。在此「真相」意指真語句，指稱承載真者。可是，「真相大白」似乎意謂事實完全被暴露了、完全被掌握了，在此「真相」又指稱事實，指稱使之真者。不管如何，「真相」這個中文詞顯示出我們對「符合即真」的強烈直覺，任何真之理論都不能漠視此直覺。正因為「真相」的雙重意義，它指稱的情況主要是「真之符合模型」適用的情況。

　　我們能掌握「真理」嗎？毫無疑問，「真理」是一種「真語句」，但不僅僅是真語句，它似乎表達、濃縮大量的真語句。「真

理」比「眞相」和「眞語句」的層次都更高，「眞理」不能僅僅
描述事實。「眞理」一定要融貫而且具有實效性，可是反過來說，
具融貫和實效的卻不見得是眞理。「眞理」不能是約定的，也不
能只是純邏輯的。「眞理」似乎總是超出我們所能掌握的範圍，
它指向一個遙不可及目標——人生追求與知識追求的終極目
標，我們可能永遠無法掌握它。但是，沒關係，也許我們可以找
到令人滿意的「眞之理論」和「眞之模型」。

陳瑞麟，中正大學哲學系副教授。專研科學哲學、自然哲學與科
學史、語言哲學。著有《科學與世界之間》、《邏輯與思考》、
《科學理論版本的結構與發展》、《科幻世界的哲學凝視》等書。
目前從事科學實驗與實踐的哲學分析和研究。

「當前的問題即歷史問題」：

90年後回顧俄國十月革命　　萬毓澤

一、楔子：從「古典馬克思主義」到「學院馬克思主義」……

　　對國際左翼運動史來說，今年（2007年）相當值得紀念：140年前的9月，馬克思修改定稿的《資本論》第1卷於德國漢堡出版；90年前的11月（俄曆10月），則出現了人類史上第一次成功的社會主義革命——俄國十月革命。當然，將這兩個事件排比在一起，也創造出一種詮釋空間。且容筆者借用斯洛文尼亞哲人紀傑克的一段反諷來開啓進一步的討論：

　　　　聽到有人要重新實現列寧，大眾的第一反應一定是挖苦地大笑。馬克思倒沒有問題——今天，即使在華爾街，都有人喜歡馬克思：商品詩人的馬克思，他完美地描繪了資本主義的動力；文化研究的馬克思，他描繪了我們日常生活中的異化與物化。但是，列寧？——你不是當真的吧！列寧難道不是恰恰代表了馬克思主義實踐的**失敗**、代表了讓整個20世紀的政治留下污點的大災

難、代表了真正的社會主義實驗，並以毫無經濟效率的
獨裁政權告終？[1]

　　的確，有種論調似乎相當常見：馬克思是馬克思主義「理論」
的奠基者，而列寧等人所代表的俄國十月革命（及其遺產）則是
馬克思主義「理論」的「實現」；有鑑於歷史上的斑斑血淚，至
多可將馬克思（主義）視為一種「批判的武器」，但若要進一步
讓「批判的武器」「掌握群眾」，以使之轉化為「武器的批判」，
則不可不慎，否則極有可能重蹈「到奴役之路」的覆轍。
　　然而，若只從「理論家」或「思想家」的角度來理解馬克思
（或者加上恩格斯），不僅片面，且有誤導之嫌[2]。恩格斯在馬
克思的墓前講話早已強調：「馬克思首先是一個革命家。……鬥
爭是他的生命要素。很少有人像他那樣滿腔熱情、堅韌不拔和卓
有成效地進行鬥爭。」[3]但至少自第一次世界大戰以來，主流學
界乃至某部分左翼，便「在馬克思／恩格斯的實踐與列寧的實踐

1　Slavoj Žižek, "Introduction: Between the Two Revolutions", in Slavoj
　　Žižek（ed.）, *Revolution at the Gates: A Selection of Writings from
　　February to October 1917*（London: Verso, 2002）, p. 3.
2　主流學界與傳媒近幾年來援引甚至吹捧馬克思(如*Financial Times*
　　1998年3月25日的一篇專欄便言及「馬克思不只是革命憤恨的先
　　鋒，他更是一位精明而敏銳的資本主義社會分析家」)，但他們對
　　馬克思(主義)的解讀與認識極具選擇性：可以談資本主義危機，但
　　不能談工人階級革命；可以談馬克思本人，但不能談古典馬克思主
　　義的整個革命傳統，見John Rees, "The Return of Marx?",
　　International Socialism 79（1998）, pp. 3-11的相關討論。
3　恩格斯，〈在馬克思墓前的講話〉，《馬克思恩格斯選集》，第3
　　卷(北京：人民出版社，1995)，頁777。恩格斯的演講使用的是英
　　文。

之間建起一道高牆」[4]。流風所及，主流學界長期以來從「理論家／思想家」的角度來詮釋馬克思（或者某種程度上的恩格斯），而忽略兩人在歐洲民主運動中的重要角色，因此往往誇大了先行的「理論家／思想家」（馬克思和恩格斯）與後繼的「實踐者」（如列寧和托洛茨基）之間的差異。隨著時間的推移，「馬克思學」（Marxology）逐漸在學院中建制化，這種差異也就擴大為一道鴻溝了。

　　本文的切入點恰好與上述之「馬克思學」對立，也與建制化的「學院馬克思主義」對立。[5]誠如倪姆茲精心之作《馬克思與恩格斯：兩人對民主飛躍的貢獻》一書所論證，若要客觀評價馬克思與恩格斯的遺產，除了（在思想史的脈絡下）閱讀兩人的經典著作外，更重要的是要理解兩人的**政治實踐**：「只仰賴『經典文本』的批評者與同情者，至多只能看清一半的圖像。他們的『民主理論』結合了他們的說詞與實踐。」[6]倪姆茲這段文字，便相當有助於還原馬恩兩人**身為革命社會主義者**的原貌：

　　　第一國際是他們將觀點付諸實踐的手段。在馬恩兩人

4　August H. Nimtz, *Marx and Engels: Their Contribution to the Democratic Breakthrough*（Albany, NY: State University of New York Press, 2000）, p. 303.

5　如托洛茨基所言：「馬克思與恩格斯所從事的活動精髓在於：他們在理論上預見了無產階級革命的時代，並為其鋪好了道路。如果忽視這點，所剩者不過學院馬克思主義而已，而這會是最可憎的一幅諷畫」，引自Paul Le Blanc（ed.）, *From Marx to Gramsci: A Reader in Revolutionary Marxist Politics*（Atlantic Highlands, N.J.: Humanities Press, 1996）, p. 45.

6　August Nimtz, *Marx and Engels*, p. 305.

的努力下，在國際工人協會解散前，領導層中的明顯多數人已採納了他們的觀點。倫敦和海牙會議的決議要不是為群眾性工人政黨播下了種子，就是推動了正在成形的群眾性工人政黨。他們又為後來的第二國際奠定了基礎，而第二國際直接為這些群眾政黨提供了養分。這一切，馬克思和恩格斯都做出了決定性的貢獻。

他們在第一國際取得的成功，讓他們得以影響德國工人運動，而這反過來又為國際提供了有利條件。在德國黨中和在國際中一樣，他們的工作，對建立獨立的工人階級政治運動來說是不可或缺的。……

……在每個階段，他們都自覺地根據自己的理論觀點來行事，以實現獨立的工人階級政治運動，而這是他們「不斷革命」[7]的長期戰略的一部分。[8]

在筆者看來，不論早期的馬克思、恩格斯，還是後起的列寧、托洛茨基、盧森堡或葛蘭西，各自的著述立論容或有所差異（且後者經常是對前者的補充與深化），但在左翼運動史上，他們都隸屬於同一種傳統——古典馬克思主義的傳統。

「古典馬克思主義」的指涉為何，當然不是沒有爭議的。且容筆者申明自己的立場：筆者是根據多伊徹、安德森、曼德爾、柯林尼可斯等人的作品來使用這個詞。據此，古典馬克思主義意

7　筆者按：「不斷革命」（die Revolution in Permanenz）一詞出自馬恩1850年的〈共產主義者同盟中央委員會告同盟書〉，《馬克思恩格斯選集》，第1卷，頁369-75。

8　August Nimtz, "Marx and Engels: The Unsung Heroes of the Democratic Breakthrough," *Science & Society* 63, 2（1999）, pp. 226-7.

謂「人類解放計劃，及現代工人階級眞正的自我組織與自我解放
運動之間的綜合」[9]，它「在有組織地實際投入工人運動的脈絡
之下，嘗試有系統地將政治經濟學批判及馬克思的歷史理論聯繫
至革命戰略的問題。」[10]這個傳統自馬克思、恩格斯以降，一直
到列寧、托洛茨基、盧森堡與葛蘭西，並在當代少數的馬克思主
義政治實踐中得到復興。它既與斯大林主義進行過堅決的鬥爭，
也與耽溺於美學與思辨哲學的「西方馬克思主義」格格不入，而
是活生生地紮根於現實的社會鬥爭[11]。它從不相信知識分子能夠
「代替」工人階級來「包辦」革命事業（即所謂「包辦替代主義」），
而是清楚標舉馬克思爲第一國際（國際工人協會）起草的章程的
第一句話：「工人階級的解放應該由工人階級自己去爭取」[12]。

9   Ernest Mandel, *The Place of Marxism in History* (Atlantic Highlands,
    N.J.: Humanities Press, 1994), p. 10.
10 引自Alex Callinicos, "Classical Historical Materialism in the Face of
    the 21st Century,"研討會論文, 2003.
11 紀傑克的評論堪稱中肯：「〔1920年代後〕社會主義運動明確分裂
    爲社會民主派的議會改良主義以及新的斯大林主義正統，而西方馬
    克思主義雖然對上述兩者皆不公開肯定，但卻放棄了直接政治參與
    的立場，轉變爲既有的學院體制的一部分，其傳統從法蘭克福學派
    一直延續到今天的文化研究。」見Slavoj Žižek, "Postface: Georg
    Lukács as the Philosopher of Leninism," in Georg Lukács, *A Defence of
    "History and Class Consciousness" : Tailism and the Dialectic*
    (London: Verso, 2000), pp. 153-4.
12 馬克思，〈國際工人協會共同章程〉，《馬克思恩格斯選集》，第
    2卷，頁609。

二、在21世紀回顧俄國革命

在此脈絡下詮釋馬克思主義發展史與左翼運動史，俄國十月革命就益形重要了。當然，一個歷史事件「重要」與否，從來就不是中性的議題，而是與提問者的（社會）位置、（政治）立場息息相關。筆者已在前文粗略交代自己的基本觀點，因此下文也將以此爲基礎，進一步爲俄國十月革命定位。

自資本主義登上歷史舞台以來，對全球資本主義秩序的最大一次挑戰，正是1917年的俄國革命，以及接踵而來的國際革命浪潮。列寧曾說「革命是被壓迫者和被剝削者的盛大節日」[13]，如果此言無誤，那麼俄國革命，以及由其所引發的國際革命浪潮，就是資本主義發展史上眞正**由下而上**捲動底層人民的一系列「盛大節日」了。

在過去的冷戰格局下，對俄國十月革命的標準詮釋方式，是把十月革命視爲一小撮共產黨人的**政變**，如以下這段話所述：「1917年10月，布爾什維克（共產黨人）（一個規模甚小、沒有代表性、並帶有極權主義特色的政黨）奪取了政權，並因此背叛了十月革命。從此以後，就和1917年一樣，蘇聯的歷史便被共產黨的極權主義政治動力所決定，其中最具體的象徵就是其領導人列寧，這些政治動力包括壟斷性的政治、殘酷的戰術、意識型態的正統、綱領的教條主義、紀律嚴明的領導，以及集中化的官僚組織。」[14]由此得出的邏輯結論不外乎是：「俄國革命所出現的

13　列寧，《列寧選集》，第1一卷（北京：人民出版社，1995），頁616。

14　Samuel Farber, *Before Stalinism: The Rise and Fall of Soviet Democracy*

一切現象和問題，都應由列寧與布爾什維克負責；列寧的或布爾什維克的集中的先鋒隊的理論，就是斯大林主義官僚統治的源頭，……俄國革命從一開始便與斯大林時期沒有區別或者必然會發展爲斯大林主義的極端方式」[15]。

　　冷戰結束後，這種觀點並未退潮，反倒更成爲某些「歷史終結」論者或保守派言之諄諄的說詞。在許多俄國史研究中，原有的冷戰結構（亦即將冷戰本身視爲「美國資本主義」與「蘇聯社會主義」之間的**意識型態對抗**）被原封不動保留下來，而一部分極具影響力的研究，特別聚焦於**蘇聯體制**（「斯大林主義」或蘇聯式的「極權主義」）的**意識型態**根源之上，強調「社會主義」意識型態所扮演的角色。在這種解釋模式下，蘇聯體制的瓦解，自然代表了「社會主義」（作爲一種意識型態及其政治體制）的死亡。的確，若僅從意識型態的角度來**解釋**斯大林主義，容易得出下述結論：「斯大林的極權控制乃依據列寧之布爾什維克革命所締造的共產主義政權，而布爾什維克的意識型態則源自列寧對馬克思思想的『**實踐性的詮釋**』」[16]，也因此更加強化了本文第一節所駁斥的「馬克思學」式二元論。

　　上述這種強調意識型態的研究取徑，往往又會與（自稱）強調「政治」因素的**革命史研究**結合在一起。曾任教於哈佛大學、

（續）─────────────────
（Cambridge: Polity Press, 1990），p. 10.
15 杜建國，〈論俄國革命（上）〉，《紅鼴鼠》，4期（2005年6月），頁58。
16 蔡英文，〈極權主義與現代民主〉，《政治科學論叢》，19期（2003年12月），頁61。蔡英文教授的這篇論文論及俄國革命與斯大林主義之處，多半引用Martin Malia那本極爲側重意識型態因素的《蘇維埃悲劇：俄國社會主義史，1917-1991年》（1994），而較少關注其他的研究取徑或來自革命左翼傳統的文獻。

冷戰時期的「反共」急先鋒派普斯或許是最具代表性的例子。他一貫認為俄國革命是毫無民意基礎的少數野心家發動的政變。用他的話來說，「俄國革命之所以爆發，靠的既不是自然力量，也不是那些無名無姓的群眾，而是**一群身分清楚的、追求自身利益的人。**」[17]哪些人呢？當然是以列寧為首的那個獨裁、殘酷、不容異見、階序分明的布爾什維克黨。

然而，蘇聯的瓦解、冷戰的結束，卻也為更全面的俄國史研究帶來了契機。契機可分為兩方面：（1）大量的機密文獻與檔案，如各種回憶錄與統計資料，如今已能自由使用，讓傳統的「教科書詮釋」[18]受到更多以第一手史料為基礎的挑戰；（2）過去在斯大林主義下受到全面壓抑、剗除的左翼觀點，也終於得以重見天日。從學術觀點來看，對俄國革命（及其墮落）的**社會史**及**歷史社會學**的研究逐漸受到重視，許多學者嘗試從階級關係、社會運動等**側重社會經濟因素**的角度來「在政治表面之下看出工人與士兵的**行動與渴望**」[19]，並據此解釋俄國革命的動力及斯大林

---

17 Richard Pipes, *The Russian Revolution*（New York: Alfred A. Knopf, 1990）, p. xxiv（重點為筆者所加）。令人遺憾的是，台灣年輕學子認識俄國革命、左翼運動史的管道，卻是派普斯那本充滿偏見與歪曲的*Communism: A History*（2001）的中譯本《共產主義簡史》（台北：左岸文化，2004）。出版社的文宣將派普斯稱為「當代最傑出的俄羅斯史研究者」，顯然是對「俄羅斯史」的研究領域認識有限。

18 借自Lars T. Lih的用法。見其近來出版的鉅著：*Lenin Rediscovered: What Is to Be Done? in Context*（Leiden: Brill, 2006）.

19 引自Ronald Grigor Suny, "Revision and Retreat in the Historiography of 1917: Social History and Its Critics," p. 167.。筆者對Suny的補充是：除了「社會史」外，或許還可以加上「歷史社會學」的取徑（而一般所謂的「馬克思主義史學」或「歷史唯物論」則豐富了這兩種研究取徑），見筆者對這個問題的初步思考：萬毓澤，〈譯者導言：

主義的根源；從左翼觀點來看，以托洛茨基等人為代表的左翼觀點與政治實踐——當然也包括他們對俄國革命的記錄、對斯大林主義的分析等[20]——已逐漸恢復名譽，並對目前國際左翼的發展產生了影響。

　　由於本文篇幅及筆者學力皆有限，下文不可能完整評述上述兩個層面，只能提綱挈領地勾勒出一些值得重新思考的問題：

1. **理解俄國革命的豐富內涵，避免過於空泛或理所當然地理解「革命」**。尤其要認識到，「俄國革命首先是一場**名副其實的無產階級革命**，俄國無產階級的面貌決定了俄國革命的面貌。無產階級在革命歷史舞台上扮演了什麼樣的角色，主角還是配角、積極的還是消極的、主動的還是被動的，這些角色的發展變化將決定革命的發展變化。」[21]晚近的諸多社會史研究，已證明俄國革命是由下而上的群眾革命：工人、農民、士兵自發組織的蘇維埃、工廠委員會、赤衛隊等等在遍地點燃了烽火。其實，在1980年代大量出現各種社會史研究前，美國記者里德1919年寫的《震撼世界的十天》就已詳實記錄了「紅色彼得格勒」的群眾運動概況，只是共黨官僚與「自由派」學者皆視而不見罷了[22]。因此，只從「意識型態」

(續)————————————————

　　　試論《創造歷史》的幾個關鍵主題〉，收於Alex Callinicos著，《創造歷史》，萬毓澤譯(台北：群學，2007)。

20　關於托洛茨基本人的歷史書寫，見下列文獻的初步探討：林日清，《托洛茨基的歷史觀：以《俄國革命史》為中心》，國立台灣大學歷史學研究所碩士論文(2007)。

21　引自杜建國，〈論俄國革命(上)〉，《紅鼴鼠》，4期(2005年6月)，頁58(重點為筆者所加)。

22　中譯本可參考John Reed，《震撼世界的十天》，郭聖銘等譯(北京：東方出版社，2005)(但這個譯本有不少訛誤、刪節、竄改之處，請

的角度來解釋革命的興起，或片面誇大布爾什維克少數領導人的意志，絕對是狹隘而扭曲的。此外，俄國既然是世界資本主義體系的一環，其發展也就必然受到國際因素（不只是外交、戰爭等政治因素，還包括資本主義先進國的階級關係、俄國資本主義的特殊性等）的影響，而俄國的動向也同樣會影響世界資本主義的發展。事實上，托洛茨基的「不斷革命論」所仰賴的「不平衡與綜合發展」理論，正是以此為基礎而提出的[23]。俄國史研究者韋德對俄國革命的總結相當值得參考：

> 1917年的俄國革命可說是一連系列同時發生與相互重疊的革命：大眾對舊政權的反叛；工人對舊產業秩序與社會秩序下的艱苦生活的革命；士兵對舊兵役制度、對戰爭的反叛；農民要求土地、要求掌控自己生活的革命；中間階級對民權與立憲議會體制的要求；非俄羅斯民族要求權力與自決的革命；絕大多數人口對戰爭及其無盡災難的反叛。人們也爭取不一樣的文化願景、女性權利……。這些各式各樣的革命與群體鬥爭，在政治重組、政局不穩、社會動盪、經濟崩潰、持續的世界大戰的整體脈絡中發展而成。1917年的革命，讓俄國以飛快

（續）

　　參考黃公演，〈兩個版本的約翰‧里德的《震撼世界的十天》〉，
　　http://www.chanstudy.com/3/3_84.htm）。

23 可特別參考Michael Löwy，〈不平衡與綜合發展理論〉，萬毓澤譯，
　　《紅鼴鼠》，6期(2006年5月)，頁44-9。托洛茨基的3本重要著作
　　《總結與前瞻》(1906)、《俄國革命史》(1930)、《被背叛的革命》
　　(1936)(皆有中譯本)便充分闡述、應用了這種理論。

的速度經歷了自由主義、溫和的社會主義以及激進的社會主義階段，最後讓俄國（甚至全歐洲）最激進的左翼掌握了權力。同樣全面的社會革命，伴隨著快速的政治運動而展開。而這一切，在一段極為壓縮的時間中發生——短短不到一年[24]。

2. **還原歷史真相，破除冷戰結構下的各種教條與迷思**。斯大林主義者與「自由派」在許多問題上往往意見一致，如他們都相信「社會主義」意謂「國家的領導者是一個黨，即無產階級的黨，即共產黨，這個黨絕不而且也不能和其他政黨分掌領導」[25]，只不過斯大林主義者從正面宣傳這些作為**就是**「社會主義」，而「自由派」則從反面來批判罷了。我們必須徹底擺脫冷戰結構下這兩種貌似對立、實則雷同的官方觀點。因此，至少得釐清幾個關鍵問題：

　　（1）布爾什維克的理論與實踐究竟為何？「教科書詮釋」告訴我們「列寧……認為，至少在無產階級尚未充分發展的國家，必須透過黨這個**革命代理人**從事階級戰爭」，因此，「無產階級專政的概念，經過列寧的發揮，成為以菁英分子指導無產階級革命的共產黨，而這些菁英分子卻**不來自無產階級**，而是知識分子的職業革命家」，且「列寧式政黨與無產階級專政國家後來都

24　Rex A. Wade, *The Russian Revolution, 1917*（New York: Cambridge University Press, 2005），p. 283.

25　斯大林，《斯大林選集》，上卷，頁407，轉引自鄭異凡，《史海探索》（合肥：安徽大學出版社，2005），頁60。

爲斯大林繼承。」[26]但真相爲何？回顧歷史，我們會驚
訝地發現，布爾什維克是「一個真正的都市群眾黨，一
個合法的民主政黨，由不同的社會階層和歧異的意識型
態立場組成。」[27]此外，如列文的研究所示，即使在黨
內，「意識型態鬥爭也是正常的黨內程序，不僅出現在
政治局，也出現在中央委員會的會議，以及黨代表大會
和各級會議。」因此，與流行的迷思恰恰相反，列寧從
來不曾、也無法以一人之意志凌駕全黨：「上述這種做
法爲布爾什維克的傳統所固有，且革命後依然存在。列
寧總是生氣勃勃地展開辯論、提出異議，他也承認所有
重要的決策都要根據黨的章程來投票表決，而且不時在
投票上落居少數。他是領導人，不是獨裁者。他是黨的
最高領導人，不是黨的所有人。」[28]

　　（2）托洛茨基（包括1923年在俄共黨內成立的左

26　古偉瀛，〈公元1917年：俄國大革命〉，《歷史的轉捩點》（台北：
　　台大出版中心，2006），頁252、頁250註65、頁251（重點爲筆者所
　　加）。

27　Moshe Lewin, *The Making of the Soviet System: Essays in the Social
　　History of Interwar Russia*, p. 199，轉引自 Alex Callinicos, *The Revenge
　　of History*（London: Polity, 1991），p. 25. 如托洛茨基所言，「假使我
　　們瞭解的國民不是有特權的頭目，而是大多數的人民，即是說，工
　　人與農民，則布爾什維克主義在1917年的進程中，是一真正的俄國
　　國民的黨。」見托洛茨基，〈十月革命的歷史意義〉（1932），
　　http://www.marxists.org/chinese/12/marxist.org-chinese-trotsky-1932a.
　　htm。

28　Moshe Lewin, *The Soviet Century*（London: Verso, 2005），pp. 301, 302.
　　另請參考尹彥，《列寧時期的黨內民主》（廈門：廈門大學出版社，
　　2003），以及施用勤，〈一本書顛覆一段歷史：評《左派反對派的
　　挑戰（1923-1925）》〉，《差異》，2期（2004），頁283-4的精簡說明。

派反對派、後來擴大到共產國際的左派反對派，以及托
洛茨基於1938年建立的第四國際）與斯大林之間的鬥
爭，只是一般教科書上描述的「權力鬥爭」嗎[29]？根據
1990年代公布的最新資料，托洛茨基早在1923年10月8
日致中央委員和中央監察委員的信中，便對黨內危機、
社會危機、經濟危機提出了全面警告。他指出，黨內狀
況惡化的根本原因是黨內制度不健全、書記處凌駕於黨
之上；經濟政策的根本錯誤所造成的經濟狀況引起工農
的不滿；黨內危機不可能靠鎮壓而平息；黨領導機關的
嚴重錯誤將嚴重束縛黨的積極性。最後他呼籲，要根除
官僚主義，恢復黨內民主，讓黨的基層群眾自由表達不
滿[30]。筆者認為，左派反對派延續了古典馬克思主義的
國際主義與工人自我解放的觀點，是理解俄國革命史與
馬克思主義發展史不可或缺的資產[31]。

---

29 「人類歷史上沒有任何一段歷史像官方聯共（布）20年代黨內鬥爭
史那樣充滿謊言、那樣顛倒黑白、那樣令人厭惡的了。也沒有任何
一段歷史曾遭到如此嚴重的歪曲篡改，……其真相被隱瞞的如此之
久。致使事隔七、八十年後的今天，當年的許多史實、人物仍撲朔
迷離，真假難辨。」引自施用勤，〈誤讀的歷史，破產的經濟模式：
蘇聯20年代經濟政策評述〉，《紅鼴鼠》，3期（2005年3月），頁77。

30 見施用勤，〈檔案材料揭示聯共（布）20年代黨內鬥爭開始階段真
相〉，http://www.xinmiao.hk.st/ trad/theory2/t2017.htm

31 這部分的英語文獻，首推3卷本的 *The Challenge of the Left Opposition*
（New York: Pathfinder Press, 1975-1981）。見施用勤，〈雙重曲解下
的托洛茨基：評杜應國〈關於托洛茨基及其評價問題〉〉，《二十
一世紀》網路版，45期（2005年12月），http://www.cuhk.edu.hk/
ics/21c/supplem/essay/0507068.htm。很可惜的是，學院派的「馬克
思學」雖然偶爾對「西方馬克思主義」、「新馬克思主義」、「後
馬克思主義」等流行學說表現高度熱忱，但對這個重要的左翼資產

（3）如何理解斯大林主義的起源、運作、影響與
瓦解？是否可接受「斯大林主義是列寧主義的延續，同
時也是它的破產」的論斷[32]？著名的無政府主義者、俄
國革命的見證者、參與者塞爾吉所言極有道理：

> 常有人說「所有的斯大林主義病菌，從一開始
> 就存在於布爾什維克主義那裡。」嗯，我不反對這
> 種說法。只是，布爾什維克也含有許多其他種子——
> 許許多多的種子——而所有曾經經歷過革命勝利頭
> 幾年的熱情的人，都不會忘記。根據驗屍時發現的
> 病菌，來判斷死者生前的一切——且其實他可能自
> 出生起便帶有這種病菌——難道是合理的嗎？[33]

就此而言，托洛茨基、曼德爾、以及其他的「托派」
傳統等有別於主流學說的觀點，皆值得進一步評介、延伸
與辯論，如以下幾個層面：（a）對托洛茨基及延續左派反
對派傳統的人來說，「斯大林主義必須首先在政治上，然
後在肉體上消滅布爾什維克的領導骨幹，才能夠變成現在
這個樣子：享有特權的人掌控了國家機器，歷史進步遭攔
腰截斷，並成為世界帝國主義的代理。斯大林主義與布爾

(續)————————————

卻幾乎不置一語。

32 托洛茨基，〈斯大林主義與布爾什維克主義〉，收於《蘇聯的發展
問題》（北京：三聯書店，1965），頁62（中譯略有修改）。

33 Victor Serge, *Memoirs of a Revolutionary, 1901-1941*, trans. Peter
Sedgwick（Oxford: Oxford University Press, 1963）, pp. xv-xvi.

什維克主義是不共戴天的死敵。」[34]這並不代表列寧、托洛茨基乃至布爾什維克從不犯錯[35]，但畢竟不可把個別的錯誤視爲革命墮落的主要因素，更不可據此把「列寧主義」和「斯大林主義」相提並論，或視後者爲前者的邏輯結果。

（b）斯大林主義作爲一套「**與列寧主義所有原理完全牴觸的完整實踐**，……一種對社會實行獨裁統治、實行實際上比沙皇政府更爲獨裁的專制制度的實踐」[36]，必須根據俄國國內與國際的社會經濟關係來解釋其興起（而非從所謂「馬

---

34 Leon Trotsky, "A Graphic History of Bolshevism," in *Writings of Leon Trotsky, 1938-39*，p. 337. 轉引自 Anthony Arnove, "The Fall of Stalinism: Ten Years On," *International Socialist Review*, 10（Winter 2000），http://www.isreview.org/issues/10/TheFallOf Stalinism.shtml.

35 檢討這些錯誤，也有助於闡明未來的社會變革道路。1918年起，蘇維埃民主已逐步凋謝，1921年起，黨內民主也逐步消失，先是禁止俄共以外的政黨和團體，後來又禁止俄共內部的派別活動。當然，這些措施有其客觀因素（長達3年的嚴酷內戰、大量工人骨幹死亡、經濟破敗、飢荒與疾病蔓延），可說是「一連串不曾預見的環境所逐漸導致的完全不曾預見的結果」（Moshe Lewin, *Lenin's Last Struggle*, p. 17）。但不可否認的是，「在這些措施中有些自相矛盾之處。政府在戰爭條件下曾努力維持最大限度的民主，但戰爭勝利後卻不再這樣做了。……對列寧和整個布爾什維克中央委員會來說，這無疑是悲劇性的錯誤。托洛茨基在這方面也難辭其咎，他在生命最後關頭以明顯自我批評的口吻寫道：『對反對黨的禁絕造成對黨內派別的禁絕。對黨內派別的禁絕最終禁絕了與自詡一貫正確的領導不同的思想。以員警方式製造的一黨專制導致官僚特權，而這是一切淫奢和腐敗的根源』。」（Ernest Mandel, 《權力與貨幣：馬克思主義的官僚理論》，頁145）

36 Roy Medvedev, 〈斯大林主義：不折不扣的眞相〉，收於李宗禹編，《國外學者論斯大林模式》（上）（北京：中央編譯出版社，1994），頁462（重點爲筆者所加）。

克思主義」中尋找其「意識型態」根源）。這並不是托洛茨基等人為布爾什維克開脫的遁詞或後見之明。托洛茨基1937年寫的〈斯大林主義與布爾什維克主義〉一文對此有段筆調激昂的回顧[37]。（c）斯大林主義與國際共運之間的交互影響為何？尤其是前者對後者的負面作用為何？斯大林主義下的「一國社會主義」理論與實踐，對蘇共與第三國際的理論、戰略和組織產生極大的衝擊，也對社會主義的名譽造成難以估計的損害（如惡名昭彰的〈蘇德互不侵犯條約〉）。斯大林的兩階段革命論，及1928-1935年由極左（共產國際第六次代表大會的「第三時期」理論）轉極右（共產國際第七次代表大會的「人民陣線」路線）的國際政策（而這樣的政策又與蘇聯內部的政經局勢脫離不了關係），與中國1925-1927年革命的慘敗、1933年德國法西斯的上臺、1936-1939年的西班牙內戰、二戰後各國共產黨的政策等皆緊密相關，而這部分的歷史仍亟待更細緻客觀

---

37 「讓我們回想一下，不僅在十月革命的前夜，而且在這以前許多年，布爾什維克所做的預測。國內和國際範圍內力量的特殊結合使無產階級可能在像俄國這樣落後的國家首先取得政權。但是這種力量的結合也預先表明，**各先進國家的無產階級如果不或早或遲地迅速取得勝利，俄國的工人國家是站不住腳的**。閉關自守的蘇維埃制度定將……先蛻化，後垮臺。1905年以來我個人不得不一再論述這一點。在我的《俄國革命史》中……，我收集了1917-1923年期間布爾什維克主義領袖們關於這個問題的言論。所有這些言論都歸結為一點：沒有西方革命，布爾什維克主義將會被國內反革命或者國外武裝干涉，或者此兩者的結合所消滅。特別是列寧不只一次地指出過，蘇維埃制度的官僚化不只是技術問題或組織問題，而是工人國家社會蛻化之可能的始點」。托洛茨基，〈斯大林主義與布爾什維克主義〉，頁63-4。

的書寫與評價。

三、談談「列寧主義」的遺產

1. 組織問題：先鋒黨與民主集中制

凡涉及社會主義的**實踐**，最不可迴避的就是組織問題。如盧卡奇所言，「組織是理論和實踐之間的中介形式」[38]。「組織在理論和實踐之間進行中介的能力，最清楚地表現在它對各種不同思潮表現出……更大、更準確、更可靠得多的敏感性。……任何一個『理論』傾向或意見分歧，如果想要超出純粹理論或抽象意見的水平，就是說，如果它真的想要爲它自己的實現開闢道路，它就必須立即變爲組織的東西。」[39]而列寧留下的遺產中，最重要（也最常受到曲解與誤解）的就是組織理論[40]。更明確地說，是先鋒黨的組織方式、黨內民主（所謂民主集中制）的問題，以及黨與階級之間的關係。以下一一論列。

與一般常見的見／誤解恰恰相反，（「列寧主義」意義下的）先鋒黨其實並非意謂「凡是不信社會主義的人都受到了布爾喬亞意識型態的污染，都是革命先鋒隊進行思想改造和統戰的對象。」[41]先鋒黨的必要性，是下述事實的邏輯結果：在資本主義社會

---

38 Georg Lukács，《歷史與階級意識：關於馬克思主義辯證法的研究》，杜章智等譯（北京：商務印書館，1996），頁389。

39 前揭書，頁389-90。

40 列寧的遺產當然不只是組織理論而已，如他的帝國主義理論雖然不具太多的原創性，但仍有相當的討論價值。

41 引自陳宜中，〈從列寧到馬克思：論馬克思的共產思想及其與列寧的關聯性〉，《政治與社會哲學評論》，2期（2002年9月），頁30。

中，階級鬥爭往往是不均一（uneven）的。其中大致涉及三個層面。首先是階級鬥爭在**時間**上的不均一性：階級鬥爭無法時時刻刻維持顛峰狀態，勢必有漲落起伏；[42]其次是**鬥爭型態**的不均一性：例如有純經濟的鬥爭、意識型態領域的鬥爭，也有提出政治訴求的鬥爭等；最後則是**工人階級**內部的不均一性：如不同工種、不同收入、不同的文化傳統、不同程度的鬥爭經驗與階級意識[43]等。因此，所有社會主義者（不論是否、或在多大程度上繼承列寧主義的遺產）都會面臨相同的問題：如何在工人階級之中發展組織，來面對上述形形色色的「不均一性」？

據此，列寧式先鋒黨的意義也就昭然若揭了。「群眾的自發性和建立革命先鋒組織的必要性之間並沒有矛盾。後者幫助前者，延長它、完成它，而且由於在決定性的時刻使它集中一切力量來推翻資本的政治權力和經濟權力，也讓它能夠勝利。」[44]托洛茨基對「階級的自我活動／自我組織與革命先鋒黨之間的辯證關聯」提出過相當生動的比喻：

> 唯有以研究群眾本身的政治過程為基礎，我們才能理

---

42 見曼德爾對歐洲階級鬥爭週期與資本主義發展「長波」之間關係的討論：Ernest Mandel，《資本主義發展的長波：馬克思主義的解釋》，南開大學國際經濟研究所所譯（北京：商務印書館，1998），頁38-42。（這個譯本屢有訛誤，請讀者留意。）

43 筆者基本上同意紀登斯針對「階級意識」提出的3個分析層次：階級身分認同、衝突意識、革命的階級意識。見Anthony Giddens, *The Class Structure of the Advanced Societies* (2nd ed. London: Hutchinson, 1981).

44 Ernest Mandel，《馬克思主義入門》，向青譯（台北：連結雜誌社；香港：新苗出版社，2004），頁94。

解黨與領導人所扮演的角色，而我們絕不會忽視這樣的
角色。領導們在革命過程中，並不是一個獨立的因素，
但卻是極為重要的因素。若沒有一個起領導作用的組
織，群眾的能量就會像沒有導入活塞箱的蒸汽一樣消
散。但是把事變推動前進的，畢竟不是活塞或箱子，而
是蒸汽。[45]

至於民主集中制，至今仍受到嚴重歪曲。列寧於1901年至
1902年間寫的〈怎麼辦？〉，往往成為反對者用以批判「列寧式
政黨」或「先鋒黨」的根據，甚至成為後人批評「列寧主義」（甚
至波及一切社會主義實踐）的罪狀之一。主流的看法是，在列寧
的先鋒黨理論中，「列寧把黨視為革命的工具……黨一定要……
緊密受到控制，而且是徹底忠實的組織。關鍵是狂熱精神，而非
黨員本身。黨員的一言一行乃至作夢都必須以革命為念。……紀
律要嚴明，不容異己。」[46]

〈怎麼辦？〉的確反對黨內的普遍民主，主張建立集中、嚴

---

45 托洛茨基，《俄國革命史》，第1卷，王凡西譯（香港：馬克思主義
研究促進會，2003），頁19（中譯略有修改）。

46 胡佛擔任美國聯邦調查局局長時的發言記錄，引自Paul Le Blanc,
Lenin and the Revolutionary Party, p. 2. 相當有趣的是，2006年9月5
日，美國總統布希在對美國軍官協會演說時，還提到〈怎麼辦？〉。
布希當時說：「歷史教導我們，要是低估邪惡野心分子的一言一語，
就是犯下可怕的錯誤。1900年代早期，有個流亡歐洲的律師發表了
一本叫做『怎麼辦？』的小冊子，他在書中提出了在俄國發動共產
主義革命的計劃。當時全世界都沒有注意列寧說的話，結果付出了
慘痛的代價。」演說全文見http://edition.cnn.com/TRANSCRIPTS
/0609/05/cnr.03.html。

密的地下黨，但批評者往往忽略了一項事實：列寧在寫〈怎麼辦？〉時，沙俄仍是高壓的警察國家，根本不容許有合法的反對派，遑論是革命派。因此，當沙皇專制面臨危機，一般人民得到局部的政治自由時，列寧便放棄了〈怎麼辦？〉的許多主張。1905年底，也就是〈怎麼辦？〉發表後約4年，列寧在〈社會主義政黨與非黨的革命性〉一文中寫道：「當黨愈來愈公開進行活動的時候，可能而且應該最廣泛地實行這種監督和領導（按：指黨代表與黨組織接受全黨的完全監督與領導），不僅受黨的『上層』的監督和領導，而且要受黨的『下層』，受全體加入黨的有組織的工人的監督和領導。……只有全黨**實際**參加來**指導**這一活動，才能夠切實地使真正社會主義的活動同一般的民主主義的活動明顯地區別開來。」[47]1905年12月，列寧在〈論黨的改組〉中，首度提出黨內民主原則，包括民主集中制、普遍選舉制、公開性、幹部任期制以及嚴格的報告義務等[48]。在1906年4月的黨代表大會上，布爾什維克提交的〈黨組織的基礎〉明確提出「黨內民主的集中制是現在一致公認的原則」[49]，而所謂民主集中制的主要精神則包括黨內的批評自由、保持少數意見的自由、形成派系的權利等：在「多數決」確定後，**少數派仍可保留意見，並試圖讓**

---

47 列寧，《列寧選集》，第1卷，頁678-9。

48 「確認民主的集中制原則是不容爭論的，認爲必須實行廣泛的選舉制度，賦予選舉出來的各中央機構進行思想和實際領導的全權，同時，各中央機構可以撤換，它們的活動應廣泛公布並遵守嚴格地作工作報告的制度」，《蘇共決議匯編》，第一分冊(北京：人民出版社，1956)，頁119，轉引自尹彥，《列寧時期的黨內民主》，頁57。

49 《蘇共決議匯編》，第一分冊，頁139，轉引自尹彥，《列寧時期的黨內民主》，頁58。

自己的意見影響多數，只有在行動的層次上必須服從多數[50]。

　　1921年，當有人提議把〈怎麼辦？〉翻譯為外文的時候，列寧說：「這不太好。翻譯至少要附上好的註釋，而且要由非常熟悉俄共歷史的俄國同志寫，以免被人們錯誤應用。」[51]但斯大林日後卻將此書吹捧為「英明地制定了馬克思主義政黨的思想基礎。……後來成了布爾什維克黨思想體系的基礎。」[52]筆者認為，若要完整評價列寧的組織理論，不能僅以〈怎麼辦？〉為根據，還必須考察列寧在不同時空環境中所寫下的大量著述，因為這些文字都是「針對當時運動面臨的具體局勢所提出的具體回應」[53]。

　　在列寧的設想裡，黨從來不是等級森嚴、由「領袖」獨攬大權的幫派，也不是操弄群眾於股掌間的野心家俱樂部，而是集中階級鬥爭經驗、延續革命力量的「活塞箱」。關鍵在於，這樣的黨，是否必然意謂某種「菁英主義」，意謂以不民主的方式由上而下地將自己的意志「灌輸」給工人階級？

2. 組織問題：黨與階級

　　列寧經常遭指責的，還包括他在〈怎麼辦？〉中提出的「灌

50　這部分饒富價值的研究很多，可參考如尹彥，《列寧時期的黨內民主》；劉宇凡，〈關於列寧先鋒黨的神話〉，《先驅》，42期（1997年2月），http://www.xinmiao.hk.st/trad/theory2/t2007.htm。

51　Paul Le Blanc, *Lenin and the Revolutionary Party*, pp. 63-4，轉引自劉宇凡，〈關於列寧先鋒黨的神話〉。

52　《聯共(布)黨史簡明教程》，頁41，轉引自劉宇凡，〈關於列寧先鋒黨的神話〉。

53　John Molyneux, "How Not to Write about Lenin," *Historical Materialism*, 3, 1（1998），p. 49.

輸論」。他在文中寫道：「我們說，工人本來**也不可能有**社會民主主義的意識。這種意識只能從外面灌輸進去，各國的歷史都證明，工人階級單靠自己本身的力量，只能形成工聯主義的意識，即確信必須結成工會，必須同廠主鬥爭，必須向政府爭取頒布對工人是必要的某些法律，如此等等。而社會主義學說則是從有產階級的有教養的人即知識分子創造的哲學理論、歷史理論和經濟理論中發展起來的。現代科學社會主義的創始人馬克思和恩格斯本人，按他們的社會地位來說，也是資產階級知識分子。」[54]

但幾年後，隨著1905年革命爆發，工人自發地建立起蘇維埃時，列寧便認識到「工人階級本能地、自發地傾向社會民主主義」，[55]換言之，工人的鬥爭不見得只能（機械地）發展出「工聯主義的意識」，而是有上升到政治鬥爭的潛力（其實巴黎公社的經驗早已告訴我們這點）。托洛茨基晚年未完成的斯大林傳記中也提到，「1905年8月，斯大林重述了列寧寫的〈怎麼辦？〉一書中企圖說明自發的工人運動和社會主義階級覺悟的相互關係的一章的內容。按照列寧的說法，工人運動在聽其自然發展的情況下，不可挽救地會傾向於機會主義；革命的階級覺悟是由馬克思主義知識分子從外面灌輸到無產階級中去的。……〈怎麼辦？〉的作者本人後來承認他的理論帶有偏見性質，從而**承認了這個理論的錯誤**。他是在反對『經濟主義』及其對工人運動自發

54　列寧，《列寧選集》，第1卷，頁317-8（重點為筆者所加）。

55　列寧，《列寧全集》，第12卷，頁80，轉引自劉宇凡，〈關於列寧先鋒黨的神話〉。此轉折不可謂不小。列寧在〈怎麼辦？〉的一個腳註中還曾斬釘截鐵地說「工聯一向都是進行一定的（**但不是社會民主主義的**）政治鼓動和鬥爭的」，見列寧，《列寧選集》，第1卷，頁317，註1（重點為筆者所加）。

性的盲目崇拜的鬥爭中附帶提出這種理論作爲鬥爭武器的。」[56]
因此，論者**沒有任何理由**將〈怎麼辦？〉中個別的偏頗論點擴張
解釋爲「列寧主義」的「黨政理論」[57]。

　　此外，儘管〈怎麼辦？〉的確有許多問題，但列寧寫作該文
的一項重要目的，是批判當時的「經濟主義」（即認爲工人與社
會主義者只需專注於「經濟」要求，如工時與工資；至於「政治」
鬥爭，如對抗沙皇專制政權，只要留給自由派知識分子和政客即
可），如以下這段文字至今仍極具啓發性：

> 　　任何一個工聯書記，都是搞並且幫助搞「同廠主和政
> 府作經濟鬥爭」的。因此，我們應當始終堅持說：**這還
> 不是**社會民主主義；社會民主黨人的理想不應當是工聯
> 書記，而應當是**人民的代言人**（tribune of the people），
> 他們要善於對所有一切專橫和壓迫的現象做出反應，不
> 管這種現象發生在什麼地方，涉及哪一個階層或哪一個
> 階級；他們要善於把所有這些現象綜合成爲一幅警察暴
> 行和資本主義剝削的圖畫；他們要善於利用每一件小事
> 來**向大家**說明自己的社會主義信念和自己的民主主義
> 要求，**向大家**解釋無產階級解放鬥爭的世界歷史意義。

56　托洛茨基，《斯大林評傳》（北京：東方出版社，1998），頁81（中
　　譯略有修改）。

57　曼德爾也持相同見解：「列寧寫這本小冊子的用意，是要處理非法
　　政黨的當前任務，並協助準備一個廣泛、獨立的工人階級政治運
　　動。他的目的不是要發展出一個黨與階級之間關係的一般理論，而
　　且他的觀點當然不是階級應該附屬於黨。」見Ernest Mandel, *Trotsky
　　as Alternative* (London: Verso, 1995), p. 75；另見Ernest Mandel，《權
　　力與貨幣：馬克思主義的官僚理論》，頁140-1。

這段文字的重要性，除了說明「經濟」鬥爭必須與「政治」鬥爭結合外，還要注意到，列寧所使用的語彙是「解釋」和「說明」，而不是「命令」或「指揮」。

因《改變世界，但不要奪取權力》一書而聲名大噪的霍洛威指出，列寧式的「先鋒黨」理論絲毫不足為法，因為這種理論區分出一群「知者」（擁有「正確」意識的菁英）以及另一群「不知者」（擁有「錯誤」意識的群眾），並讓前者對後者的**支配**正當化[58]。類似的看法隨處可見，如博格斯便斷言，列寧的先鋒黨理論意謂

> 狂熱地獻身於黨的歷史使命的知識分子，把自己的整體概念強加到各種大眾經歷和鬥爭的混亂潮流之上。……隨著社會主義知識分子不必、的確也不能使自己滿足於僅僅作為一個選民來代表工人階級第一次得到承認，通向布爾什維克的黨國（party-state）之路便被打開了。……如果對列寧主義來說，奪取國家政權是第一選擇，那麼黨國（由革命知識分子領導）注定要將它的領導權強加到無明確方向的和分散的人們之上。能使新制度民主化的中介組織（工廠議會、蘇維埃、工會）幾乎沒有發展的空間，最終要被消滅，要麼變成布爾什維克政策的「傳聲筒」[59]。

---

58 John Holloway, *Change the World without Taking Power*（London: Pluto, 2002），p. 128.

59 Carl Boggs，《知識分子與現代性的危機》，李俊、蔡海榕譯（南京：江蘇人民出版社，2002），頁53-4、55（中譯略有修改）。當然，博格斯的唯一論據便是〈怎麼辦？〉。他甚至完全接受了前文所謂的

　　然而，在「列寧主義」的傳統裡，黨與階級只能是**互動**的關係，而不是由上而下發號施令的關係。黨的任務是在一切可能的場合中推動、激勵工人的鬥爭，讓鬥爭得以匯集力量、確立方向。革命社會主義者當然必須設法爭取群眾，並讓群眾理解徹底變革資本主義的必要性，但革命社會主義者同樣要從工人運動當中學習、總結經驗。這呼應了馬克思在〈關於費爾巴哈的提綱〉中的一針見血之論：「環境是由人來改變的，而**教育者本人一定是受教育的**」[60]。馬克思主義不是少數天縱英明的知識分子帶給工人群眾的恩典，而恰恰是從馬克思所謂「革命的實踐」的土壤中生根發芽的。因此，馬克思是從巴黎公社的經驗中，才得出公社「是終於可以使勞動在經濟上獲得解放的政治形式」的結論[61]；同樣地，俄國工人於1905年革命中自發組織起蘇維埃時，許多布爾什維克領袖原本持觀望（甚至反對）態度，但工人的鬥爭經驗很快就促使他們改變立場，轉而支持在各地建立蘇維埃[62]。

（續）

　　「教科書詮釋」，主張「源於〈怎麼辦？〉並通過十月革命及以後的進程而來的**連續性**，可以被理解為影響整個布爾什維克經歷的理論和實踐的辯證部分。這種連續性中最基本的因素是列寧塑造的一個有組織的先鋒隊，它能在缺乏廣泛大眾支持的情況下，在事先沒有任何有利於社會主義的領導權轉變的情況下，贏得國家政權。」前揭書，頁55（重點為筆者所加）。

60　馬克思，〈關於費爾巴哈的提綱〉，收於恩格斯，《路德維希·費爾巴哈和德國古典哲學的終結》（北京：人民出版社，1997），頁53。
61　馬克思，〈法蘭西內戰〉，《馬克思恩格斯選集》，第3卷，頁59。
62　當時列寧堅決捍衛工人的自主性與獨立性，反對波格丹諾夫等人「由黨包辦工人鬥爭」的立場，認為「要蘇維埃完全歸附某一個政黨是不妥當的」，見列寧，〈我們的任務和工人代表蘇維埃〉，《列寧全集》，第12卷，頁55-64；另請參考劉宇凡，〈關於列寧先鋒黨的神話〉。

3. 國際主義vs.一國社會主義

自馬克思、恩格斯以來，國際主義就是古典馬克思主義的構成要素。托洛茨基在他的《不斷革命論》中，曾特別強調資本主義生產方式的國際性質，據此論證國際主義的必要性：

> 在一國範圍內完成社會主義革命是不可想像的。資本主義社會創造出來的生產力與國家的疆界再也不相容了，這是造成資本主義社會危機的根本原因之一。……社會主義革命從國家範圍中揭開序幕，在國際舞臺之上發展，在全世界的大舞台上完成。……既然資本主義已經建立了世界市場、劃分了世界性的分工、創造了世界性的生產力，也就為社會主義改造準備了一個完整的世界經濟[63]。

其中涉及國際平面上階級關係的力量對比問題：

> 無產階級奪取政權，並不是革命的完成，而僅僅是革命的開始。社會主義的建設只有在既是國內又是國際範圍的階級鬥爭的基礎上才可以想像。在資本主義關係占決定性優勢的世界舞臺上，**這種鬥爭必然導致在國內爆發內戰，對外爆發革命戰爭。社會主義革命本身的不間**

---

63 托洛茨基，《不斷革命論》，林驤華、伊陽明、范毓民譯（台北：時報，1991），頁141-2（中譯略有修改）。

斷性就在這裡[64]。

　　列寧除了完全認識到革命所必然帶有的國際性質之外，他還對民族問題有更深入的思考。用勒威的話來說，在列寧看來，國際主義意謂「將社會主義革命和國際無產階級的同胞之愛視為馬克思主義者的**目標**，而將民族自決視為達成它的**必要手段**。」[65]

　　國際主義者反對一切民族沙文主義[66]，也反對「一國建成社會主義」的空想。這兩點完全體現在列寧的理論與實踐之中。與國際主義對立的「一國社會主義」雖然完全是斯大林的發明，但是無法只從個人思想或理論水平的角度來解釋[67]。正如曼德爾所

64　前揭書，頁141（中譯略有修改；重點為筆者所加）。要注意，這並不等於預設革命會「同時」在各國爆發。參見Ernest Mandel，《從斯大林主義到歐洲共產主義》，黃惟文譯（台北：南方，1989），頁8-9。

65　Michael Löwy，〈民族主義與國際主義〉，黃詠光譯，《紅鼴鼠》，3期（2005年3月），頁74。

66　但**不是**抽象反對所有形式的民族主義，而是「小心地區分**壓迫者的民族主義和被壓迫者的民族主義**。它必須支持所有追求民族解放的鬥爭，和支持被壓迫民族的自決權，……並試圖說服被剝削的一般群眾發展超越民族目標的（以不間斷方式進行）鬥爭的必要性，說服他們走向革命的社會主義改造。但他們不能忽視或低估了追求民族自決的人民需求的重要性。」見前揭文，頁73。

67　列寧於1924年初過世後不久，斯大林在《論列寧主義基礎》中仍明確表示他擁護列寧的「單獨一國不能建成社會主義」論：「在一個國家內推翻資產階級政權，建立無產階級政權，還不等於保證社會主義完全勝利。……沒有幾個先進國家中無產者的共同努力，能不能在一個國家內獲得社會主義的最後勝利呢？不，不能，為了推翻資產階級，一個國家的努力就夠了，這是我國革命的歷史給我們說明了的，為了獲得社會主義的最後勝利，為了組織社會主義生產，單靠一個國家的努力，特別是像俄國這樣一個農民國家的努力就不

分析，「這一轉變是有其**社會根源**的。它牽涉到具體的物質利益。歸根結底，是由於一個享有物質特權的新的社會階層（蘇聯官僚集團）的出現和篡奪了政權，以及這一社會階層與黨的機關之間的寄生關係，造成了這種理論上的劇變。」[68]今天如果要從「列寧主義」的遺產中汲取養分、糾正斯大林主義的錯謬，那麼國際主義（包括原則、策略與戰略）自然是不可或缺的。

總結與前瞻：略論「社會主義民主」

一般人（乃至主流學界）往往不瞭解，列寧的國家理論其實蘊含相當深刻的民主思想，而托洛茨基晚年的《被背叛的革命》更進一步闡述了社會主義民主的原則。我們可以舉個例子：斯大林在1923年所出版的列寧《國家與革命》的封面上寫過這樣的評語：「消除（國家）的理論是極其危險的理論！」。他在托洛茨基《恐怖主義與共產主義》一書的頁邊所寫的批注，則與巴黎公社有關。托洛茨基在該書中強調，公社的任務「是在全法國建立以真正的生產者自治為基礎的，而不是以形式上的民主原則為基礎的公社組織」，而斯大林在「生產者自治」的相關論述底下畫上重點，並寫道：「**沒有前途**」[69]。

（續）────────

夠了，──爲了達到這個目的，就必須有幾個先進國家中無產者的共同努力……列寧主義的無產階級革命論大體上就是這樣。」引自托洛茨基，〈單獨一國的社會主義？〉（1930），http://www.marxists.org/chinese/12/02.htm。到了年底，斯大林開始修改自己的說法，逐漸成爲「一國建成社會主義」的倡導人，見鄭異凡，《史海探索》，頁268以下。

68 Ernest Mandel, 《從斯大林主義到歐洲共產主義》，頁9。

69 Николáй Симонов（尼‧西蒙諾夫），〈斯大林對馬克思著作所作批

　　「眞正的生產者自治」如何可能？是否眞如斯大林所言，「沒有前途」？俄國革命的經驗中，另一項値得獨立討論的課題，便是蘇維埃（代表會議）的制度與運作，以及社會主義民主的意涵。筆者認爲，俄國革命前後大量建立的蘇維埃，以及列寧、托洛茨基對蘇維埃運作經驗的概括，事實上是古典馬克思主義的民主觀──即社會主義民主──的延續與實踐。前文提過，馬克思根據巴黎公社的經驗，發揮了他的民主理論，並得出「工人階級不能簡單地掌握現成的國家機器並運用它來達到自己的目的」[70]的結論（一百多年來各國工人階級運動的經驗已證實了這點）。換言之，「不應該像以前那樣把官僚軍事機器從一些人的手裡轉到另一些人的手裡，而應該把它**打碎**（zerbrechen）」[71]，而是「把靠社會供養而又阻礙社會自由發展的國家這個寄生贅瘤迄今所奪去的一切力量，歸還給社會機體。」[72]以生產者的自由聯合爲基礎、恪守巴黎公社原則的公社「國家」，不再是原來意義上的國家，而是能企及最「民主」的資本主義國家也無法達到的自由程度：「自由就在於把國家由一個高踞社會之上的機關變成完全服從這個社會的機關。」[73]

（續）────────────

注引起的思考〉，收於李宗禹編，《國外學者論斯大林模式》（下）（北京：中央編譯出版社，1994），頁795-7。

70　馬克思、恩格斯，〈《共產黨宣言》1872年德文版序言〉，《馬克思恩格斯選集》，第1卷，頁249；馬克思，〈法蘭西內戰〉，《馬克思恩格斯選集》，第3卷，頁52。

71　馬克思，〈馬克思致路・庫格曼〉，《馬克思恩格斯選集》，第4卷，頁599。

72　馬克思，〈法蘭西內戰〉，《馬克思恩格斯選集》，第3卷，頁57-8。

73　馬克思，〈哥達綱領批判〉，《馬克思恩格斯選集》，第3卷，頁313。

俄國革命時期的蘇維埃，就是20世紀的巴黎公社。列寧分析了蘇維埃與巴黎公社的延續性：「蘇維埃政權和1871年的巴黎公社是同一類型的政權，它的基本標誌就是：（1）政權的本源不是由議會預先討論和通過的法律，而是人民群眾在各地從下而上發起的直接行動，用流行的話來說，就是直接的奪取；（2）用人民的武裝取代脫離人民、與人民對立的警察和部隊；（3）官吏或者由人民的直接政權代替，或由人民選舉，一經人民要求即可撤換的代表。」[74]

俄國的蘇維埃是如何出現的？本文無法做詳細的歷史考察，只能簡要討論。首先，蘇維埃是革命情勢高漲、政治權力**與**經濟權力的運作出現危機時，群眾自然**傾向**建立的準政權機構，而不是少數馬克思主義知識分子或先鋒黨「要求」群眾成立的組織[75]。托洛茨基是俄國革命者中，最早認識到蘇維埃的重大意義的人之一，他本身也在1905年的革命中擔任了彼得堡蘇維埃的主席。他在1906年的《總結與前瞻》中便寫道：

> 蘇維埃不是為了在起義時讓無產階級奪取政權而事先準備的預謀組織。不，它們是群眾為了協調自己的革命鬥爭而有計畫地建立起來的機構。這些由群眾選出並

---

74 列寧，《列寧全集》，第26卷，頁174。

75 類似蘇維埃的機構，在現代史上不斷出現：1871年的巴黎公社、1905年與1917年的俄國、1918-1919年的德國與奧國、1919年的匈牙利、1919-1920年的義大利、1925-1927年的中國、1936-1937年的西班牙、1956年的匈牙利、1968年的法國、1973年的智利、1978-1979年伊朗革命時期的shora（16歲以上的伊朗基層公民，從近30萬名候選人中選出20萬名代表，進入各地的村落或社區委員會，這種委員會就叫做shora）、1980-1981年的波蘭、2002年的阿根廷等等。

對群眾負責的蘇維埃，毫無疑問是**民主機關**，它們以革命社會主義的精神執行著最堅決的階級政策[76]。

而這樣的「民主機關」

是莫斯科、奧德薩和其他城市工人的學習榜樣。蘇維埃（無產者的純階級組織）演變為這場革命的組織者。**蘇維埃是運動的軸心**，基層的任何微顫都通過組織網路傳導給它，期待著工人代表們的新一輪戰鬥號召。工人代表會的誕生，受制於事變進程的客觀需求。革命召喚類似的無產者組織，它便來了。它應具備威望，儘管毫無傳統；它應立刻涵蓋10萬首都工人，儘管在群眾中幾無組織根基；它應實現無產者內部流派的聯合；它應發出政治倡議並自動監督自己。最根本的是，它應於24小時內開始運轉。……鑒於「純天然」（就組織程度而言）的俄國工人階級全靠生產流程維持彼此聯繫，必須**以工廠為基本單元從事自我組織**[77]。

到了1917年革命時期，蘇維埃更大量出現，包括了工人、農民及兵士蘇維埃[78]。如列寧所言，「1917年2月，甚至在任何一

---

76 托洛茨基，《總結與前瞻》，蔡漢教譯，陳泰、向青校訂（香港：馬克思主義研究促進會，2004），頁53。

77 托洛茨基，《一九零五》（1905），李星譯，下卷第4章，http://www.marxists.org/chinese/12/ marxist.org-chinese-trotsky-1905book.htm。

78 第一個俄國工人政權雛形，出現在1905年5月的西部紡織城市伊萬諾沃（俄羅斯紡織中心，由於紡織工人多為女性，因此伊萬諾沃也

個政黨還沒有來得及宣布這個口號之前，群眾就已經建立起來了蘇維埃。」[79]列寧也極重視蘇維埃的作用。他也在爆發二月革命、4月回到俄國後，力主「一切權力歸於蘇維埃」，因為「工人代表蘇維埃是**唯一可能的**革命政府的組織形式。……要從下到上遍及全國的工人、雇農和農民代表蘇維埃的共和國。廢除警察、軍隊和官吏（即普遍的人民武裝代替常備軍）。一切官員應由選舉產生，並且可以隨時撤換，他們的薪金不得超過熟練工人的平均工資。」[80]他在十月革命前寫的〈大難臨頭，出路何在？〉中也認為，若要解決飢荒、經濟困頓等迫在眉睫的災難，唯一方法就是在工兵農代表蘇維埃的控制下，施行「監督，監察，計算，──這就是消除災難和戰勝飢荒的首要辦法。」[81]

　　托洛茨基的《過渡綱領》對蘇維埃這種準政權機構總結如下：「怎樣使種種不同鬥爭的要求和形式協調一致呢？歷史已經答覆了這個問題：經過蘇維埃。這些蘇維埃將把一切鬥爭團體的代表聯合起來。現在還沒有人提出另一個不同的組織形式來實現

（續）────────────

　　被稱為「新娘城市」）。它以全市聯合罷工委員會的形式出現，與舊市政府形成「雙重政權」的局面。市政府每張公告曾一度必須先交由罷委會批准。列寧在評論1905-1907年的「革命年代」時，便說當時「一切階級都公開登台了。一切綱領觀點和策略觀點。都受到群眾行動的檢驗。罷工鬥爭的廣泛和激烈是世界上前所未見的。經濟罷工發展為政治罷工，政治罷工又發展為起義。……蘇維埃這種組織形式在自發的鬥爭進程中誕生了。當時關於蘇維埃的意義的爭論，就預示了1917-1920年間的偉大鬥爭。……沒有1905年的『總演習』，就不可能有1917年十月革命的勝利。」見列寧，〈共產主義運動中的「左派」幼稚病〉，《列寧選集》，第4卷，頁138。

79　列寧，《列寧全集》，第27卷，頁78。
80　列寧，《列寧選集》，第3卷，頁15。
81　列寧，《列寧選集》，第3卷，頁233。

這個目的；而且要想出一個更好的來也委實不可能。蘇維埃並不為一個先天的黨綱所限制。它向一切被剝削者敞開門戶。凡是捲入鬥爭主流中底一切成分的代表，都穿過這些大門。這種組織隨著革命的進展而擴大，其核心則一次又一次地更新著。無產階級的一切政治流派都可以在最廣大的民主基礎上爭奪蘇維埃的領導權。」

革命後的俄國，由於諸多原因，而使原有的蘇維埃民主逐漸凋零（俄國孤立、資本主義包圍、嚴酷內戰、經濟困頓、共產國際內斯大林派取得勝利、世界革命受挫等等因素，不僅讓官僚層逐漸篡奪了權力，大量工人骨幹也在內戰與飢荒中失去性命或喪失活力——蘇維埃民主必須以政治上活躍積極的工人階級為前提）[82]。但當代的社會主義者在思考民主問題時，除了吸收過去的教訓外，仍可從早期蘇維埃的實踐中獲益良多。曼德爾便根據蘇維埃的民主經驗，推斷「如果不在制度上確立由民主選舉工人代表會（工人及勞苦農民代表會）的直接工人權力、多黨制、勞動者有充分的民主權利，及由協作的生產者進行有計劃的民主集中的自我管理的經濟制度，就不可能取代官僚的統治（或資本主義的復辟）。」[83]此外，許多晚近的社會主義者也對「社會主

---

82 與一般人的印象相反，早期的蘇維埃一直保持多黨制，且布爾什維克一開始還居於少數。事實上，古典馬克思主義者的著作中，從未論述社會主義必須採行一黨制；馬克思大力頌揚的巴黎公社中，多數人甚至不同意馬克思的學說；俄國蘇維埃政權自成立起就是多黨制，當初在蘇維埃內至少存在5個黨派（還有其他小黨及無黨派人士）進行合法活動。關於早期蘇維埃的民主運作，可參考藤井一行，《社會主義與自由》，大洪譯（哈爾濱：黑龍江人民出版社，1982）。

83 曼德爾，〈社會主義民主與無產階級專政〉，《第四國際文獻》，第1卷（香港：十月書屋，1997），頁342。

義民主」提出了深刻的思考，而俄國革命的經驗是其中的重要參照點。

五、結語

> 當我們把**當前的問題視為歷史問題**時，我們就會十分清楚地看到資產階級思想的這種非歷史的、反歷史的本質[84]。

霍布斯邦所謂的「短暫的20世紀」轉瞬即逝，如今，俄國革命彷彿已籠罩在迷霧中，除了專業歷史學者外，已少有人願意正視這段歷史，更不用說從中抽絲剝繭、挖掘出至今仍能提供養分的資源了。然而，如同托洛茨基1924年9月的那篇〈十月的教訓〉所言，「如果說我們不會再重複運用十月革命的經驗，那也絕不意謂我們從這個經驗中沒有任何東西可以學習。」[85]再說，當前的問題難道與歷史一點關係都沒有嗎？恐怕不會有任何人如此主張。舉個例子：「民主」的問題難道不是當前迫切的問題嗎？「民主」的問題不僅對台灣和中國而言是核心問題之一，全世界風起雲湧的「爭取另一個世界的運動」（*altermondialisme*）也都在爭論究竟「出路何在」：資本主義下的民主是不是有限度的？民主原則能不能拓展到政治以外的領域（經濟、文化……）？這樣的民主是否必然牴觸資本主義體制的財產關係與運作邏輯？

---

84 Georg Lukács，《歷史與階級意識》，頁238（中譯略有修改）。

85 托洛茨基，〈十月的教訓〉（1924），http://www.marxists.org/chinese /12/marxist.org-chinese-trotsky- 1924a.htm（中譯略有修改）。

由此觀之，俄國革命（當然前提是要瞭解**真正**的俄國革命經驗）既然曾經延續巴黎公社的精神，創造了「可以使勞動在經濟上獲得解放的政治形式」，難道不值得我們在21世紀重新審視？列寧的（未經斯大林主義者與「自由派」曲解過的）組織理論，對企盼改造社會的人們來說難道不再具有意義[86]？正因此，雖然本文以相當的篇幅處理了對台灣讀者而言較為冷僻的歷史與理論問題，但或許都能在許多當前極為迫切的問題中得到一些迴響吧。

萬毓澤，台灣大學社會學系博士生，《紅鼴鼠》編輯委員，譯有《全球化：馬克思主義的觀點》（2002）、《神經質主體》（2004）、《創造歷史》（2007）。主要研究興趣為社會理論、政治經濟學、科學哲學、社會主義運動史。

---

86 可參考筆者另一篇論文的延伸討論：萬毓澤，〈從日常戰術到「新革命主體」：論de Certeau、Holloway與Negri筆下的權力與抵抗〉，《政治與社會哲學評論》，20期（2007年3月），頁57-131。

澳門的新殖民主義：

透視2007年五一大遊行　　　　劉世鼎

一、問題的提出

　　今年五一勞動節異常悶熱的下午，澳門街頭湧現了由6個基層勞工團體所發起示威遊行[1]，上千名年約四、五十歲的男子，高舉「反貪腐、保民生、削外勞、安居樂業、家庭團聚、構建和諧社會」的標語，高喊特首下台的口號，沿途觀看的市民紛紛鼓掌叫好。由於示威者意圖衝破警方所限定的遊行路線，直奔象徵舊殖民權力中心、澳門市中心新馬路上的議事亭廣場而與警方發生衝突，一名便衣警察突然對天連開5槍、流彈誤傷路人，事件傳開後引起海內外議論紛紛。隔天《澳門日報》等本地傳媒以顯著標題批評示威者擾亂社會秩序、破壞澳門形象。緊接著幾天，許多民間社團紛紛刊登聲明聲援特區政府、譴責遊行有特定政治意圖製造騷亂，蓄意挑起市民同特區政府之間的對立。

1　這6個社團分別為：職工民心協進會、職工聯盟、澳門博彩建築業聯合自由工會、清潔員職工會、物業管理員職工會、以及家庭團聚促進會。關於這些獨立社團形成的政治經濟背景，請見下文。

人們難以理解的是：澳門是一個生活安寧的城市，很難得出現如此激烈的街頭抗爭，爲什麼卻在渴望回歸祖國、經濟快速發展的背景下，樸素的老百姓要選擇這種方式來表達抗議？他們的行動反映出什麼政治邏輯與主體性？在回歸即將屆滿8年的背景下，該如何理解澳門當下所處的「後」殖民狀態？

親政府的民間團體及輿論對這次衝突事件一面倒的譴責，不但過度簡化了事件的複雜性，也無法幫助我們了解，到底是怎樣的政治經濟力量與歷史過程創造了抗爭的基本條件。從社會運動的角度來看，這次遊行可以說是澳門基層民眾主體能動性的展演與自我防衛，激烈的衝突反而暴露出諸多澳門深層次的結構問題。過去，澳門發生的社會運動，基本上是以民生問題、保障本地基層工人的就業機會爲主要訴求，民間論述甚少提升到體制性問題及政治民主層次[2]。然而受到賭權開放後社會資源被少數利益集團壟斷、香港爆發七一民主大遊行的影響，2006年澳門五一遊行以來所迸發的社會抗爭能量愈發強大，甚至出現了政治化的趨勢，矛頭指向官員貪腐以及特區政府行使權力的合法性問題。

本文試圖對這次運動的起因，進行一個探試性的考察。我的分析是從以下幾個問題出發的：第一，爲什麼這次抗爭遭到民間社團的譴責、卻獲得廣大市民的同情與支持？運動本身蘊涵了什麼形式的內在社會衝突？第二，在普遍認同回歸祖國與中國改革開放的澳門，爲什麼出現了對於回歸後經濟改革的質疑與批評？這些批評的主要訴求爲何、對象爲何？第三，現今澳門所面臨的種種矛盾，究竟是殖民統治矛盾的延伸，還是新的歷史條件下產生的新的權力關係與抵抗？

2　見吳國昌，《民主派》（香港：青文書屋，1990）。

2007年澳門五一大遊行。

民眾舉著抗議海報。

　　我想要展開的論點是：澳門回歸後的變化，奠定在冷戰與殖民主義相互纏繞的結構性基礎之上。隨著主權身分的轉換、舊殖民主撤退，既有的殖民主義結構與遺緒依舊支配著社會思想。然而，後殖民批評光是將矛頭指向舊的、外來殖民主義是不夠的，同時也應該考慮殖民地**內部**複雜的政治經濟構造，以及去殖民過程中本土精英和美國所主導的全球市場體系之間千絲萬縷的政商利益。換言之，「新」、「舊」、「內」「外」的殖民形式相互糾纏的歷史關係，必須放在「全球化」、「市場化」、「發展」的新自由主義話語霸權脈絡下，才能被有效地揭示。在思索這個問題的過程中，梅米、法農和恩克魯瑪觀察非洲獨立後所面臨的社會發展嚴重落後與文化思想貧困所提出的「新殖民主義」問題意識──意思是表面上殖民地隨著殖民統治結束獲得了自主的地位，但隨之而來的卻是貧富迅速分化，民主建設的停滯，重大政策、經濟命脈與資源卻被國際資本與新的統治集團所牢牢掌控──給我莫大的啟發[3]。然而澳門的「後殖民狀態」必須加以仔細區分，特別是與中國大陸緊密相連的冷戰地緣政治關係和非洲國家的歷史經驗有很大的差別[4]。澳門形式上的後殖民是從1999年的回歸祖國才開始的，然而其脫殖民和新殖民化的進程，卻弔詭地和籠罩過去半個世紀的冷戰—殖民雙重構造糾纏在一

3　Albert Memmi, *Decolonization and the Decolonized* (Minneapolis: University of Minnesota Press, 2006); Frantz Fanon, *The Wretched of the Earth* (New York: Grove Press, 2004); Kwame Nkrumah, *Neo-Colonialism: The Last Stage of Imperialism* (London: Thomas Nelson and Sons, 1965).

4　關於後殖民狀態的多樣性，見 Anne McClintock, "The Angel of Progress: Pitfalls of the Term 'Post-Colonialism'," *Social Text* 31/32 (1992).

起。要理解這個過程，有必要先回顧澳門賭博市場的結構性轉變。

二、賭權改革的歷史背景

　　長期以來賭博業一直是澳門經濟最重要的組成部分，其主導地位除了在1980年代中期曾經一度被出口加工業所取代，始終是澳門生產總值最大的產業支柱[5]。賭博業之所以在澳門經濟中占據了主導地位，有其特定的歷史地緣因素。澳門面積狹小、缺乏天然資源、也沒有強大的工業和金融基礎支援經濟發展，早期的經濟優勢就是作爲葡萄牙的轉口貿易據點，以及扮演銜接歐洲與中國的角色。從16世紀末到17世紀初這段時期，澳門曾經是連結歐洲、亞洲、和拉丁美洲海上貿易的中心港口，然而隨著葡萄牙航海強權日漸受到荷蘭等新興殖民國的挑戰，澳門在這個以歐洲爲中心的世界體系中的作用，也開始滑落。無法適應不斷變動的世界經濟市場條件的葡萄牙帝國，逐漸被擠壓到資本主義商品鏈的外部與邊陲地帶[6]。鴉片戰爭之後，清政府被迫開放沿海港口

5　在中國改革開放的浪潮推動下，1970年代的澳門勞動密集型出口加工業開始快速成長。由於當時澳門享有較多出口歐美與日本市場的配額與關稅優惠，香港商人紛紛在澳門設立紡織製衣業等廠房接受海外訂單，加上大陸新移民的湧入提供了大量廉價的勞動力，促使製造業在1984年本地生產總值中的比例達到36%的高峰。製造業的擴張帶動了澳門這一時期的高度經濟增長（1971-1981年間平均16.7%），此一增長速度遠超過亞洲四小龍經濟起飛時期的增長率。然而隨後由於市場條件的變化，以及大量廠商向成本較低廉的珠江三角洲與東南亞地區轉移，加工業開始萎縮，大量製造業工人失業。見馮邦彥，《澳門概論》（香港：三聯書店，1999）。

6　Geoffrey C. Gunn, *Encountering Macau: A Portuguese City-State on the Periphery of China, 1557-1999*（Boulder, Colorado: Westview Press,

讓西方列強使用，加上香港的崛起，使得澳門作為主要貿易轉口港的地位一落千丈，經濟由盛轉衰，僅靠賭博、鴉片走私與苦力販賣來維持。為了維持財政收入，殖民政府於1847年開始承認賭博合法，將賭博列為一種特殊的合法商業貿易；雖然澳門的賭業起初規模並不大，但對萎縮的澳門經濟卻是一個重要的支柱。隨著里斯本當局於1896年宣布禁賭，澳門的賭博業只能在默許下營運，直到1961年澳葡政府頒布法令特許「作為一種特殊娛樂事業」的賭博業在澳門地區經營，才獲得了正式法律依據，確定澳門以賭博業為主要經濟發展命脈[7]。此後澳門賭博業收益急增，政府逐漸把賭博業稅收作為財政收入的主要來源，回歸前每年繳交的博彩稅至少占政府總稅收的一半。澳門的賭業專營制度始於1937年，最早取得專營權的是香港泰興公司，1962年被何鴻燊等香港富商所組成的澳門旅遊娛樂公司所取代，開始了長達40年的完全壟斷經營[8]。然而由於整個公共資源長期向賭博業傾斜、加上政府對賭場利益分配問題所導致社會治安惡化束手無策，賭博文化始終未能獲得廣大市民的認同。回歸前幾年的澳門，在無心戀棧的澳葡政府管制下經濟蕭條、連續4年出現經濟負成長，導致失業率高居不下，黑幫爭奪賭場邊際利益引發的連串廝殺、綁架、組織犯罪層出不窮，對澳門賴以生存的旅遊業衝擊甚大[9]。民眾

（續）

1996).

7　黃啓臣、鄭煒明，《澳門經濟四百年》（澳門：澳門基金會，1994）。

8　1987年正當中葡雙方正在談判澳門歸屬問題、簽署《中葡聯合聲明》之際，澳葡當局在未徵詢中方同意的情況下特許澳門娛樂公司的賭博專營權延長至2001年，引發北京當局及澳門親中社團的不滿。

9　國世平主編，《邁向21世紀的澳門經濟》（北京：人民出版社，2000），第3章。

對於日益惡化的社會風氣與經濟環境相當不滿，對回歸的期盼強烈，也使得新政府推行市場主義獲得了高度的合理性。

　　特首人選代表這個年輕的後殖民社會新的秩序與權力象徵，如何利用澳門居民的不滿情緒來推行保護既得利益者的政策，成為第一任特首何厚鏵最迫切的政治任務。何厚鏵是已故知名商人、前澳門中華總商會會長何賢（1908-1983）之子[10]，受到澳門華人商界及北京長期栽培，過去曾身兼多個民間主流社團的領導人、名譽會長，並擔任全國人大常委、政協委員、澳門立法會主席及特區籌委會副主任等職務。何厚鏵的主要支持者，是來自其父多年來所累積的豐沛政商人脈網絡，特別是在1966年底爆發的「一二・三」警民衝突事件中，號召各階級華人團結一致、組織反殖民運動，打擊澳葡政府威信的親北京商人及基層工人團體的領導人及其子姪輩[11]。在北京冷戰地緣政治的考量下，這些在

10　何賢生於廣州，抗日戰爭時期逃到香港避難，香港淪陷後又轉到澳門經商，創辦澳門大豐銀行。葡國殖民時期何賢以善於調解社會各階層衝突著稱、與澳門不同勢力來往密切，對澳門各個階層都有相當的影響力，是備受各方敬重的華人領袖，以及北京當局所信賴的澳門代理人。在多次中葡雙方的邊界衝突以及澳門警民衝突事件中，何賢在中國與葡國之間起了關鍵的協調溝通作用，成功地化解了當時的政治危機，獲得各方肯定。

11　「一二・三」事件是澳葡殖民統治與國共兩黨在澳門政治鬥爭的轉折點。事件發生之前，國共雙方勢力均在澳門聚集，澳葡當局立場較為親國民黨，但對親共團體亦採取默許的態度。1966年6月，澳門親北京民間團體「冰仔居民學校籌建委員會」，屢次向政府申請擴建校舍未獲回覆後，便自行搭建竹棚準備動工，於11月15日遭到警察強制停工，並發生肢體衝突。12月3日左派的工聯會、街坊總會、學聯會等團體組織師生，前往澳督府陳情卻遭到軍警毆打，引發上千名華人市民聚集在市政廳廣場抗議，並搗毀銅像、衝入市政廳，建校所引發的警民衝突事件迅速升級為尖銳的種族衝突。慌亂

「一二・三」事件後對澳葡政府採取「圍而不攻」、代表北京管理民間社會的本地精英集團（包括代表資本家的中華總商會、代表婦女界的婦聯和代表工人的工聯會、街坊總會等）全面掌握了意識型態、文化以及政治主導權，並在中央的支持下一躍成為回歸之後新的統治集團的組成部分。在政府巨額資助下，傳統社團組織各式各樣的青少年培訓活動，以「愛國」的名義灌輸服從政府的意識型態[12]。此外，社團精英掌控了大部分澳門《基本法》

(續)────────────

> 的澳葡政府緊急調派軍警鎮壓群眾，射殺了3名中國人、次日再打死5人，造成數百人受傷。事件發生後，中共澳門支部（設於南光貿易公司）策劃澳門中華總商會、工聯等民間華人團體對澳葡當局展開政治鬥爭，並獲得廣東省人民委員會及北京方面的聲援。許多華人自發對葡人展開罷工、罷課、表達抗議，並拒絕將食物售予葡人。在内外強大壓力下，澳葡當局最終被迫公開承認錯誤，並接納中方陣營提出的所有要求，其中包括全面關閉親台北國民黨的社團並驅逐其領導人，使得澳門原本兩極化的意識型態從此向左派、親北京陣營一面倒。「一二・三」事件後澳葡當局的管治威信盡失，在南光公司的領導下，中華總商會、工聯會、街坊總會等團體在市民社會中形成具有全面代表性、穩定的「歷史集團」，代表華人社會與政府交涉民生事務、提供各項社會服務，威信與影響力甚至凌駕於澳葡當局。見吳志良，《澳門政治發展史》（上海：上海社會科學院出版社，1999），頁233-257；譚志強，《澳門主權問題始末(1553-1993)》（台北：永業出版社，1994），頁245-255；李孝智的碩士論文，〈澳門「一二・三」事件的口述歷史與葡萄牙的殖民統治〉（香港：浸會大學，2001）。有關大陸文革對澳門反殖鬥爭的影響，見當時出版的畫冊《反對葡帝在澳門的血腥暴行》（澳門：澳門日報，1967）。感謝陳樹榮先生及林玉鳳博士提供資料。

12 政府資助社團始於1980年代殖民過渡期，見楊仁飛，《澳門近代化歷程》（澳門：澳門日報出版社，2000），頁253-262。然而回歸之後，政府資助社團的標準、監管問題仍舊受到質疑。澳門基金會2007年第1季撥出的6000萬澳幣資助，大部分由工聯、街總、婦聯、學聯等6個親政府團體所獲得，總計4800萬。見江晉延，〈資助準則

草委會和第一屆行政長官選舉委員會席次，並在葡國撤離前後由民間進入行政、立法建制中。這種「酬庸」文化導致回歸後民間政治參與的管道被資本家及所謂的「愛國」社團壟斷，自由討論及獨立批判的聲音被取消。「一二・三」事件中受到民族主義與冷戰意識型態制約的反殖民運動與思想，不僅導致了回歸之後澳門民主建設的停滯，也爲日後爆發的激進社會行動埋下了種子。

殖民時期以來澳門的政治體制不健全，被少數葡裔及本地利益集團寡頭壟斷的立法會，是造成澳門政治文化保守的歷史因素。自從1887年清政府與葡國簽訂了《中葡友好通商條約》、同意葡永駐管理澳門以來[13]，葡國對澳門的殖民統治採取的是高度中央集權，一切重大決策都必須經由里斯本當局批准；澳葡政府的地位相當於葡國國內行政系統的延伸，由一群外來而且流動性大的官僚把持，所有公務員、官員及法律界都是由葡裔人士出任，權力未曾下放給中國人。無心施政的澳葡當局除了保留制度性的種族歧視外，還千方百計地掠奪澳門的資源，將巨大的經濟利益輸送回本國，貪污問題嚴重[14]。雖然1974年葡萄牙發生四・二五民主革命，推翻獨裁政府，開始讓殖民地實施自治，整個統治思維仍以由葡國總統任免的總督爲中心，總督被賦予高度的行政、財政自主權甚至立法權，不必對被統治者負責。里斯本於1976年頒布的《澳門組織章程》，啓動了第一波由上而下的政治改革，一方面設立諮詢機構來吸納民間利益集團的精英，同時也產生了第一屆澳門立法會議員，其中5位由總督自行委任、6位透過利益

(續)
　不透明，社團制度待完善〉，《新報》，2007年5月30日。
13　該條約於1928年期滿後，獲得當時國民政府同意續簽。
14　盧兆興，〈怎樣根治澳門的貪污〉，見余振編，《澳門回歸前後的問題與對策》(澳門：名流政策研究所，1999)。

團體間接選舉產生、6位由民眾直接選舉產生[15]。儘管如此，在中葡兩國外交關係漸趨和緩的大背景下，澳督通常會利用委任權力安排葡裔人士為立法會議員，並保持與主要民間社團代表的協商合作，以確保殖民精英及少數華人精英集團的利益不受損害，然而基層民眾在議會中代表性不足的危機也漸漸浮現。1980年代以來，葡國與民間社團通過議會「談判協商」的形式，粉飾上層集團利益輸送、消弭群眾政治行動能力與對抗性的「去政治化」格局，對回歸後澳門保守封閉的政治文化產生非常深遠的影響[16]。回歸後澳門的政治安排，大體上延續了殖民時期的威權統治結構與思維。雖然官員換成了澳門中國人，特區政體的最大特徵依舊是「維持統治者的獨占權力」[17]，行政長官選舉委員會提名權被中華總商會及傳統社團壟斷，造就「小圈子」選舉，體制內官員和民間特權集團相互結合。現行立法會的委任、間選席次有利於何厚鏵委任商界、律師界及學界的盟友，或將親政府的傳統社團代表、地方權貴家族成員吸納入體制內，維持其統治地位。如同總督一般，特首的行政權力極大，卻不必在政治上對立法會負責；他是特區「行政管理權、立法權、司法權的總代表」，有

---

15 盧兆興，〈香港和澳門的非殖民化比較〉，見余振編，《雙城記：港澳的政治、經濟及社會發展》（澳門：澳門社會科學學會，1998）。

16 1980年代末期曾發生本地製造業工人抗議輸入外勞事件，然而在中方代表機構新華社、葡方、以及澳門親政府利益集團的「協調疏通」下，最後不了了之。見Lo Shiu Hing, *Political Development in Macau* (Hong Kong: The Chinese University Press, 1995)；吳國昌，〈澳門政治的歷史〉，見陳欣欣編，《兩岸四地》（香港：廣角鏡出版社，1997）。

17 吳志良，〈建構澳門的市民社會〉，見吳志良、陳欣欣著，《澳門政治社會研究》（澳門：澳門成人教育學會，2000）。

權否決立法會所提交的法案、自行制定行政法規、頒布法律、甚至解散立法會[18]。凡涉及政府政策的事項，立法會議員只能在獲得政府事先書面同意後，才可提出法案和決議案，「行政與立法不能相互干預」[19]。這個體制賦予特首極大的權力推行市場改造。

殖民統治得以在「一二‧三」事件後不但沒有撤離澳門，反而在中葡和解及「共管」的形式下繼續延續下去，靠的是亞洲冷戰的歷史力量。葡國民主革命後曾有意將澳門交還給中國，然而北京當局卻爲了要利用澳門作爲對外窗口，並拉攏以美國爲首的西方主義陣營對抗蘇聯修正主義的冷戰地緣政治考量，拒絕了這項提議，力保葡國在澳門的殖民統治延續到20世紀末[20]。這種安排不僅默許了殖民統治的合法性，同時也不斷強化民族國家利益至上的黨—國家—民族主義，將被殖民者與殖民者之間必要的對抗關係中立化，嚴重壓制了市民批判獨立的思考。以國家戰略考量爲中心的政治思維，也使殖民地華人集團內部的差異與民主討論被取消，殖民主義的反思被冷戰利益、國家主義和發展主義所切斷[21]。

第三世界殖民統治的結束，往往伴隨著被殖民者對於「發展」

---

18 楊允中，〈立法‧立法權‧立法體制〉，《澳門研究》，第37期（2006年12月）。

19 引自立法會主席曹其眞專訪，《澳門日報》2007年9月4日。關於澳門立法會的利益輸送，見《澳門月刊》，2007年8月，第127期。

20 北京對港澳地區所採取的「長期打算、充分利用」戰略，見楊天澤等，《澳門1999》（北京：新華出版社，1998），頁153-180。

21 鄰近的香港有著極相似的歷史經驗，見羅永生，〈香港的殖民主義（去）政治與文化冷戰〉，會議論文發表於Conditions of Knowledge and Cultural Production: 2007 Inter-Asia Cultural Studies Society Shanghai Conference, 2007年6月15-17日。

與「現代化」的強烈渴望[22]，而賭權開放被官方稱做是澳門搖身一變為國際大都會的「轉型機遇」。在中華總商會及傳統社團領袖的一致擁護下，何厚鏵就任特首後得以順利推行一系列經濟改革措施及全球化的意識型態。何厚鏵上任後首先整頓警風、重組警隊，並且與大陸公安部門積極配合，有效遏止了黑幫惡鬥和組織性犯罪，社會秩序明顯比回歸前穩定許多。在尋求經濟改革的過程中，何厚鏵巧妙地抓住澳門居民想當家作主與盼望建設「新澳門」的心理，把澳門推入世界市場。他強調特區政府要創造條件吸引投資、改善治安並「注意如何在中國的改革開放和周邊地區的發展中使自己獲益」[23]。他一方面積極強化與內地特別是珠三角地區的經貿旅遊合作關係，希望藉助華南的經濟發展來推進澳門的市場化，另一方面將澳門建構成為中介內地與歐洲、葡語系國家經貿關係的平台。一連串減稅、優惠貸款政策的推出，也逐步讓澳門經濟在經歷回歸前的連續4年負成長後首次出現了復甦的跡象，2000到2002年平均增長率為5.6%。2003年內地與澳門間《更緊密經貿關係安排》的簽署，以及中央政府決定開放內地部分城市觀光客赴澳門自由行的政策，大大刺激了澳門經濟的復甦、並帶動賭博相關產業收益的快速成長，使得2004年的經濟增長急增到28%。在這段期間治安好轉、就業率增加，社會分化及通貨膨脹效應尚未出現，大大增強了特區政府的合法性，一份2004年公布的民調顯示，何的支持率一度高達7成，威望甚高，

---

22 Robert J. C. Young, *Postcolonialism: An Historical Introduction* (Oxford: Blackwell, 2001)，p. 44.

23 引自〈澳門賭權將會開放 何厚鏵強調嚴格監管 現況將維持一段時間〉，《大公報》，1999年12月2日。一位記者朋友稱澳門的「改革開放」比中國大陸晚了至少20年。

甚至有人提議修改《基本法》，讓何續任第三任特首[24]。

回歸之際關於澳門賭博專營權是否應該開放公開競投的爭論，一直沒有間斷過，這些討論的焦點總是圍繞著開放賭權是否能有效改善治安、是否會導致惡性競爭以及社會不穩定、是否能夠促進澳門經濟、是否能增加政府稅收、是否能提升賭博業的經營管理層次、以及能否促進澳門產業結構多元化。雖然何鴻燊本人多次公開發表反對意見，但由於澳門人普遍不認同市場完全壟斷，因此官方所主張透過改革賭權、引入外資競爭來改善澳門經濟與社會治安的意見，明顯占了上風[25]。2000年12月回歸一週年之際，何厚鏵赴北京述職並匯報博彩業傾向將專營權拆分經營，得當到時國家主席江澤民、總理朱鎔基以及副總理錢其琛的高度支持，中央並再三承諾中資不會參與、干預競標過程。在這樣一個主流意見氣氛下，特區政府在施政報告中明確地陳述要以「打破壟斷、市場競爭」的原則來放寬國際(主要是美國)資本注入澳門賭業的限制，修訂賭權法，並成立澳門博彩委員會專責研究改革專營制度。雖然何鴻燊一再倡議開放賭權應僅限於澳門人，特首堅持學習美國賭城的發牌與管理制度，並將賭權優先讓給「具有國際水準」的經營者。

在特首主導下，2001年7月通過開放賭權條例草案，確定將發出3張賭牌、規定新的賭牌可以由非澳門人獲得後，國際集團爭奪澳門賭權的鬥爭進入白熱化階段，包括美國、澳洲、香港、和臺灣在內的財團與博彩經營者，均開始積極部署爭取澳門的賭

---

24 國家主席胡錦濤訪問澳門時也公開稱讚何厚鏵的政績。香港傳媒則經常將何與當時香港特首董建華相比較，揶揄董缺乏澳門特首的能力與魄力。

25 見當時《星島日報》、《蘋果日報》、《明報》和《大公報》報導。

權，共有21個財團參與競投。2002年2月8日特區政府正式宣布審查結果，將賭博業經營權批給3家公司，分別是美資永利渡假村，港商呂志和家族和美國威尼斯人所合營的銀河娛樂場，以及何鴻燊所持有的澳門博彩公司（簡稱「澳博」），澳門賭博業市場長期完全壟斷的局面從此宣告徹底結束。隨後特區政府又允許原本擁有賭牌的3家財團將手中的賭牌自行拆分：威尼斯人與銀河集團分開經營；永利拿到賭牌後又自行拆分給何鴻燊兒子何猷龍與澳洲PBL集團的合資公司，賣了9億美元；當時還沒有正式開業的永利，在這筆交易中賺取了超過其拉斯維加斯賭場兩年的收入，幾乎回收了在澳門投資成本。美國美高梅集團則於2004年與何鴻燊女兒何超瓊達成私人協議，以兩億美元購入澳博所拆分的賭權，合資10億美元發展渡假村。從此澳門的賭牌由3個拆分為6個，賭場數由賭權開放前的11間迅速擴張到目前的27間，大多是美資賭場所擴建。賭場收益及政府稅收屢屢創下新高，1999-2005年間博彩業總收益的年增長率平均為21.8%，其中2004年的升幅最大，比2003年增長了43.4%，該年度總收益達到423億澳元。1991至2001年間，博彩稅占政府財政總收入的比例一直維持在30%至50%之間，賭權開放後從2002年51%攀升到2006年的72.3%[26]。澳博在威尼斯人、永利等美資的蠶食下，市場主導地位正在快速下滑，市場占有率在短短的3年內從本來的完全壟斷地位，下跌到2006年的6成，預估2009年的市占率將進一步萎縮至25%[27]，趨勢顯示，澳門的財政與經濟將會愈來愈依賴美資。根據《亞洲周刊》

---

26 柳智毅，〈澳門博彩業發展對經濟、社會的利弊分析〉，《澳門經濟》，第23期（2007年6月）。

27 譚豪光，〈摩根看低澳博〉，《新報》，2007月2月21日。澳博帳面上博彩總收益雖然高於其他公司，但淨收益已被威尼斯人超過。

的報導，隨著美國財團市場占有率擴大，美國也開始透過反恐、打擊洗黑錢名義插手介入澳門事務，引起了北京當局的關注[28]。

三、新自由化

澳門賭權的開放，為面臨拉斯維加斯市場趨於飽和的美國資本家打開了新的資本積累空間。大量資金源源不斷湧入，2003到2005的外資年增長率平均達到63.8%；同時期公共投資增長速度下降，從2003年的64.4%大幅下滑到2005年的13.5%。賭權的開放徹底改變了澳門經濟、勞動力市場結構和日常生活的文化環境；拉斯維加斯式的建築與管理方式被移植到澳門，美式豪華賭場強調的休閒文化、消費主義漸漸成為市場意識型態建構的組成部分，將市民主體納入新的文化與道德秩序[29]。美式經營模式被傳媒形容為「現代化、先進」，幫助澳門「與國際接軌」、將澳門建設成「亞洲的拉斯維加斯」及「成人迪士尼樂園」[30]。美國大型賭博集團、連鎖酒店和香港發展商、房地產仲介公司紛紛湧進澳門半島和氹仔、路環島，酒店、餐飲業、零售業、賭場和建築工地已經出現了人力不足的現象，大量外勞的進入使得失業率

---

28 紀碩鳴，〈美國勢力澳門崛起 北京派員調查應變〉，《亞洲周刊》，2005年11月13日，第19卷46期。北京當局對美資壟斷澳門市場並非沒有顧慮，國家「十一五」規劃就明確提出要「促進澳門經濟多元適度發展」。

29 大約在2004年起澳門大學圖書館專門設置了American Corner（美國坊），定期播放好萊塢電影、邀請美國人士作演講。沒有其他國家或地區享有如此待遇。

30 〈澳建「成人迪士尼」〉，《星島日報》，2006年4月5日。

從2003年的6%降至2006年的3.8%；[31]澳門人均生產毛額（GDP）
開始以驚人的速度攀升，2006年達到28000美元，首度超越香港；
同年博彩總收益達到72億美元，首次超過美國拉斯維加斯賭城。
「市場太大了，機會多得難以置信」，威尼斯人集團總裁艾德森
說，「我們擔心的只是無法建造足夠多的賭場來填補市場空白」
[32]。拉斯維加斯用了75年才發展成國際賭城，艾德森則希望「澳
門可以在3年內初見成效」。威尼斯人的盈利證實澳門已經成為
一個比拉斯維加斯更賺錢的地方，2006年起未來5年投資澳門的
資金將達到200億美元。以舊殖民統治的結束為界標，在經濟低
迷時期強調開放市場的立即效益，回歸後以政治權威強力推行市
場化，並在穩定條件下要求政府放棄干預與管制權力為主要特徵
的新自由主義意識型態，在澳門取得了高度合理性。官方及主流
傳媒所刻意營造的「歐陸風情」、「中西文化交匯」城市形象，
則是新自由化過程中可資利用的文化資本[33]。

　　相較於葡國殖民主義以直接掌控領土、實施高壓統治、壓抑
本土傳統語言文化等方式行使統治，新的殖民主義邏輯則是跨國
資本在舊的基礎上透過國際組織打破疆界限制，將「自由市場」
意識型態滲入日常生活空間，以取得社會共識的方式進行市場控
制。比起強制性的殖民統治，新殖民主義文化的特徵是去政治
化，透過權力機構推銷「進步」和「現代化」的線性歷史觀，說
服被殖民者心悅誠服地將發展狹隘地理解成經濟增長率，從而

---

31 2005年新增外勞人數占當年新增就業人口的6成。

32 〈打造「東方拉斯維加斯」〉，《新華澳報》，2004年6月21日。

33 Arif Dirlik認為經過殖民主義混雜的文化與主體性成為被殖民者進
　　入全球化最有效的媒介："The End of Colonialism? The Colonial
　　Modern in the Making of Global Modernity," *boundary* 2 32-1（2005）.

「掩蓋了這些發展模式本身產生於不平等的中心／邊緣的依附關係之中，從而切斷了自由選擇與發展的內在聯繫。這一『自由市場』計劃……在民族國家內部和世界範圍內構築各式各樣的殖民關係，拒絕民主地控制社會。」[34]

澳門的經濟領域在賭業開放後有了長足的發展，但這一發展也造就了新的不平等的社會條件。澳門的勞動生產力、社會關係、生活方式、和價值觀逐漸從屬於發展主義意識型態，原本純樸的小城逐漸失去了昔日的寧靜。新的社會矛盾與危機，在2005年外資及外勞陸續進入澳門之後漸漸開始暴露。澳門賭權改制所產生的社會問題，表明了市場開放並不能保證澳門的財富再分配可以更為民主、公正，反而是向賭博業集中傾斜。首先，過分依賴賭博業來復甦經濟的負面後果開始浮現。由於產業結構嚴重失衡，博彩業吸納大量人力、土地資源，中小企業生存空間被嚴重擠壓（博彩從業員占總勞動人口比例從2002年的6.9%急升到2006年的18%）。大型賭場以高薪搶奪其他行業的人才，年輕人趨之若鶩，許多中學畢業生寧可輟學而選擇直接進入賭場擔任「荷官」（賭場莊家），收入比從事一般行業的父母多兩、三倍。2007年第二季資料顯示，博彩業雇員的月收入中位數達到澳門幣12,515元，吸引23%的就業人口；其中威尼斯人集團雇用超過兩萬員工，成為澳門最大雇主。同時許多中小企業、傳統餐館卻因人力短缺、經營成本高漲而被迫結束營業。中小企業主漸漸感覺到他們在賭權開放過程中正在失去利益，對改革開始產生疑慮。

其次，近幾年來澳門政府打著改革的名義對賭業集團的放權

---

34 汪暉，〈「新自由主義」的歷史根源及其批判〉，《臺灣社會研究季刊》，第42期(2001年6月)，頁49。

讓利，引起了廣大市民的高度關注。賭權開放之初，政府投資數
千萬元的公帑設立博彩業培訓中心，免費為美國公司培訓工作人
員，並默許美國賭場進行違反中國法律的賭場借貸活動。最為爭
議的是，特首對獲批准賭權的公司各自拆分賭牌從中牟利、違反
公平競爭原則的行為毫無懲戒、也沒有徵收所得補充稅，聲稱這
麼做是為了要「保持經營者的國際競爭力」。在缺乏民主參與以
及透明的監督機制下，這個決策等於將利益輸送合法化。此外，
澳門面積狹小，政府的土地資源分配卻大幅向博彩業傾斜，凡涉
及賭業合同的土地項目均可豁免公開競投、以遠低於市價的標準
批給博彩業。例如為了滿足總投資額達到120億美元、1.3公里長
的威尼斯人集團「金光大道」開發案的龐大土地需求，澳門政府
在路氹區進行大規模的填海造地供其使用；氹仔軍營對面一塊44
萬平方米的土地按公開競投的土地價格計算價值300億，最後卻
以不足30億的價格批給銀河娛樂公司。政府一再表示澳門土地稀
少、找不到合適的地點興建更多公共房屋供應基層市民，另一方
面卻賤賣大量土地為財團謀取最大利益，引起民間團體和部分議
員的強烈抗議。民眾質疑政府究竟代表誰來容許財團自行拆分賭
權、究竟是代表誰的利益來分配土地資源？政府的批地程序是否
包含了民主的討論，是否有違反公共利益原則、誤國誤民之嫌？

　　在缺乏民主參與的保障下，引進外資不但沒有改善澳門的金
權結構、加速社會公平發展，反而順應了腐敗的環境、為貪腐集
團提供了溫床。澳門的情況與恩克魯瑪的觀察非常近似，他指
出，殖民統治結束後，非洲的政治精英為了謀取利益而逐漸與群
眾疏離，成為新殖民主義的壓迫工具。在澳門市場結構轉換的過
程中，由於體制性漏洞及缺乏有效的民主監督機制，土地資源的
再分配與公共工程發包構成了特區官員利益輸送的管道。澳門

《土地法》明定土地資源應盡量公開拍賣，只有特首可以基於特殊原因豁免公開競投。然而特區成立以來所批出的土地中只有一塊土地採用公開競投，其餘三百多筆土地均由特首運用其豁免權力以極低價批出[35]。在土地批給上最常見的官商勾結形式是，特區政府縱容發展商（多半是親政府集團的成員）長期閒置澳葡當局所批給、卻未依約發展的大片工業用地，隨後發展商以「工業競爭力逐漸喪失」為由向特區政府申請變更土地用途成為商住用地，獲批准後僅需向政府支付低額的土地溢價金，然後再以正常市價轉賣給其他財團牟取暴利。殖民時期澳葡當局曾大量批地給立場親中的商人，作為拉攏談判的條件，回歸後特區政府官員則透過解除土地使用限制的途徑，對特首的政治盟友進行利益再輸送，以權謀私手法如出一轍。官員財產申報制度不完善，加上特首長期阻撓立法會充分行使審核、監管公共工程預算的職權，導致重大工程嚴重超支，淪為官商勾結、酬佣特定利益團體的另一途徑[36]。政治資源被壟斷、缺乏制衡機制的體制，讓特權團體的金權交易變得更為隱蔽、變本加厲。這也是政治與體制改革從來不是何厚鏵優先的政策選擇的主因[37]。

---

35 何厚鏵一上任後便宣布停止興建公共房屋（包括「社會屋」和「經濟屋」）。2004年5月、正值澳門房地產價格急升之際，政府公布了一個行政法規，以「不推行高地價」為由把土地溢價金以遠低於正常市值的標準調低，實際上圖利了發展商。

36 例如舉行東亞運動會從20億預算到最後結算為44億元。關於近年來批地與工程問題，參見《新澳門》，第33期（2007年1月）。

37 目前立法會議員中代表商界利益者多達三分之二，他們多半透過社團間選或是特首委任進入立法會。見〈批評立法會由商人主導 偏重商人利益 區錦新立法會上遭嚴辭抗議〉，《華僑報》，2005年8月5日。關於利益集團的分析，見Bill K.P. Chou, "Interest Group Politics

　　第三，隨著眾多大型工程項目展開、新賭場及酒店相繼開業，博彩業、建築發展商引進大量內地與香港外地雇員，本地工人感到就業權利受到嚴重損害。同時由於工程建設人力吃緊，本地中小企業雇員大量流失，建築、裝修、飲食、零售及美容業者開始暗自僱用來自內地、成本低廉的非法工人（俗稱「黑工」）。這些非法勞工多半來自鄰近的廣東、福建地區的失業人口，以「自由行」或偷渡的方式進入澳門並逾期逗留工作[38]。主管單位勞工局對於一再發生的大型工程僱用非法工人事件監管不力，也引起本地工人質疑官方偏袒資本家利益[39]。在上述背景下，近幾年街頭抗爭行動的參與者多半是40歲以上、中年低技術建造業、裝修工人、清潔工和保安人員。他們多半是1980、1990年代從大陸來到澳門的新移民[40]，不滿現行政策導致他們的工作量不穩定、薪酬減少，未能分享到經濟發展的成果[41]。賭權開放後，除了部分從業人員直接受惠於大型建設與服務項目外，基層工家庭人則成

（續）─────────────────

in Macau after Handover," *Journal of Contemporary China* 14-43（2005）.

38　2007年上半年澳門警方遣返的非法入境及逾期逗留人數較去年同期大幅上升，其中逾期的內地居民人數較去年同期增加超過一倍，達八千多人次。黎溢康，〈黑民不絕 逾居倍增〉，《澳門日報》，2007年8月31日。

39　在澳門，每當建築工程出現勞資糾紛、聘用非法勞工以及工業意外時，政府只會向負責包攬總承建商工程的「判頭」追究責任，而總承建商只會被要求責成督促判頭跟進，完全不需要負法律責任。政府的監管不力也導致許多最終執行的分判業者為壓低成本而剋扣非法勞工工資。

40　有關新移民的調查，見黃漢強、程惕潔，《新來澳定居之內地移民論析》（澳門：澳門大學澳門研究中心，2005）。

41　幾個五一遊行的組織者跟我表示，企業僱用非法工人導致本地建築業工人的開工量嚴重不足，有時甚至每個月只有10個工作天。

爲「在職貧窮」的群體，由於轉業困難，只能靠出賣勞動力來勉強維持家庭負擔，勞動時間長、就業機會不安定，常有貧困的壓迫感和失業的恐慌。澳門的貧困及失業人口大多集聚在靠近佑漢、黑沙環的北區，多半是來自廣東、福建省的新移民，加工製造業北移到大陸後部分失業者轉而從事地下經濟活動（如進出珠海—澳門關口托運小量貨物賺取微薄工錢）。「雖然政府在賭牌開放初期曾投入資源進行在職培訓，但成效不大，尤其是對從事製造業或低層服務業的中壯年轉職培訓和技能提升的規模，與大規模發展和提升的博彩服務業未能同步。」[42]政府所公布的失業率只能反映完全失業的人口，未能反映開工不足等實際情況。近年來開放大陸人士自由行和投資房地產移民、通貨膨脹（2004年通脹率1%，到了2006年達到5.4%）、香港及海外集團炒作房地產等因素，使得房價、租金、食物及教育開支大幅飆漲，貧困群體的生活素質進一步惡化，低收入戶因付不起租金而被迫搬遷的事情時有所聞[43]。基層工人不但沒有分享到經濟發展的利益，反而深受其害。這幾年來政府握有大筆博彩稅收卻不正視惡化的貧困問題，顯示只重視經濟生產效率而不顧社會分配公平的管理思維，是造成貧富懸殊的主因[44]。

同時，澳門傳媒及主流經濟學家不斷製造言論，強調澳門本地勞工的素質「未能跟上社會發展」、「缺乏國際競爭力」，導

42　〈關翠杏：適應產業轉型之需 提升基層人員素質政府企業有責〉，《澳門日報》，2006年7月18日。
43　在臨近通往大陸關口、人口稠密的北區，部分房價已經暴漲3到4倍。
44　有關公屋不足、社會安全與福利援助制度不完善等問題的分析，見澳門特別行政區社會工作局委託澳門理工學院社會經濟研究所所作的《澳門貧窮人士生活狀況及援助研究報告》（2006年出版）。

致跨國公司必須大量引進外勞，本地勞工所面臨的尷尬處境是難以避免的[45]。但就像梅米所觀察，在美國主導的新殖民統治下，後殖民地的精英集團往往會將當下未能解決的社會問題歸咎於過去殖民時期不公平的政策所導致，或是怪罪被殖民者未能扮演好自己的角色發展經濟，但怪來怪去永遠不會是自己和新主子的錯[46]。有關「人口素質」的發展主義論述，正在掩蓋經濟民主與政治自由的迫切性。

民間社會運動團體的體制化與去政治化，是後殖民社會基層民主建設停滯的主要原因[47]。在勞工議題上，澳門最大的勞工團體工聯會，在回歸之後在監督政府的角色扮演上喪失了獨立自主性，代表性備受質疑。在「一二‧三」事件之後，工聯會代表基層華人市民利益，與殖民政府的關係是既合作又鬥爭，一方面「代理」澳葡當局提供社會服務、維持社會秩序，另一方面則代表基層勞工向政府施壓，對當權者有一定的牽制力[48]。然而隨著殖民者的撤退，特區政府將工聯會等基層團體的精英吸納入體制，工聯會的角色由體制外的監督轉變為體制內的緊密合作，經濟上依賴政府資助、政治上則與政府保持一致的立場、維護其權威地位，甚至打壓體制外的社會抗爭。改朝換代之後，傳統社團還是原班人馬支配大局，缺乏內部更新輪替機制，領導成員老化重

45　〈何超瓊：澳人素質需深層提升〉，《澳門日報》，2007年6月28日。

46　Memmi, *Decolonization and the Decolonized*, pp. 8-24.

47　Nigel Gibson, "The Pitfalls of South Africa's 'Liberation'," *New Political Science* 23-3（2001）.

48　婁勝華，《轉型時期澳門社團研究》（台山：廣東人民出版社，2004）。

疊、與群眾疏離，被批評爲因循守舊、故步自封[49]。體制化的社團喪失自我更新與自我否定的能力，主要表現在政治主體性的取消，例如親政府團體所舉辦的大規模「愛國愛澳」活動淪爲抽象、空泛、道德化，而且與市民實際需求脫節的意識型態宣傳，其作用是建構與政府一致的共識，剝奪弱化人民表達異議的權力，而非眞正促進社會和諧與進步[50]。爲了選舉考慮，部分代表基層的議員會刻意與政府保持距離、敦促改善民生，但始終刻意迴避尖銳卻必要的政治辯論與路線之爭，也從未帶頭組織社會抗議活動。2000年一群失業的基層工人曾向工聯會求助，但遭到拒絕，於是自行組織了回歸後第一次的街頭抗議，爭奪社會發展的話語權[51]。2006、2007年連續兩年的五一遊行也都是由幾個邊緣、體制外的基層工人社團所發起。儘管新興的運動組織結構鬆散、也缺乏強而有力的領導中心，但他們的行動表達了對工聯會的不信任，還有對這個金權城市運作模式的質疑。

---

49 2005年的立法會選舉結果顯示傳統社團的選票開始流失。儘管多數澳門市民肯定社團的社會與政治影響力，但對於社團信任感與參與興趣偏低，見澳門發展策略研究中心所出版的《澳門社團現狀與前瞻》(2000)。

50 回歸至今，澳門學術界、民間團體、文化界對於殖民主義相關議題甚少進行反思。這也意味著當下民族主義或愛國主義內容缺乏歷史的關照，和全球化意識型態共謀。相較之下，近年來「去殖民」這個概念開始進入香港主流輿論空間，見梁文道在《明報》上所刊載的系列文章：〈去殖的缺席〉，2007年6月14日；〈去殖還是保殖？〉，2007年6月21日。有關香港回歸後愛國教育與去政治化的關係，見 Wai-Man Lam, "Depoliticization, Citizenship, and the Politics of Community in Hong Kong," *Citizenship Studies* 9-3 (2005).

51 安撫基層工人，這次遊行後政府舉辦了一系列職業教育課程，凡參與者皆可獲得津貼。這項措施顯然發揮了一些作用：2000-2005年間澳門的社會運動沉寂了一段時間。

　　政治領域的萎縮，導致社會貧富分化的問題未能經由正常的民主程序而獲得舒緩。據澳門統計暨普查局每5年公布一次的住戶收支調查資料顯示，1998/1999年基尼係數為0.43，2002/2003年上升到0.45，2006年保守估計達到0.48，已經超過了國際公認的0.4警戒線[52]。按每月住戶收入五等分位，收入最高的20%住戶總收入占總數的49.4%，每月平均收入比1998/1999實質增長了9.5%，同期收入最低的20%住戶收入則下跌了1.6%，反映出貧富差距拉大，近幾年勞工的收入增長遠落後於GDP的增長[53]。2006年澳門的人均生產值在博彩業和房地產的帶動下超過了香港，比2001年增加了近一倍，但比較兩地月收入中位數，澳門七千多元少於香港的10000元，其中超過中位數的行業集中在博彩業、公職機構、及跨國企業，而且位於中位數以下的雇員占總勞動人口有7成，占20萬人[54]，5000元以下的占3成，達8萬人以上，大多集中在製造業、批發零售、飲食等行業。這顯示賭權開放以來，澳門產業發展與財富分配失衡、社會不公平持續惡化。威尼斯商人集團旗下的澳門金沙娛樂場於2004年5月投入運作時，集團總裁艾德森的身價約30億美元，到了2006年暴增到260億美元，成為《富比世》雜誌富豪排行榜有史以來財富增長速度最快的人。金沙營運7個月後，就賺回了投資額2.65億美元。受惠於澳門的業績，在2006年9月的富比世排行榜，艾德森已經成為美國第三

52　謝四德，〈制度缺陷擴大澳門貧富差距？〉《澳門日報》2007年9月16日。

53　《澳門職工工作現狀問卷調查統計及分析報告》（澳門：澳門工會聯合總會，2005），頁57。

54　譚豪光，〈弱勢社群〉，《新報》，2007年1月31日。

富豪，2007年成為全球第六富豪[55]。博彩業的急速發展讓利益流入國際資本家手中，然而大部分市民的生活卻越來越沉重。根據一份對2004年各業勞工的工作現狀所做的調查，高達66.3%的受訪者對於當前工作感到憂慮；2006年《澳門貧窮人士生活狀況及援助研究報告》則指出，超過7成的貧窮家庭對於近5年生活水準持負面的評價。2006年底何厚鏵親信、工務及運輸司司長歐文龍涉嫌貪污數十億的案件遭香港廉政公署揭發後，政府的管治威信嚴重受挫，當局所推行的政策備受質疑與批評[56]。由於立法會權力受到壓制，歐案爆發後組成的工程預算與土地使用特別委員會對行政當局依舊沒有實質約束力。

四、五一社會運動是反殖民

2006/07年的五一遊行，激發了澳門社會對於政府管治方式以及公民社會的關注，將社會想像與社會分析引入了一個嶄新的階段，市民、議員、學者、學生透過本地報紙展開了一系列嚴肅的交換討論，其中最重要的討論圍繞著社會公平、社會運動、公民權利、傳媒監督、公共知識分子、民主政制以及和諧社會等議題[57]。在知識界，本地及大陸學者也陸續在《澳門日報》及澳門

---

55 〈「亞洲拉城」改口「北美澳門」〉，《澳門日報》，2006年3月16日。

56 黃連，〈澳門貪瀆案北京奇招布局〉，《亞洲週刊》，2006年12月24日，第20卷，第51期。

57 《澳門日報》所刊登的評論，例如：婁勝華，〈變革與轉型：回歸以來公民社會發展觀察〉2007年8月15日；梁炳權，〈從社團走向第三部門〉，2007年1月4日；林玉鳳，〈團體聲明／廣告／新聞報導「五一」事件後澳門傳媒的功能反思〉，2007年5月23日；趙家

大學澳門研究中心所出版的學術期刊《澳門研究》表達對澳門社會運動的思考。然而從這兩年所展開的討論來看，澳門知識界對於市場、政府與社會的關係，並沒有任何新的建設性的分析和理論分歧，反而和官方論調接近，特別是沒有對社會群體採取激進手段的歷史成因進行深刻的反思。大多數學者認為只要推行市場化經濟、引進外資，諸多問題便可以迎刃而解，將實際上由政府機器所主導的不平等市場化過程，理解成非政治的、可以自我運轉、獨立自主，可以與政府、社會展開良性互動合作並促進政治民主的透明過程；或以為在政府的支持下，企業與社團會無私、自動地負起社會責任，推進社會公平，而迴避了對政府機器與利益集團（包括內部及外部的）形成的權力集團的歷史考察[58]。還有學者嚴重脫離了實際展開的社會與經濟關係，從維護「和諧社會」的角度批判體制外社會抗爭干擾社會經濟秩序，取消社會運動的不確定性所具有的民主潛質，將社會運動理解成非正常的訴求方式，只能夠扮演補充體制內政治參與的次要角色[59]。持這類看法的學者，主張體制外的社會運動容易干擾體制內的民主協商運作、「扭曲民意」、「扭曲民主的真正意義」，缺乏理性的、「高

(續)——————

　　權，〈民主路徑怎樣選擇〉，2007年7月18日，議員吳國昌的回應〈民主路徑循序漸進開步走〉，2007年8月1日；以及2006年10月8日起隔周連載的「公共知識分子與澳門」專輯。

58　近一位香港學者受邀到澳門演講，主張外資「有利於營造一個公平、公開、公正的社會」，促進澳門「從一個保守封閉的社會轉變成一個開放自由的社會」。見〈余振指外資進澳有四大正面影響〉，《華僑報》，2007年2月5日。

59　潘冠瑾，〈社會運動對民主政治體制的衝擊〉，《澳門日報》，2007年5月16日；麒進，〈拒絕民粹主義言行 深化公民社會建構〉，《澳門日報》，2007年5月30日。

素質」的公民參與，因此必須要「被限制在適可而止的範圍內。[60]儘管他們認識到傳統社團的體制化是導致公民社會與公共領域批判力度萎縮的主因，卻沒有對新的支配邏輯以及社會抗爭激進化的歷史因素進行總結，而是將歐美公民社會與所謂「第三部門」的功能理想化、抽象化地當做絕對唯一的標準，否定社會運動對於民主政治的貢獻。在否定參與式民主的前提下，這類討論既沒有觸及跨國權力聯盟形成的新政治經濟條件，也沒有考察這個聯盟對於大眾民主行動所造成的抑制與瓦解效應，更沒有對全球市場主義衍生的弊端提出應有的針砭。

這兩年來的五一社會運動，表面上是一群就業不穩定的建築業工人抗議政府大量輸入外勞、打擊「黑工」不力。但社會與經濟資源被壟斷、貧富差距急速擴大、官商勾結、政治參與機會不平等，才是激化矛盾的深層因素。2005年以來，澳門大大小小社會請願或抗議活動日漸頻繁，像是民間反對拆清下環街市、拯救藍屋仔行動、保護松山燈塔等相互呼應的運動，都可以被視為是對新殖民權力剝奪市民社會自主性與文化主體性的廣泛批評與自我保護行動[61]。在社會想像貧困的澳門，這些文化運動構成了

---

60 刊登在《澳門研究》上的一系列文章：潘冠瑾，〈一種政治社會學視角：從社會資本看「諧發展論」〉，第34期(2006年6月)；聶安祥，〈澳門政治學前沿主題研究狀況〉，第40期(2007年6月)；梁佳俊，〈試論構建澳門的和諧社會：以澳門傳統華人社團為例〉，第38期(2007年2月)；陳震宇，〈通往和諧社會的道路：共同變革與承擔〉，第39期(2007年4月)。

61 相關報導見《亞洲週刊》，2007年5月13日，第21卷，18期。對於香港發展主義的批判，見許寶強，《資本主義不是什麼》(香港：牛津大學出版社，2002)；馬國明，《全面都市化的社會》(香港：進一步多媒體，2007)。

新一波反殖民抵抗與思想的資源，然而反抗的對象不再是過去官僚的、種族歧視的葡國殖民主義，而是以改革開放或「提升國際競爭力」為名義、透過本土統治集團的中介、利用政府機器為工具、由跨國資本家所遙控或主導的新殖民主義。在跨國資本主義的背景下，反貪腐、反對大量輸入外勞、反對扭曲的發展主義的民間批判論述與社會行動，需要與其他正在展開的批判思想運動與爭取各種權利的社會抗爭進行交換、互動，將基層訴求和更廣泛的民主運動聯繫起來。

在全球話語霸權與反動的學院知識生產消解了對殖民主義進行批判反思的今天，我以為談論新殖民主義依然是有深刻意義的。反思新殖民主義並不是要全盤否定前一波去殖民運動的成就，也不等同於反對所有形式的發展與市場機制，而是要追問：為什麼以消除殖民種族主義、民族自決為名的脫殖民過程，造就了一批反民主的本地精英？為什麼在「光榮回歸」的表象下面，殖民統治的結束未能替人民帶來真正的平等與自由，而是為特權集團提供了利益輸送的土壤？在中國的主權範圍內，澳門乃至於香港去殖民的內在矛盾和限制為何？這恐怕是澳門的「後」殖民狀況留給我們的最大疑問。

劉世鼎，任教於澳門大學社會科學與人文學院。主要研究興趣包括殖民主義與冷戰的影響、中國互聯網政治。最近論文發表在《讀書》以及英語期刊《亞際文化研究》、《位置：東亞文化批評》。
本研究獲得澳門大學研究委員會資助（計劃名稱：Comparative Colonialities in China，編號：RG034/05-06S/07R/ LSD/FSH）。

解嚴以來：
二十年目睹之台灣

社運與民主

李丁讚

　　1980年代，各種社會抗爭風起雲湧，是台灣社會運動的黃金年代。剛開始時，社會運動的形式以劇烈的肢體抗爭為主，稱之為「自力救濟」，其中又以對環境污染的抗爭為最主要。1986年6月，鹿港反杜邦設廠，發動戰後台灣第一次大型的示威遊行。從此，環境抗爭形式也逐漸由之前的肢體抗爭改變成理性溫和的示威遊行。1987年解嚴，示威遊行旋即逐年大量增加，到1990年前後，達到最高峰。這是遊行示威的年代，台北街頭壯烈的遊行隊伍，仍然是很多這個年代人的共同記憶。但是，大約從1993年開始，遊行示威開始逐年遞減，社會運動的形式又有了大的轉變。在環保的領域裡，專家遊說逐漸取代遊行示威，其他領域也都有類似的情形。民眾的動員不是沒有，但都是小規模的動員，而且都是特定議題的直接相關者，這些群眾主要是「支援」專家的遊說，數量不多。真正的戰場是在冷氣房內部，是社運專家與政府官員之間的言語攻防，而不是支援的群眾身體。很明顯的，社運抗爭的暴烈程度又進一步下滑了。從1980年代初期的肢體抗爭，到1986之後的示威遊行，再到1993之後的專家遊說，社運的抗爭形式經歷了兩次的轉變，群眾肢體的參與越來越少，暴力的

程度越來越低。林文源和我稱這個過程爲「暴力的馴化」[1]。

其實，1993之後，除了環保領域出現的專家遊說這種新抗爭形式之外，有一些更接近所謂的「新社會運動」的社運形式也相繼出現，這些新型態的社會運動與過去大型的遊行示威有很大的差別，特別強調參與者的主動參與，而不像過去社運那樣，群眾只是被動員的對象。這是很不一樣的社會運動，包括「社區總體營造」，以及一些更小型的人權運動，如性／別人權、弱勢人權、新移民運動等。這些運動雖也有靜坐抗議，但都沒有大型的遊行示威，更少使用暴力，其實與上述「暴力的馴化」是一致的。2004年兩顆子彈發生後，有大型的族群動員，之後又有「紅衫軍」、「挺台灣大遊行」等，也與族群動員有關。這些族群動員的人數，往往高達數十萬人，比1990年前後社運最高潮時的大型遊行示威更有勝之。但儘管規模很大，暴力衝突卻很少，與之前的社運大爲不同，又一次呼應「暴力的馴化」。

爲什麼暴力會馴化呢？解嚴後，遊行示威突然大量暴增，爲什麼？1993年之後，遊行示威則開始大量減少，變成只是社運專業人士的支援配角，爲什麼？新型態的社會運動爲什麼會出現？跟民主的關係又是如何？而且，整個抗爭的次數雖然沒有減少，但暴力的成分卻大爲降低，爲什麼暴力會逐漸馴化呢？這跟整個民主政治的關係又是如何呢？這是本文主要的問題意識。

一、社運政治化

1　請參考李丁讚、林文源，2003，〈社會力的轉化：台灣環保抗爭的組織技術〉，《台灣社會研究季刊》，52：57-119。

解嚴後，台灣進入風起雲湧的社運狂潮中，根據一種有名的說法[2]，政治自由化後，如果沒有跟隨足夠的民主化，必然會出現大量的人民抗爭。這是一種「政治機會」論，因為自由之門開啟後，威權體制鬆動，不再能夠施展綿密的壓制，讓人民有機會可以發動抗爭，社會運動才會大量出現[3]。但除了政治自由化之外，另一個可能更為關鍵的因素則是「社運政治化」。很多研究已經指出[4]，1980年代初期的自力救濟，基本上是草根基層的抗爭活動，知識分子與政治人物的參與很少。但是，這種情形在1987年之後就慢慢改觀。民進黨在1986年成立，並設有「社會運動部」，它看出民眾力量的可觀與可用，於是大舉進入社會，介入、並領導社會運動，進而造成社會運動的政治化。這可能才是解嚴後，社運大量增加的最主要因素。

其實，早在美麗島事件後的1980年代初期，政治反對菁英在「批康放水」、「雞兔同籠」的辯論中，就已經看出「議會路線」的局限。到了1984年前後，因為受到群眾運動的激勵，反對力量就開始逐漸轉向「群眾路線」[5]。但是，對這些政治反對菁英來說，「群眾」只是政治的籌碼，社會只是政治的跳板，他/她們對社會議題的關心，都只是希望藉由社運來號召民眾，投入政治反對運動。因此，在民進黨成立後，就有社運部的設立。透過當時急速擴張的社運網絡，民進黨很快就進入社會。而且，由於其

2 O'Donnell and Schmitter, *Transitions From Authoritarian Rule: Southern Europe*, John Hopkins University Pres, 1986s.
3 張茂桂，《社會運動與政治轉型》(台北：國家政策研究中心，1989)。
4 請參考何明修，2006，《綠色民主：台灣環境運動的研究》，群學。
5 吳介民，2002，〈解除克勞塞維茲的魔咒：分析當前社會運動改革的困境〉，《台灣社會學》，4: 159-98。

菁英的特質，再加上威權體制的困擾與威脅，草根民眾以及知識分子很快就接受民進黨的領導，而逐漸遠離「社會」本身原有的問題與關注。當時，最流行的社會論述就是所謂的「民間社會」論[6]，認為所有的「社會」問題都是因為威權體制才產生的，因此，要解決社會問題，一定要先解決政治問題。這種觀點也充分體現在民進黨員的思維邏輯中[7]，認為政治是主要，社會是次要。只要政治問題解決了，社會問題自然迎刃而解。這種「主要／次要」「核心／邊陲」的思維邏輯，當然是傳統「政治單一階序」的延續，也是威權體制獨霸下，很「順理成章」的邏輯推演。

　　儘管「民間社會」的說法受到「社運自主」與「人民民主」的批評[8]，但現實社會卻是沿著「民間社會」的論點而發展。1980年代民進黨成立後，社會各種異質的聲音逐漸消逝，各種社會反對運動開始「中心化」、「體制化」，而且，不約而同地指向「國家」。張茂桂認為，這是因為威權體制的政經結構所引發的一種必然性與道德優勢：

　　　　1987年之後「民間論」之所以能很快取得理論地位的
　　　　優勢，主要原因(是)……「民間論」的出現正好在這個
　　　　「後威權體制」開始的時代，也正好是在人們試圖尋找

6　南方朔，〈台灣的新社會運動〉，《中國論壇》(1986)，269：36-40。

7　當時擔任社運部督導常委的謝長廷就說：我們所追求的，不只是社會運動的蓬勃發展，而且期待社會運動的參與者，最後能醒悟問題的根源在於政治改革，進而將各種形形色色的社會運動，匯成政治運動的支流，形成巨大的民主運動浪潮，徹底改變政治體制。」(謝長廷，1987：13，引自何明修上引書)。

8　請參考李丁讚、吳介民，〈「公民社會」的概念史考察〉，收錄於謝國雄(編)《群學爭鳴：台灣社會學發展史》，即將出版。

新意義以重組這個社會的秩序的時代……。它的優勢地
位的取得，不但有政治經濟結構的「必然性」，我們也
可以說，還有社會行動的「必然性」。這種「必然性」
的具體反映，就是將國家機器與人民社會，當成「必然」
對立，而且內部接近於「統一」的兩個整體[9]。

　　以上，我們從解嚴所產生的自由化和政治機會，以及民進黨
介入社會所產生的社運政治化兩個面向，解釋社會運動之所以在
解嚴後突然暴增的原因。接著，我們要問的問題是，在社會運動
政治化的情形下，社運本身發生了怎樣的轉變？社會與民主的關
係又產生了怎麼不一樣的接合呢？讓我們先看看當時的「人民民
主」派怎麼說。

　　「人民民主」對「民間社會」提出非常嚴厲的批評，其主要
代表人物是陳光興、傅大為、以及署名「機器戰警」的甯應斌。
陳光興指出[10]，過去的社運組織都著重在向「上」發展，對抗國
家，而忽略向下紮根、落實群眾基層組織。而且，社運組織內部
運作也不夠民主，組織領導者以「領袖」的姿態出現，基層成員
很難真正學習成長。這些因素在在使得社運組織不能紮根經營，
也大大地妨礙了民間自主力量的發展與形成。傅大為則指出[11]，
社會運動的政治化必然導致社運的中心化與體制化。因此，社會

9　張茂桂，〈民間社會、資源動員與新社會運動〉，《香港社會科學
　　學報》（1994），4: 44-45。
10　陳光興，〈社會運動的危機及其轉進〉，《中國論壇》（1991），374:
　　49-52。
11　傅大為，〈片斷、游牧、與邊緣戰鬥：一個社運新論述的提出〉，
　　《中國論壇》（1991），374: 53-57。

運動雖然反對霸權，但也因為中心化與體制化而創造了新的霸權。因此他提出「邊緣戰鬥」的概念策略，把日常生活各種領域裡所有的支配關係，不論是政治、文化、階級、性別、族群等，也不管任何場域，包括家庭、社區、部落、工廠、議會、學校等，都應該是「人民民主」的戰場，各種形式的壓迫都同樣的重要，而且，不可相互化約。

在「人民民主」的批判中，「國家」與「社會」兩元對立的局面得到了更徹底的反省。陳光興所指出的「內部民主」的問題，一針見血地道出了當年社會的基本難題。其實，「社運政治化」與「社運民主化」是一個對反的關係。正是因為社會的政治化，使得社運被少數政治人物操控，也使得社運必然會朝向大型化、中心化、媒體化的方向發展，基層民眾也就會變成只是一個「被動員的對象」，被政客操弄而已。這種情況下，基層民眾很難在社會運動的過程中建立自己的「主體性」。可是，也正因為基層群眾不能建立自己的主體性，個人的學習與成長很難發生，社會運動就更容易被政客操弄，而民眾越容易被操弄，政客就會越喜歡煽動，也越容易腐化。這是一種惡性循環，而整個社會也會陷落在這個循環的深淵中。一直到現在，台灣社會一直都還沈陷在這個漩渦中。2004年之後的大型族群動員，其實只是1990年代動員模式的深化而已。其實，從杜漢的觀點來看[12]，社會運動的主要目的，乃在建立運動參與者的主體性，進而讓他們能夠透過集體行動來改變那些與主要文化資源(生產、知識、倫理規範)相連的社會支配關係，也就是他所謂的「歷史質」(historicity)。一個

12　亞倫‧杜漢，《行動者的歸來》(台北：麥田，2002)，舒詩偉、許甘霖、蔡宜剛合譯。丘延亮的導讀很精彩，有興趣者可參閱。

沒有進行「主體化」的社運，一定會創造出另一種形式的權威與支配關係，其實只是一種「反社運」。從杜漢的觀點來看，台灣1990年前後的社會運動，因為缺少「民主」的內涵，根本不是一種真正的社會體質運動（societal movements）。

以「520」農民運動為例，它雖然促成了相關農業政策的革新，但是，對於農村內部的社會問題，如派系關係、買票文化、以至於一些更為隱微的價值規範等，卻置之不理或毫無作用。因此，520農民雖然在台北示威，勇敢挑戰國民黨的僵化體制，但是，回到雲林鄉下，這批農民還是回到地方的生活文化中，依然受到派系或買票文化的支配，繼續投票給國民黨的候選人。整個農村的社會與文化，以及農民當成一個「人」，並沒有因為520農民運動而改變。農民仍然存活在原有的支配關係之中。因此，蕭新煌[13]說：

> 如果新興的草根農運團體不立即也同時將農運的場域從城市和政治核心轉回農村和農民的生活空間裡面，那麼小農性格的蛻變契機將無法保留和持續，也更因為始終是向外訴求的路線，乃製造出另一批「看外不看內」的農村菁英而與農民逐漸產生另一種疏離。

從以上蕭新煌這段話可以看出，當時如火如荼的社會運動，基本上是以台北為目標，目的是給政治官員看。因此，其形式往往是大型的示威活動，其地點則都是在台北街頭。因為，這樣才

---

13 請參考蕭新煌，〈1980年代末期台灣的農民運動：事實與解釋〉，《中研院民族所集刊》（1990），70: 69-94。

能吸引媒體的注意，引發政治效果。在這種考量下，社會運動對社會內部民主的問題其實是不重視的，也就是蕭新煌所謂的「看外不看內」或是「看上不看下」。正因為社運內部沒有民主，農民的主體性無法建立，當然會繼續被政客操弄，地方的政治文化，也就是杜漢所謂的「歷史質」當然也無能轉化。歷史質的改變是，當農民變成一個「主體」，對周圍的環境有了批判性的認識與理解之後，願意站出來共同解決或克服其中的支配關係，社會的體質才能改變，農民也才能因此自由。「520」不是杜漢定義下的社會體質運動。

如果陳光興的批判是關於台灣社運的「內部民主」，傅大為有關「邊緣戰鬥」的批判則指向台灣社運的「外部民主」問題。在社運政治化的情況下，社會所有資源、人力、關注、投資等，都匯集到政治與國家的面向，而把社會內部的其他問題都忽略了。本來，社會的支配關係是多中心與多層次的。社會政治化的運作，使得這些不同形式的支配因此能獲得喘息而繼續存在。本來，解嚴前的台灣，各種自力救濟都是草根的自發性行動，其涵蓋的面向也相當多元。但在社運政治化的運作下，這些草根多元的聲音逐漸消音。林俊義的名言，「反核就是反獨裁」，就是最佳寫照。因此，社運政治化不只讓參與社運的基層民眾無法建立主體性，產生內部不民主的問題，社運政治化更讓社會的不同聲音逐漸同質化，間接生產了外部不民主的問題。正是在這種內外都不民主的社運抗爭形式下，我們才能進一步理解1993年之後的社運發展。

二、社運的轉型、斷裂與延續

我們前面提過，1993年之後，大型的示威遊行逐年遞減，暴力的程度也大不如前。起而代之的是各種專業性質更高，也更理性溫和的運動形式如立法遊說、主體建構等。這時，群眾的示威往往只是專家抗爭的一種支援或輔助而已，很難看到激烈衝突的場面。這種專業抗爭的種類很多，包括環境保育、教育改革、教師人權、性／別人權、少數族群人權、移民／工人權、社區營造、古蹟保存等。這些各種不同的抗爭形式，雖然也有指向國家威權體制的壓迫問題，但更多則是嘗試積極去建立被壓迫者的主體與認同問題。有人稱之謂「新社會運動」。但是，也並不表示，所有1993年之後的社運都屬於新社會運動，2004年兩顆子彈所引發的幾十萬抗議人潮，2007年的紅衫軍的「天下圍攻」甚至超過60萬人次，破台灣有史以來的任何社會動員人數。與紅衫軍相對抗的「挺台灣大遊行」也有數萬人之多。這幾個遊行示威，都比社運高峰期的遊行示威還要壯烈。為什麼在上述社運轉型的情況下，還會有這麼大規模的族群動員呢？這與民主又有何關連？

其實，1993年以後的社會運動，不管是大型的、小型的，不管是示威遊行，或是專業遊說，或是主體建構，或是族群動員，都與民主有關，也與之前的社運政治化有關。我們可以簡單地說，這些不同的社運形式，分別反映上述社運政治化的轉折、斷裂與延續。族群動員，其實是過去社運政治化的延續與深化。主體建構則是過去社運政治化的反思與超克，是一種斷裂。專家遊說則是社運政治化的轉型。族群動員的規模所反映的是，社運政治化持續深化的力量仍然最大，政治人物仍然是示威遊行的主導者，群眾仍然是被操弄的對象，社運仍然是以一種「反民主」的方式在進行著。至於其餘兩種，專家遊說與主體建構，可能相輔相成，也可能分別進行。但無論如何，這兩種社運形式所涵蓋的

群眾數量都不會太大，而且，兩種運動都有專家參與或主導，政治人物的角色並不重要。所不同的是，專家遊說以專業人士為主體，群眾並不重要。因此是一種菁英似的民主社運。但是，主體建構的社運，群眾才是社運的主體，因此是最具民主內涵的社會運動，也是杜漢定義中的社會運動原型——社會體質運動。底下，我們分別對這三種社運形式進行討論。

三、社運政治化的延續與深化：族群動員

李登輝在1990年就任總統後，因為面對國民黨的老舊勢力，勢單力孤，所以轉往「社會」發展，嘗試透過與民間社會草根力量的結合，來對抗黨內老舊勢力。王振寰與錢永祥稱這個現象為「民粹威權主義」[14]，意義是指，國家機器的權力運作繞過民主政治的正常軌道，直接訴諸民眾支持來建立政權的「正當性」。國民黨在這套權力運作下逐漸分裂，李登輝所代表的勢力稱「主流派」，由當時行政院長郝柏村所領導的勢力則稱「非主流」。後來，部分非主流派離開國民黨而成立「新黨」。郝柏村也在1993年離開行政院長職位。主流和非主流的對抗正式檯面化，「政治社會」（political society）逐漸分裂。主流勢力提出由「新台灣人」來建立「新國家」的概念，並透過「民粹威權主義」直接進入民間社會，將包括地方派系在內的各種地方勢力收編，納入國家權力運作的邏輯之中。跟這股力量同時出現的是，以新黨為中心的「非主流」也在這個時候形成，而且也以反對「新國家」為意識

---

14 王振寰、錢永祥，1995，〈邁向新國家？民粹威權主義的形成與民主問題〉，《台灣社會研究季刊》，20：17-55。

型態，並同樣訴諸於「民粹威權主義」的機制，動員民間社會的支持。整個「民間社會」就在統獨這兩股政治勢力的廝殺對抗中逐漸消逝，而成為「政治社會」的延伸。以前「民間社會論」階段，社會以相對於國家的方式存在，雖然是鐵板一塊。現在，「民間社會」則分別被「政治社會」撕裂、併吞，進而被納入政治動員的一環。民間社會的獨立力量逐漸消逝。

錢永祥指出[15]，政治必然預設衝突，而衝突的解決方式主要包括「敵我型」和「對手型」兩種。在「對手型」的解決方式中，雖然競爭者處在「對立」的狀態，但是由於他們準備進行多少算得上和平的共同生活，他們接受了一些規則，讓衝突得以在節制下進行。可是，「敵我型」的衝突則必須進入實際的戰爭，或者僵持在潛在的戰爭狀態中，直到將對方消滅為止。根據錢永祥的分析，台灣政治衝突基本上都以敵我型的方式出現。在1980年代末期，大家所關心的是「如何使衝突發生」，但卻忽視「如何規範衝突」、「衝突之中如何形成秩序」等問題。進入統獨爭議後，雙方的競爭更是「你死我活」，往往無視、忽視、甚至嘲笑、反對「理性建構秩序」的想法，展現十足的「敵我型」之衝突型態。這種意識型態的衝突在2004年兩顆子彈的疑雲之後，更正式由意識型態的衝突變成族群之間的衝突。在過去，綠色基層民眾每到選舉，都有各種族群／國族的造勢動員，已經慢慢形成一個鬆散的民間社會。可是，藍色基層民眾一直沒有真正有大型的集體聚會的經驗。兩顆子彈發生後，藍色民眾在政治人物的帶領慫動下第一次走上街頭，藍色民間社會也因此逐漸形成，台灣的民間社

---

15 錢永祥，〈公共領域在台灣：一頁論述史的解讀與借鑑〉，收錄於李丁讚(編)，《公共領域在台灣：困境與契機》(台北：桂冠，2004)。

會正式分裂成兩個對立的民間社會[16]。但這兩個民間社會其實是由兩個政治社會分別操控的。政治與社會的結合，以及因此而產生的對立，為後來的族群動員，埋下了結構性的基礎。

當兩個民間社會形成之後，族群動員的數量與次數迅速增加。陳水扁貪腐案引發紅衫軍的「圍城」與「天下圍攻」，動員的規模創下台灣社運史的紀錄。紅衫軍本來無關藍綠，是一種公民運動。但在社會即有的分裂與對立氛圍下，紅衫軍不久就逐漸被抹藍。尤其在「台灣社」舉辦的「挺台灣大遊行」之後，對立的張力迅速擴增，紅衫軍藍化的速度更快。施明德在「紅花雨」全島巡迴的過程中，很多中南部的反扁民眾都因害怕引發衝突而不敢參加。最後，只能靠藍營的政治人物來撐場面。一場中性的反貪腐運動，最後竟又以藍綠對抗的老舊格局收場，讓人遺憾。但是，這是有跡可尋的。從解嚴後，台灣的主流社運，基本上都是以威權的方式在進行，基本上都是政治人物在領導／煽動，民眾只是被動員的對象。因此，整個運動過程中，既沒有民主的學習與成長，更沒有主體化的過程。大家對周圍環境缺少批判性的認識，對各種權力的支配關係，當然無能察覺。尤其讓人難過的

---

16 兩個民間社會的概念由吳介民首先提出，請參考李丁讚、吳介民，〈「公民社會」的概念史考察，〉收錄於謝國雄(編)，《群學爭鳴：台灣社會學發展史》，即將出版。兩個民間社會的形成，都與政治人物的操弄有關。換句話說，政治人物為了選票，不惜透過族群動員的方式來凝聚選票。民進黨的選舉造勢晚會，往往充滿族群擅動的語言。兩顆子彈的發生，國親兩黨也利用這個機會擅動民眾。其實，幾乎所有藍營的指摘，李昌鈺的調查報告都證明，那些懷疑都不是正確的。儘管有那麼確實的證據，但藍營政客與名嘴還是繼續炒作，使得兩顆子彈變成藍營民眾對綠營的不信任基礎。藍色民間社會也在這個過程中逐漸浮現。

是，解嚴20年了，很多綠營民眾基本上都還活在昔日的威權體制
當中，認為國民黨和藍色媒體還是和以前一樣擁有可怕的權力，
認為紅衫軍反扁是藍營的奪權計畫，才會以「捍衛政權」的格局
來打這場仗。這除了受到過去國民黨統治經驗殘留外，也是1990
年前後社運政治化的延續與深化，再加上1993年後建國／統一敵
我意識型態的對立，以及2004年之後兩個民間社會的形成，使得
動員的張力更大。簡單地說，這是1980年代之前的歷史經驗，加
上整個1990年代動員模式的必然結果。

四、社運政治化的轉型：社運專業化

其次，我們談社運政治化的轉型。大致來說，解嚴後至1993
年，是自由化階段。之後，開始進入民主化的階段。在這一年，
民進黨在立法院的席次大增，已經超過3成，兩黨政治的雛形隱
然若現。因此，很多民進黨的政治人物開始以立法院為舞台，逐
漸從街頭淡出，這是遊行示威之所以大量減少的關鍵因素。而
且，以環保為例，也大約從這時候開始，各種環境保護的法規，
如〈公害糾紛處理法〉、〈野生動物保護法〉、〈環境影響評估
法〉等逐漸建立。因此，很多環境保護的措施都可以透過法律的
程序，而不一定要經由街頭示威來解決。當然，這些法律相關的
規定，也不是一般民眾所能勝任。於是我們看到一個很明顯的現
象是：政治人物退場，專家進場，而成為各類抗爭的領導者。1993
年之後的環保抗爭，幾乎都是專家與對口官員之間的折衝、攻
防，民眾當然也會到場助陣，但只扮演支援的角色而已。這與之
前那種大型的街頭示威是很不一樣的。因此，隨著台灣的民主化
進程，各類抗爭活動也越來越制度化，越來越透過制度／法律的

途徑來解決。(形式與程序的)民主，改變了社運的形式。更嚴格來說，在民主化的過程中，正統的社運(指那種大型的示威遊行)逐漸式微。縱使有大型的示威遊行，也都是以溫和理性的方式進行。民主，讓抗爭暴力馴化。

為什麼民主會讓大型的遊行示威式微，或是讓抗爭的暴力馴化呢？這可以從制度與文化兩個層面來看。從制度面看，在民主體制裡，因為紛爭的解決必須經由法律途徑來處理，專業的需求程度越來越高，乃慢慢形成社運專業化與組織化之現象。因此，草根基層群眾在社運過程中所扮演的角色越來越不重要。在遊行示威的年代，群眾雖然也是被動員的，但群眾的數量還是抗爭成敗的關鍵。甚至可以說，政治人物動員的成敗，是以群眾的數量為判準。但是，進入專業組織的階段，社運專家才是運動的靈魂所繫，很多社會運動甚至繞過群眾，完全以文攻代替武打，群眾的重要性更不如前。因此，很多群眾逐漸失去參與的熱情。越不參與，就越失去興趣，最後就完全由專家取代了。在這種社運專業化的趨勢下，林文源和我這樣評論：

> 公領域變成少數專家的論述場域，社會大眾被排除在整個過程當中。當大部分民眾因此失去參與和學習的機會時，一種新的社會冷漠油然而生，民主的社會基礎也因此被淘空，社會力的活水源頭也就逐漸枯竭了[17]。

民主的程序與制度讓我們更理性、更專業、更有效率來解決問題，但在理性化與專業化的過程中，基層民眾卻也逐漸失去了

---

17 李丁讚、林文源上引文。

參與的活力與熱情。這是1993年之後，示威遊行之所以大量減少的關鍵因素。

　　從文化面來看，民主是文明的果實。在民主制度的遊戲規則中，我們除了必須尊重法律的程序之外，更要重視文明秩序的規約與默契。解嚴前，台灣的抗爭活動基本上是以肢體暴力的形式展開的。解嚴後，示威遊行逐漸取代肢體抗爭而成為社運的主要表現形式。其實，在剛開始的示威遊行中，仍然夾雜著許多流血衝突。1988年的520農民運動就是最明顯的例子。但從1989年之後，逐漸地，遊行過程中的流血衝突越來越少[18]。為什麼暴力會馴化呢？其實，這正是民主的規訓效果。在民主的文化規範中，遊行的身體必須符合很多文明秩序的規定，可以說是一個高度被管制的身體。遊行隊伍必須在一定的地點集合，以整齊的隊伍、在規定的時間出發，繞行事先規劃好、並經過核准的路線，沿途的唱歌、呼口號、或作各種動作等，都力求整齊一致，也都必須遵守相關的規定，社會文化也期待遊行者必須遵守秩序。因此，遊行中的群眾是在抗議，但卻以最有秩序的方式在抗議。內心是反叛的，但身體卻是順服的。就在這反叛與順服的弔詭之間，我們看到民主規訓的秘密。其實，正在這種身體秩序的背後，我們看到社會秩序的基礎。

　　更重要的是，正如傅科所說，靈魂是身體的監獄[19]。當身體秩序慢慢形成之後，新的心靈秩序也逐漸形成。這才是規訓的極致。紅衫軍數十萬人圍城，卻秩序井然，讓人匪夷所思。根據趙

18　上引文，圖四。

19　Foucault, *Discipline and Punish: The Birth of the Prison*(1977), p. 30.

剛[20]的現場紀錄，倒扁總部最先設計的抗爭主調是「靜」，大家靜坐示威，沒有帶動情緒的演講，取消或減少振奮的口號，唯一的聲音是代表高度文明的交響樂。這個設計後來雖有更動而加入噪音，但背後所強調的文明秩序卻沒有改變。尤其，不只是總部的設計，參與靜坐的紅衫軍也都有一種首善之區的「文明的公民」的自覺，使得任何可能激發高昂情緒的行為或象徵，都受到抑制。大家都很清楚，電視攝影機對著他／她們，觀眾也看著他／她們。因此，大家都有意識地不出亂子，都要表現出文明的自制。趙剛很巧妙地把紅衫軍與2002年林義雄所發起的「核四公投千里苦行」作對照，而問了一連串很深刻的問題[21]：

> 相對於台灣很多社會運動缺乏愉悅，突出悲情，或是像林義雄先生所領導的運動強調靜默、秩序、自我規訓，紅衫軍的群眾運動所召喚的是一種什麼樣的主體？所想像的未來社會是一個什麼樣的社會？所能或不能達到的目的為何？為什麼倒扁總部當初所規劃的竟是林義雄的抗爭模式？

倒扁總部最先所規劃的竟然與林義雄的抗爭模式吻合，所反映的其實是民主的規訓問題。當台灣的民主制度越來越確立的情況下，不管林義雄或施明德，其實都很難橫越民主的尺度，也就是秩序與文明。不只流血革命不可能，連激烈的肢體流血抗爭，

---

20 趙剛，〈希望之苗：反思反貪倒扁運動〉，《台灣社會研究季刊》（2006），64: 219-63。
21 上引文，頁236。

也與民主的文化規範不符。而且，這不只是外在的規範，更是每個參與者心中的自覺。這是一種最徹底的民主規訓。倒扁的目的與其所使用的(民主)手段是不相容的。

五、社運政治化的反思與斷裂：新社會運動

最後，讓我們討論「斷裂」的問題。社運政治化的問題，經過「社運自主」與「人民民主」等論述的批評之後，越來越多的人已經能過慢慢看到1990年前後大型社運的局限。因此，大約在1993年左右，各種對過去政治人物帶領的遊行示威活動的反思，開始浮現。上面討論有關社運專業化現象，雖然也是一種反省，但基本上還是在當時的民主體制下進行。民眾之於專家的位置，與之前的遊行示威中，民眾之於政治人物的位置，差異不大。都只是支援的配角而已，都沒有真正經歷「主體化」的過程，因此，嚴格地說，這都不是杜漢定義下的社會體質運動。面對這種局限與困境，約自1993年開始，學者專家和地方文化菁英們開始從「主體化」的角度來討論社會運動，認為社會運動的目的，首先是要建立行動者的主體性，再藉著主體性的建立，慢慢顛覆各種支配關係，達到解放之目的。因此，這一波的社會運動與之前的社會運動，呈現出一種「斷裂」的狀態，也與專業化社運不同。這一波社運首先是以「建立公民社會」或「社區總體營造」出現，接著又出現各種性／別人權運動、少數族裔人權運動、移民工人權運動等。先討論「公民社會」與「社區總體營造」。

1990年代開始之後，社區意識逐漸興起，各種地方性的文化或文史工作室相繼成立。這種「在地化」的趨勢，一方面是對當時社運體制化的反思，但另一方面也受到來自國家文化建構所影

響。1995年由陳其南主導、文建會推動的「社區總體營造」運動
正式啓動，希望透過與地方文化團體的合作，進行地方社區的營
造，進而達到「建立公民社會」的目標。陳其南指出[22]，社區或
村落的規模雖然很小，社區事物也瑣碎繁雜，但正是透過這些居
民親身經歷的事事物物之處理與學習，民眾才能培養民主的能
力，包括民主程序的維持、公約或契約的簽訂、協調談判整合的
過程、溝通的技巧與能力等。也在這個過程中，社區居民才能提
高對公共事務的熱情，進而培養社區意識與認同。因此，「社區
總體營造」的目標，不只營造實質環境，最重要的還是在於提升
社區居民的公民意識，進而建立公民社會。因此，這是一個「人」，
而不是「物」的工程，是一個細密綿延的文化改造工程。陳其南
說，只有透過文化的手段，實質地介入社區生活的細節，讓社區
居民可以在身體的實作中慢慢體會、學習、成長，進而培養出全
新的「公民」，「社區總體營造」的目標才算完成。根據劉還月
的統計[23]，台灣在1999年所設立的地方文史工作室已達八百多
個。顧忠華的資料也顯示[24]，除了各種地方型的文史團體外，其
他各種基金會或民間社團，也在1990年代大幅成長。

　　儘管以上的資料顯示，1993年之後，台灣公民社會的理論與
實踐雙頭並進，的確培養出一些相當不錯的自主性社團，尤其在
環保和社區兩個面向。但是，也有更多的研究顯示，1990年代開

22　陳其南，〈社區總體營造的意義與使命〉，《建築與環境》（1996），
　　42: 14-16。

23　劉還月，〈地方文史工作室現況〉，文建會委託計畫案結案報告
　　（1999）。

24　顧忠華，〈公民社會的結構變遷：以台灣非營利組織的發展爲例〉，
　　《台灣社會研究季刊》（1999），36: 123-45。

始，台灣的「現代國家」和「資本主義」逐漸成熟，新自由主義的意識型態越來越深入人心，也大大地影響著民間社團的運作。在此時，台灣公民社會所面對的，已經不是1980年代那種威權體制國家。因此，民間社團的角色和任務，也不再是過去那種「監督」或「制衡」，社會運動也不再像過去那麼頻繁或盛大。這時，民間社團可能與國家構成一種類似「伙伴」的關係，如很多社區文史工作室甚至透過「計畫」，承接國家的委託案，在地方進行各種文史、環境、或社福等工作。有些工作雖然不是承辦政府的業務，而是民間自發性的行動，但卻也透過國家來執行任務。這些地方性的人民團體是當今公民社會的主角，但是，它們真的展現出與國家或資本不一樣的邏輯思維嗎？或是說，它們真的自主嗎？在一個成熟的，甚至是全球化的資本主義社會裡，公民社會與國家和資本的關係是什麼？底下是兩個最主要的問題[25]：

A、社團「治理」化：吳介民和我在探討公民社會這個概念在台灣的發展過程時指出[26]，在1980年代之前的威權體制下，民間團體往往只是國家機器的代理人，替國家在地方社會執行各項「服務」工作，如幫忙維持社會秩序、清理環境衛生、解決社會問題等，以增加國家統治的合理性。這種情形在解嚴後並沒有很大的改變。雖然因為解嚴的緣故，台灣社會從1990年之後，民間團體開始有明顯的增加。1993年之後，各種地方文史／文化團體，更如雨後春筍。但很多團體都屬於上述的「服務性」社團，其主要目的是要提供各種社會福利或安全措施，維持社會秩序，進而提升統治的合法性。更有一些則是政治或地方派系人物為了

---

25 請參考李丁讚、吳介民上引文。
26 李丁讚、吳介民上引文。

選票所組織而成的。因為成立的因素不一，成效或表現有相當大的差異。但整體來說，有良好成效的社會團體不多，很多社團都停留在「服務」的階段，其目標是在呼應統治邏輯。從地方社會來說，不管是地方政治人物所設置的社團，或是由國家所補助鼓勵而成立的社團，都是政治「治理」邏輯的延伸，甚至是地方政治人物選舉網絡的一環，缺乏公民社會的自主性格。

有關社會福利或社會安全團體與國家的關係，最近曾有相當熱烈的討論[27]，主軸都圍繞在，社福團體所扮演的角色到底是在照顧弱勢，還是國家控制工具的一環。黃盈豪指出[28]，社工人員常常淪為國家對社會控制的工具。有急難發生時讓社工人員前去發福利金，累積服務，讓民眾覺得政府有在做事、關心民眾生活。但是，真的要做到讓案主自己長出力量（empowerment）的時候，國家真的允許嗎？民間社福團體反而成為縣政府、鄉公所、勞委會等科層體制的下游單位，變成地方勢力爭奪和消耗國家資源的一環，也在方案審查和補助的遊戲規則裡，弱化了社區的決策機制，強化了政客和既得利益階級的惡勢力。葉大華也清楚指出[29]，政府在補助民間社福機構時，都選擇那些大型且具知名度的機構合作，而這些機構也很願意配合執行國家政策，扮演「中性」的社會控制者角色。葉大華指出，國家所要處理的議題，都是一些很顯著的社會問題，如幫派少年、中輟生、援交妹、搖頭族等，

27　請參考王增勇，〈國家與社福組織之間的思辨〉，《台灣社會研究季刊》（2005），59: 185-89。

28　黃盈豪，〈社福組織與在地部落主體性實踐的對話〉，《台灣社會研究季刊》（2005），59: 203-210。

29　葉大華，〈陷落在募款與案主權益夾縫中，左右為難的青少年福利工作〉，《台灣社會研究季刊》（2005），59: 211-16。

目的在解決社會問題，維持社會秩序。但對那些能眞正幫助青少年學習、成長、充權、自主的計畫，卻興趣缺缺。這種情形其實也發生在外籍新娘、外籍勞工等各種社會議題上。地方性的社福團體其實都只是幫助國家在執行社會控制而已，都是國家治理工程的一環。

B、社團「企業化」：台灣進入1990年代之後，企業集團開始擴張，逐漸脫離1970-80年代的中小企業階段，也逐漸發展成一個自主的經濟領域[30]。尤其在國族主義的議題升溫之後，當時的李登輝政府於是拉攏資本，形成新的「政商聯盟」，資本家的地位更形重要。（王振寰，1993）這時，資本家已經超越威權時期「受支配」的地位，與國家平起平坐，對社會的影響力大增。這也是全球化突飛猛進的年代，兩岸經濟關係明顯加溫，台灣到大陸投資越來越多，資本對國家的議價能力與自主性也越來越大，從資本的觀點出發的「國家競爭力」的考慮，幾乎足以凌駕其他一切因素，主宰著一切關於社會經濟的論述[31]。在地方上，這種經濟邏輯也日趨明顯，「城市競爭力」、「地方競爭力」等，同樣主宰地方的論述邏輯。「市場」原則逐漸奠立，「利潤」越來越成爲台灣人的日常生活邏輯，「效用」更是待人處事的最基本原則。我們可以說，資本主義的精神這時候才滲透進我們的血液。這個轉變當然會影響到各型民間社團的運作，具體的表現則是NGO的企業化，民間社團開始以企業的運作原則來經營。

---

30 李碧涵，〈台灣地區後工業轉型之國家與社會〉，《台大中山學術叢刊》（1994），12: 245-82。

31 陳信行，〈全球化時代的國家、市民社會與跨國階級政治：從台灣支援中美洲工人運動的兩個個案談起〉，《台灣社會研究季刊》（2005），60: 35-110。

「社區總體營造」嘗試透過與地方文化工作團隊的合作，推動地方社區的整體改造，進而重建公民社會的理想。在這個計畫中，一個很重要的工作項目是「文化產業化」，也就是以企業經營的方式來經營文化，讓文化能創造經濟效益，或是所謂的「文化經濟」，藉此奠立並提升社區居民的物質生活基礎，進而建立社區意識與社區認同。在文化產業化的號召下，各社區開始發展屬於自己的文化產業，三義的木雕、鶯歌的瓷器、東港的黑鮪魚、大溪的老街、鹽水的蜂炮、頭城的搶孤等。這些產業的範圍很廣，包括自然資源、歷史遺產、儀式慶典、藝術工藝等。每個社區都想發展出自己的特色與識別，並且把這個文化產品推向市場，以增進觀光，提升城市或社區的競爭力。因此，爲了增加市場的競爭力，每個社區都極盡所能地在創造與包裝自己的文化產品，不管是美化一條商業街道、或是表演一個豐年祭，還是重塑一件歷史文物，或是打造一個觀光地景，還是製造一件工藝產品等，都以「賣相」爲最高原則。社會學的研究[32]指出，在這個文化經濟的原則下，社團逐漸以企業的方式在運作，社會原有的人際關係、文化景觀、歷史脈絡與自然肌理正在經歷大幅度的「重構」。換言之，在資本邏輯的運作下，公民社會正以企業邏輯在運作，讓公民社會變成資本的一環。

從以上的討論中可以看出，1993年之後，想要透過「社區總體營造」的方式來「建立公民社會」的努力，除少數例外，並沒有獲得太大的成就。這些民間社團往往以企業經營的方式來經營社團與社區，甚至變成國家治理的一環而不自知，在在表示這些

---

32 請參考李進益，〈地方博物館的內／外「地方感」差異：以南方澳漁村爲例〉，交通大學社文所碩士論文(2006)。

社團或文史工作團體並不具有公民社會的自主性。而這些民間社團之所以缺乏自主性格，其中一個很重要的原因就是，我們的社會還沒有生產出真正的公民。公民乃是公民社會的構成基礎，沒有公民的社會又怎能創造出公民社會呢？可是，台灣因為種種歷史結構性因素的關係，包括家庭、學校、工作場所等各種社會關係都尚未平等化，社會生活還充滿權威、甚至壓迫等，使得各種公民德行與能力遲遲未能誕生[33]。這本來正是社區總體營造所要處理的問題。但是，也許因為整個社區總體營造的方向，太著重社區意識的提升與社區認同的形成，太強調社群性，而忽略主體性。可是，當絕大部分的社區居民連個人的主體性都沒有建立，連個人認同都很模糊不清時，馬上就要進入社區層面的操作，其困難度是可想而知的。

可是，為什麼個人主體性很難從社區營造的過程中誕生呢？為什麼社區營造不能建構公民的能動性呢？這個問題可能包括兩個因素。首先，大部分社區總體營造所操作的公共事務，都是一些爭議性很少的議題，如公園、道路、籃球場等，這些議題的爭議性與衝突性很低，對個人的價值衝擊不大，很難構成個人主體認同的重要元素，也很難帶引社區居民對這個世界有一種批判性的認識。因此，社區的經營很難超越國家的治理邏輯，也不能掙脫經濟理性的束縛。其次，正如卡維波所指出的[34]，公民是動力很弱的一種認同，往往需要其他認同動力在背後，透過其他認

---

33 請參考李丁讚，〈公共領域中的親密關係〉，收錄於李丁讚(編)《公共領域在台灣：困境與契機》(殷海光基金會出版，桂冠出版社，2004)。

34 卡維波，〈欲望、青年、網路、運動：從反假分級運動談台灣社運的新形式〉，《台灣社會研究季刊》(2005)，60: 180-96。

同或欲望主體的寄身，才能形成一股運動。例如，不會有公民去爭取泛泛的言論自由，而通常是某個特定範疇的公民，如各種少數族群等，因受到不公民待遇，才會挺身而出。這就是所謂的「寄身公民」（surrogate citizen）。很多1993年之後的新社會運動，如性／別人權運動、新移民運動等，雖可視為廣義公民運動的一環，但其實背後真正的動力是「少數族裔」的認同焦慮，以及因此而產生的凝聚力。社區總體營造因為訴求太一般，缺少「寄身者」的認同動力，就很難引發居民參與的熱情。很多社區營造都面臨動員的困境，居民參與的意願很低，成效當然有限。要透過社區營造來建立公民的主體性與能動性，可能不是一條容易的道路。

其實，我們上面討論過有關社區總體營造的相關問題，如社團企業化與治理化等，都與個人缺乏主體性與批判思維有關。正是因為個人缺乏主體性，對世界又沒有批判的視野與觀點，而社區營造又馬上要把這些沒有主體性的個人凝塑成一個集體，創造出社區認同。可想而知，這種集體認同很容易被政治經濟力量吞噬，以致於淪為替國家服務而不自知，或是變成一個企業型的社區，只知營利，卻對社區的整個發展方向茫然無知。1990年代的社區總體營造，除了美濃等少數例外，幾乎都在搞文化產業。當然，文化產業不一定就不好，如果社區居民清楚自己要什麼，不要什麼，清楚自己社區的定位和方向，適度的文化經濟是可欲、甚至是必須的。但是，當大部分居民都不清楚自己的需要，也不知道社區的長遠利益所在，則在社區公共事物的討論中，各種利益掛帥的方案就變成主流。這是很自然的發展。哈維甚至悲觀地

認為[35]，所有的社區發展注定是退步的，因為在全球化的競爭體系中，每個社區為了勝出，一定會積極去創造出一種具有壟斷性質的利潤或地租，進而讓整個社區或城市往資本靠攏，很難生產出具進步性的人文內涵。

因此，社區總體營造雖然從對1990年前後的社運的反省出發，嘗試透過地方小型社團生活的運作，建立公民社會，進而創造民主學習之效果。但是，由於這個運動沒有從參與者的主體出發，太早進入公共議題的操作，讓早熟的集體性阻礙個人性的發展，從而扼殺個人主體性的誕生。嚴格來說，這仍然不算是民主式的社會運動。真正民主式的社會運動，一定是從個人主體出發，再進入社群主體與歷史主體，最後，又回到個人主體。對運動參與者來說，社會運動是個人的「生活計畫」（life project），一定是從個人出發，但在共同的參與過程中，又能與具有相同命運的人一齊奮鬥，進而共同努力來改變外在的支配關係，並把這種改變回歸到自我生活內涵，變成生活的重要元素，又能隨時反省這種元素的意義，而不被這種新的元素支配。這才是一個民主式的社運，也才是杜漢定義下的社會體質運動。用這個標準來檢驗台灣的社運，我們上面所討論的各種社會運動，都與這種民主式的社會運動不符。只有在1995年之後興起的各種性／別運動、移民／工人權運動、或少數人權運動等，都從參與者的「主體化」過程出發，最符合這個要求與標準。其中又以移民／工人權運動最為精彩，夏曉鵑稱之為「新移民運動」。以下的討論將以這個

---

35 Harvey, D., 'The Art of Rent: Globalization, Monopoly and the Commodification of Culture,' in Panitch and Leys（ed.）*A World of Contradiction, The Socialist Register*, 2002.

運動為主軸，鋪陳出這一波民主社運的基本精神與意義。

　　1990年代開始，來自東南亞，後來又加進大陸的新移民女性（以前稱為「外籍新娘」）的數量逐漸增多。由於處於社會的邊緣，這批新移民女性受到夫家、社區、學校、社會、乃至國家法令的歧視、剝削，甚至凌虐等，但整個社會對這種不平等現象幾乎視若無睹或愛莫能助，以致於讓這群社會最底層的女性一直處在痛苦的深淵之中。1995年，夏曉鵑在美濃成立「外籍新娘識字班」，這些新移民女性的命運才開始一點一滴的改變。2003年，夏曉鵑把這個「識字班」正式組成「台灣南洋姊妹會」。也大約在這個時候，婦女新知邀集幾個關注移民權益的團體和專家，組成「移民／住人權修法聯盟」（簡稱「移盟」）。「台灣南洋姊妹會」就和「移盟」一起展開各種移住民權益運動。2004年發起「保障移／住人權」連署，並到立法院前抗議官方版的移民署組織條例，除暫時阻止這個條例的立法通過之外，並透過各種事件，藉機把移民工權益問題向社會大眾揭露，逐漸獲得社會大眾對新住民權益問題的關注。政府也因此取消大陸配偶500萬動產的規定，移民的錢流管理暫緩實施等。教育部次長更因發言污衊新移民而公開道歉。可以說，台灣各種關於移民工的權益問題已經越來越獲得社會的關注，社會對多元文化的認識也越來越深，一股運動的能量逐漸加強。而其中最讓人興奮的是，在整個運動過程中，新移民由完全弱勢，接受幫忙的角色，最後卻能在「主體化」的培力過程中，逐漸變成運動的主角，為民主式社運立下良好典範，值得我們更仔細來討論[36]。

---

36 以下的討論出自夏曉鵑，〈新移民運動的形成──差異政治、主體化與社會性運動〉，《台灣社會研究季刊》（2006），61: 1-70。

一開始，「外籍新娘識字班」的主要目的是，以認識中文為媒介，協助東南亞裔的婚姻移民女性走出孤立無援的處境。但是，主其事者清楚地認知到，語言的學習不必然能讓學習者認清壓迫的根源，就像很多主流的新移民課程中，不僅漠視新移民女性的主體性，也貶抑了她們母國文化的價值，成為將新移民女性規訓為「好媳婦」、「好母親」的機制。因此，「外籍新娘識字班」在教中文的過程中，有意識地注入解放教育的觀點，讓學習者能夠慢慢養成對自身及所處環境的批判性認識，進而發展成改變世界的動力。因此，夏曉鵑援用「受壓迫者劇場」的課程模式，將中文學習與民眾劇場結合，鼓勵新移民女性主動分享她們的經驗，並透過「雕像」、「論壇劇場」等方法，將新移民女性由「觀賞者」——劇場景象中的被動實體，轉變為主體，也就是戲劇行為的改革者。在這個學習過程中，新移民女性逐漸獲得三方面的改變：1、技能方面：逐漸具備或提升中文的讀寫能力，脫離處處倚賴他人窘境；2、心理方面：產生信心與尊榮感，對外在的不安也逐漸消逝；3、社會方面：拓展了人際關係和生活圈，也增進與家人的溝通話題[37]。簡單地說，新移民女性逐漸獲得主體的能動性。但這種主體化的過程又是如何誕生呢？

首先，「識字班」團隊透過學員們的經驗分享，新移民女性能夠逐漸認識到自己被壓迫的處境。並透過劇場扮演，嘗試思考如何面對壓迫的問題，「主體」也在這個過程中逐漸浮現轉化。當然，這個轉化過程絕非平順的線性發展，而是在連接不斷的瓶頸中，一次又一次地突破，主體才能真正成長茁壯，而其中最關鍵的因素除了透過劇場或其他圖畫、文字的創作，讓她們因此而

37　上引文，頁36-38。

能夠看到自己的處境之外，最重要的是眞正要她們共同來承擔責任與情緒，也就是所謂的「排球」式的組織互動[38]。夏曉鵑指出，在「識字班」的早期，幹部們一直都幫助新移民們解決各種情緒與難題。之後，新移民女性逐漸能分攤一些工作，但也都只限於雜物或事務性質的工作，對於眞正策略性或領導性的工作仍然不敢參與，甚至感到害怕。夏曉鵑發現，她的存在似乎變成阻礙姊妹們成長的因素。因此，她毅然地決定退出組織的運作，並經由各種從旁協助，終於讓新移民女性有勇氣承擔決策性的事務。當然，這個過程也絕非一帆風順。但工作團隊始終在旁隨時扶著她們，不讓她們倒下。但也刻意隨時放手，讓她們能夠自己站立、行走。一來一往、一收一放，就像排球的接放傳遞，終於讓南洋姊妹們能夠勇敢而有信心地承擔責任與情緒。夏曉鵑這樣說：

> 爲朝向一個平等的組織團隊，台灣的志工和幹部們必須學會將責任和情緒與姊妹們共同分擔，這樣的過程，一如排球練習般，當姊妹將責任和情緒的球拋向台灣志工和幹部時，我們必須將球拋回給姊妹，讓她們有機會學習承擔，並進而成爲排球隊伍中，能平等和互相補位的球員[39]。

南洋姊妹會的新移民女性的主體，就在這種分享與承擔中不斷地成長。因此，近一兩年來，這些新移民女性不斷在公領域發聲，讓社會看到新移民問題之所在，甚至帶出多元文化的價值與

---

38 上引文，頁47-57。
39 上引文，頁55。

討論，大大地豐富了台灣人的社會生活。尤其重要的是，所有這些活動或運動，南洋姊妹們已經不是配角，而是主角，包括策劃活動，帶頭領導等。她們已經成為一個「主體」。更難能可貴的是，這批南洋姊妹們不只建立了屬於個人的主體性，目前更主動朝向「歷史主體」邁進，而嘗試與不同身分的人群共同來改變支配性的歷史質。她們除了參與「移盟」的各種運作與活動之外，更在高雄捷運泰勞抗暴事件後，參與移工組織所發動的「反奴工遊行」。按照一般常識，移民與移工的身分不一樣，移工的身分更低，一般移民基本上不喜歡與移工扯在一起，以免因此而影響到自己的權益。但是這批姊妹們卻主動參與。夏曉鵑回憶說，在反奴工遊行前，她提醒自己不能再如過去一樣，提醒姊妹們的幹部要參與。但事後得知，姊妹們的幹部不只參加了籌備會議，也著手動員姊妹和志工參與遊行。甚至還安排姊妹們分享和分析為何，以及如何支持移工的遊行。而這一切都是姊妹們主動執行的。

目前，各種結盟工作仍然在進行中，能否順利形成一個「歷史集團」（historical bloc），進而創造新的歷史質，仍有待觀察，但姊妹們能夠超越自己的身分認同，而與身分比自己低，但卻受到同樣支配關係的「他者」結盟，顯示她們已經超越一般所謂的「認同政治」的框架，而邁向「認異政治」。從杜漢的觀點來看，認同政治其實是在建立另一種權威與支配關係，不是真正的社會體質運動，甚至是一種反社會運動。只有承認差異，才能真正解構支配，才是一種真正的社會運動。南洋姊妹會的姊妹們，從一個被壓迫的客體，歷經各種主體化的培力過程，慢慢認識到自己的環境以及其中的壓迫關係。這種批判性的認識與能力，其實是南洋姊妹會的團隊很有意識地把姊妹們當成一平等的對象，也在

平等的社會關係中互動，才慢慢培養出姊妹們的批判能力。尤其重要的是，工作團隊有計畫、有步驟地讓出各種學習與鍛鍊的機會，讓姊妹能能夠逐漸學會承擔責任與情緒，也才能鍛鍊出各種領導能力，甚至還能關懷他者，建立更有力量的結盟關係。所有這一切能力都來自於這個運動的形式——民主。只有在民主的關係下，運動的雙方才能夠學習成長，進而培養出各種民主參與所需要的能力。只有民主，才能創造真正的民主。也只有在民主的關係下，運動的結盟才能確立，支配關係才能克服。這才是具有建立新的歷史質地的社會體質運動。

七、結語

解嚴後，約在1990年前後兩年之間，台灣的社會運動達到最高峰，在1993年後逐漸減少。解嚴後的社運之所以暴增，與自由化所帶來政治機會的增加有關。但更重要的因素應是，民進黨積極介入社會運動，造成所謂的社運政治化。在社運政治化的情況下，政治人物領導社運，喜歡大型的遊行示威，聲勢浩大，創造可觀的媒體效果，也解決一些制度性問題。但是，這種類型的社會運動，基層民眾往往只是被動員的對象，社運的領導充滿威權關係，社運組織的內部，缺少民主與平等的對話。因此，民眾在這個過程中很難真正有學習與成長的機會，主體很難獲得發展。另一方面，領導者也因為高高在上，缺乏來自基層的質疑與挑戰，更會強化其原有的威權傾向。其實，政治人物之所以會腐化，正是因為這種學習機制的終止，讓群眾與政治人物都不能成長、甚至退步。在這種情況下，政治人物越喜歡、也越容易操弄、煽動群眾，才會有2004年以後的族群動員。這是一種惡性循環。因

此，這種類型的社會運動，也許有助於衝撞體制、加速體制的改革。但是對體制內的人與文化，很難產生任何改革的功能。其實，這往往是威權體制下，面對威權的一種方式。但根本上來說，這種形式的社運雖然可以打倒威權，但本身也在豎立另一種威權，創造另一種支配關係，因此，不是杜漢嚴格定義下的社會體質運動。

1993年之後，大型的社會運動（指遊行示威）逐年式微，但取而代之的卻是各種小型的新社會運動，或是專業性的社會運動。但是，在2004之後，大型的遊行示威似乎又回來了，變成大型的族群動員。這三種轉變，其實是之前大型的遊行示威的三種變形：族群動員代表1990年前後社運政治化的「延續」或「深化」，小型新社會運動代表一種對遊行示威的反思，是一種「斷裂」，而專業社會運動則是遊行示威的「轉型」。本文對這三種變化進行分析後指出，2004年之後的族群動員，除了受到歷史經驗的積累所影響之外，主要是延續來自1990年前後那種威權式的大型動員。這種過去的動員經驗，變成後來族群動員的主要參考戲碼。1993年之後的統獨對立，政治社會正式撕裂成兩個。2004年的兩顆子彈，第二個民間社會也正式形成。兩個政治社會控制著兩個民間社會，舊有的動員戲碼於是發酵放大，讓族群動員發揮了巨大的能量。但是，就像之前的遊行示威一樣，現在的族群動員也是充滿威權煽動，民眾基本上是被動員對象，整個運動過程缺少民主對話，民眾越來越跟著政治人物的哨聲走，而政治人物的哨聲則越來越躁。非民主式的社運，其實只是在建立另一種權威與支配關係，是一種反社運。但這仍然是台灣當前社會動員的主調。

社運的轉型是指社運的專業化。1993年之後，民進黨的國會席次大增，台灣的兩黨政治雛形隱然若現，再加上各種相關法規

逐漸完備，台灣逐漸從自由化進入民主化的階段。政治人物因為有了新的（立法院）舞台，社運也逐漸改由社運專家所主導。我們可以說，民主化促成了社運的專業化與理性化。在這種改變過程中，社運的戰場逐漸由街頭轉向室內，民眾也由主角變成配角。因此，民眾的參與程度降低了，參與的熱情也隨之遞減。制度性的民主，強調法規與政令的專業性，讓民眾失去參與的能力，而變成社運的配角，最後，連參與的熱情也逐漸消逝，甚至變成一種象徵性存在，與實質的民主其實是背道而馳的。制度性的民主，雖然造就了文化菁英，也能帶動一些制度性改革，但對民眾的實質教育與成長而言，並無功效，甚至會產生規訓的非預期效果。另一方面，民主代表文明與秩序，在民主體制下，縱使是示威遊行，也必須遵守文明的規則。示威的身體，其實是高度規訓的身體。民主的身體雖然自由，卻有高度的文明自覺。紅衫軍自我畫線，正是這種文明自覺的體現，我們稱之為文明的規訓。而這正是現代社會秩序的根源。

　　最後，社運的「斷裂」是指，與原來大型遊行示威完全相反的一種社運形式，一種「主體化」的社會運動。這種斷裂又可分成兩種，第一種比較偏向社群主體，如社區總體營造等，這種社運形式雖然強調民主，強調透過地方公共事務的參與，讓基層民眾獲得學習與成長的機會，進而建立公民社會。但是，社區營造的公共事務，其性質偏於非爭議性的小型工程，如公園、道路等，居民對這些公共事務的共識程度偏高，沒有尖銳的對立，更沒有必須克服的痛苦決定，因此，民眾比較不容易從這個過程中獲得批判性的視野，對主體認同的衝擊也很小。再加上缺乏寄身的動力，社區居民的參與意願與熱情不高，嚴重影響社區營造的成效。因此，在主體沒有充分發展的情況，民眾對於社區公共事務

的態度，很容易受到主流政治經濟價值所左右，才會因此而產生社區團體的「治理化」與「企業化」之傾向。因此，這種運動雖然努力與過去的社會運動區隔，也的確紮根在社區基層的民眾生活當中，但因為沒有更具體的方法來激發群眾的參與熱情，無法有效建立居民的主體性，也不能讓民眾對周圍的世界有一種批判性的認識與理解，所以除了少數例外，絕大部分社區仍然受到主流各種政治經濟力量的拘絆，不能真正建立自主性，離公民社會的理想仍有一段很長的距離。因此，這裡的「斷裂」仍然有限。

眞正的斷裂，是發生在部分所謂的「新社會運動」，尤其是性／別人權運動、新移民運動兩項。這種社會運動從參與者的「主體性」建構開始，讓這些人能批判性地認識到自身與周圍環境的關係，尤其是其中的支配關係，並且願意透過集體的努力來超克。本文以「新移民運動」為例說明，主體性的建立是從運動專業者與運動對象民主而平等地互相對待開始。在運動過程中，運動專業者透過分享、實作、劇場論壇、責任與情緒的分擔等機制，逐漸讓新移民建立自己的主體性，進而有信心地、主動地展開自己的解放工程。從新移民運動可以看出，這些被解放的南洋姊妹們，不只建立了屬於自己社群的身分認同，更能夠進一步感同身受，承認比自己的身分還要不如的新移工，並且願意和他們共同努力來克服外在的支配關係。從杜漢的觀點來說，這已經從「認同政治」進入「認異政治」之中。認同政治其實只是在尋求一種新的權威關係，建立另一種支配力量，因此，並不能改變支配的歷史質，所以也不是眞正的社會運動。只有願意承認差異，才能超越權威與支配，創造新的歷史質，也才是眞正的社會體質運動。解嚴後的各種社會運動，因為缺乏實質民主，缺少人與人之間平等、友善的相互對待，所以頂多只能建立認同政治而已，並

不能真正超越外在各種權威與支配關係。新移民運動是其中少數
例外之一，是一個嚴格定義下的社會體質運動，而其主要的精神
正是「民主」。沒有民主的社運，其實是一種「反社運」。

李丁讚，清華大學社會所教授。主要的研究領域是：民主政治與
公民社會。編有《公共領域在台灣：困境與契機》。目前除在撰
寫《民主的文化》一書外，也在探討「物質文明與現代社會」的
關係。

台灣傳媒及其政策變遷20年：
以中國為背景與想像　　　　馮建三

一、台灣傳媒驚奇

　　共相之餘，任何社會都有個別現象。海島台灣最大的特色就是地理位置貼近中國，以及緣此而開展的400年歷史關係。若要理解台灣傳媒過去20年的變遷，這個史地背景也能產生參考價值。

　　解嚴以來，台灣大眾傳播媒體界展現的奇異景觀毋寧有三：俗稱「兩報三台」[1] 從主流成為跟班；電影雖然在歐洲影展得到許多獎項，但如今台片蕭條到了幾乎不復存在；來自對岸的簡體字圖書，則從非法查禁至今已能雄霸一隅。

　　1987年，中時與聯合報團囊括日報8成多發行量，如今跌至2、3成之間，兩報團員工從萬餘人減為4000之譜。台、中與華視3台占有電視廣告量曾近乎100%，現在勉強維持2成猶有困難。國片（台片加上港片）從30%至40%票房占有例，陡降至5%左右。

---

[1]　分別指言論色彩至今親近於國民黨的《中國時報》與《聯合報》，以及在2000年之前是國民黨囊中物的台灣、中國與中華電視公司。

21世紀以來，電視劇偶然還有《飛龍在天》、《親戚不計較》、《台灣阿誠》、《台灣霹靂火》等「高」收視率節目，平均卻只在10%上下浮動（單日最高15.72%）；至最近2年，最高者竟然不及5%[2]。中國大陸的書籍夾其價格與學人數量的優勢，晚近據業者不無誇張地推估，研究所以上的人文社會學科，從2002起5年之間，可能有4-5成左右的閱讀書籍，業已由簡體字提供[3]。

1980年代起與台灣並稱小龍小虎的南韓、香港與新加坡，在這段期間同樣領受科技變遷與經貿自由化的衝擊，但其傳媒景觀仍然相對穩定。電視方面，無線電視依舊是南韓[4]與香港[5]的主流，每年仍然還有數十檔次節目，坐擁20%至40%或更高的收視率[6]。香港電影號稱衰退已有10年，港片票房卻猶能持有3成以上；至於首爾電影，更是讓人驚訝，21世紀以來，韓片占本國電影票房的比例，都超過了50%，2006年更達63.8%。新加坡政府

2　2006年1月至2007年9月，以每月第1天的21日樣本為準，各種類型節目的最高收視率僅有2日超過4%，查詢潤利・艾克曼公司廣告資料庫所得：http://www.rainmaker.com.tw/mrd.htm

3　陳穎青，〈山崩水潰的台灣出版業〉，《中國時報》，2006年12月5日，A15版。

4　刊載於2005年6月22日《武漢晚報》的資料顯示，南韓迄至當時最受歡迎的10部電視劇，第1名是〈初戀〉（65.8%），在韓首播於2003年9月15日至2004年3月30日，最受海外歡迎的〈大長今〉是第10名57.8%。此後雖衰退，但2006年前10名仍在22.6%〈宮〉至38.5%〈朱蒙〉之間（《東方早報》，2006.12.13）。

5　香港以2007年8月最後一週的無線明珠台為例，前10名介於19-32%。http://jade.tvb.com/k100/rating/

6　這裡並未說韓國或香港的電視表現是典範，但張明宗教授的說法讓人咋舌：「從產業經濟學的觀點，台灣的電視產業絕對是一個典範」，我國節目不能外銷，但消費「卻非常國際化」（《蘋果日報》，2006.1.12）。

不改素習，微觀言論的規約，放寬有限，平面與電子傳媒集團的形成與運作，持續維持宏觀調控[7]。

台灣的傳媒異象，還有更多，再舉其中一項：6或7個24小時新聞頻道早熟，在1996年就已經大致成形，舉世所無。順此而衍生的效應，比如製作資源因頻道多而遭瓜分，於是投入嚴重不足，以致於新聞與談話節目的質量更加低下，受眾品味轉向輕薄短小的速度加快，從而負面牽制了平面新聞的表現。

過去20載，國籍身分的認同政治急遽膨脹與強化，但賴以表達「想像共同體」的影視傳媒，卻在台灣因畸形成長而萎縮了台人身分的良性建構空間，委實突兀。

二、政府同樣奇特

何以至此？原因總是眾多，彼此交錯滲透。抽絲剝繭談何容易？但千絲萬縷，總得起個頭，就從權威當局說起。以後見之明審視，如同任何威權專制政體，解嚴前的台灣政府限制與壓制傳媒消極自由的頻次與能力，相當密集與高超。但是，有別於南韓與新加坡政府的台灣獨特色彩，在於欠缺有效的、進步的積極傳播政策，以致於競爭逐利且歸私的傳媒廠商之市場行爲，少受有效節制。並且，很奇特地，相較於自由港香江，台灣的總體電視政策，反可以說更接近於新自由主義的意識型態：私人資本進入電視市場的門檻，以及廠商因應電視特殊性而所需肩負的責任意識與能力，兩相低疲；市場的傳媒行動者，得到了接近徹底的自

7　袁舟，《媒體集團的經營與管理：新加坡報業控股的成功之道》（汕頭：汕頭大學出版社，2003）。

由，社會的民主需求，遭受莫大的侵蝕。自由與民主歷來並比排列，至此遭遇反諷。

台灣的國家機器展現這個特殊性質，當如何理解？一個可能的線索是，這不能脫離台灣國家所處的既曖昧又明白的現實：在國際政治的外交舞台，此身是我有又非我有，既領受美國有條件的「保護」與限制，又領受來自中國、可以理解但不公平的否定與「威脅」。另一方面，除非化約，否則，任何現象再怎麼詭譎，都很難歸由單因解釋。國家欠缺國際政治人格，完全並不妨礙任何國內主權政策的良好制定與執行；如同1971年以前，我國不但縱橫全球，更是聯合國常任理事國，但傳媒政策同樣付諸闕如（如《廣播電視法》與《電影法》分別在1975年與1983年才完成立法）。本文並不主張，中國是影響台灣傳播政策的重要變數，更不可能是決定因素。然而，隨著中國本身與世界局勢的變化，過去二十多年來，兩岸經貿關係既然重新開啟，兩岸各自的面貌相應調整，則傳媒這個經濟、政治與文化載具，勢必也在這個調整過程中，占有一部分角色，有所互動。

關於中國與台灣傳媒變遷的聯繫，這篇文章大致淺談兩個層面。一是人們對中國的想像，轉化為其傳媒（特別是報紙）消費的選擇依據。二是國家與資本家對於中國的想像，導引了國家的行為。前面這個層面，時人已很清晰，因此這篇文章不必多談，只需勾勒幾筆，將最戲劇化的展現，作一記錄即可。

三、消費中國，切割讀者

解嚴才一個多月，被稱為「無黨無派」獨立辦報而一般認為比較本土的《自立晚報》，就立刻（1987年9月）派遣記者李永得

與徐璐到了北京採訪。台灣電視劇的場景在1979年以前，52%以中國作爲背景，據羅世宏的計算，這個數字在1980-87年間反而增加到了55%[8]。《自由時報》在1988年6月仍設立了大陸新聞版，要到1989年六四事件後一個多月，該版才見撤銷[9]。顯然，以中國區分傳媒的現象，早期仍然少見。一直要到1992年底，退報運動轟動一時，「統派媒體」的指控可能在這個時候才告明顯出現，宣示了新聞商品、政黨定位與中國想像，進入合一時期；至於何以不是較早成軍的《自立》報系，也不是1995年後由王永慶資助、顏文閂主持的《台灣日報》，而是《自由時報》接收、建構並增加所謂的本土讀者，是個很有意義的問題，希望日後能有人探索釐清[10]。

無論如何，隨國內政治力量的消長，1990年代中後期之後，中國的存在及台人對於中國的認知、情感與想像，本身成爲切割傳媒(尤其是報紙)使用的座標已經很難改變。讀報行爲有別於其他傳媒(特別是電視)的使用，愈來愈多的人，依據他所認定的兩岸關係，從中找尋親近自己投票傾向的眞僞資訊與良莠意見。顯示這個現象的指標之一，在於頻道林立、資源不多的衛星電視頻道，爲了壓低製作費，大量推出談話節目，這些主持人的顏色各有差異，但完全不妨害他們擁有各自的固定收視群，完成彼此隔空夜夜「相濡以沫」的儀式功能。但是，最爲駭人而影響也更大

---

8   Lo, Shih-Hung (2002). 'Diaspora regime into nation: mediating hybrid nationhood in Taiwan'. *Javnost/ The Public:* Journal of the European Institute for Communication and Culture, 9(1): 65-84.

9   謝謝顧佳欣代爲查詢。

10   《自立早報》與《晚報》先後在1999年1月與2001年10月停刊；《台灣日報》在2006年6月關門。

的是報紙據此而做的切割。2003年春密集出現的三起事件，鮮明生動、具體而微展示了新聞商品與政黨傾向（兩岸關係）的結合。

曾任民進黨文宣部主任、時任立法委員並同時主持衛星電視頻道的談話節目的陳文茜，擁有高知名度，時常抨擊民進黨與陳水扁。2003年1月，前揭節目時段傳出異動，《聯合報》大舉抨擊，認定是總統府作祟，該報以社論抨擊，更投入近2400平方公分報導，是《中時》的四十餘倍，《自由》的十多倍（《自由》的內容多在反擊《聯合報》）。到了3月，置入行銷的爭議湧現。原來，新聞局把歷來分散由各單位自行購買的媒體廣告費用，集中使用與議價，並循商業手法將所要傳達的訊息，編入劇情等。政府有此行為誠然不恰當，合當監督。但荒唐的是，得到最多政府廣告投入的《中時》與《聯合》[11]分別以1及5篇評論大加撻伐，《自由》未置批評。4月，更荒謬的新聞評鑑事件爆炸。早先，新聞局委由特定單位（新聞評議會）執行的研究案，改採公開招標，由親近民進黨的廣電基金會取得。新聞局可能有其用心，但評鑑報告能做什麼？不就是歷來從未發生作用的例行揭露嗎？《中時》與《聯合》杯弓蛇影、反應過火而極端，7天內就此發表22篇評論，硬指媒體將因此而感受寒蟬效應，新聞自由將遭受極大傷害。《自由時報》雖然只撰寫一篇評論，內容卻毫不客氣，直指兩報濫用新聞自由。

《中時》主張中華邦聯，也就是台灣在國際上也能有國際代表席次，中國並不接受；《聯合》則說公投可以使用，但用來防衛，也就是若要統一，才需公投。依此理解，兩報不支持台獨是

---

11 〈政府刊登報紙廣告費用大公開 新聞局嚴防「肥水落入外人田」〉，《財訊》，2003年4月，頁40。

真，但能否就是統派媒體，是有疑問。兩報的麻煩在於，類似這種不理性的反應，似乎就是其編輯政策，等同於自己定期且不斷上色，坐實他人刻板印象的正當與合理。南韓在民主化的過程，於1988年新創《韓民族日報》，擁有最多的進步知識分子作為讀者，該報從1998年起得到盈餘，至今已成第四大報，而《朝鮮》、《東亞》與《中央》三大傳統大報，持續寡占地位，占有率至2003年也超過了70%[12]；同樣號稱民主化，台灣的兩報差不多是潰不成軍，在此過程新竄而出的是來自香港、走消費主義至上路線的《蘋果日報》。台韓的格調與社會的差異，辦報能力的分野，從這個對比，也能看出。

四、想像中國的傳媒市場：兩報鎩羽

不言不語的中國，成了切割報紙的利器。等到中國動了起來，又是另一番故事。比如，1967年底，因應中國大陸燎原已有一年多的文化大革命，台灣創設了統籌廣播電視及電影等事務的文化局，但運作約只6年，就遭撤銷[13]。當時的文化局，成立動機或有可議、層級雖低而設置在教育部之下，但其事權之統籌，具備了1959年法國文化部的架構，假以時日，則如今研議許多年的文化部，恐怕早就已經成立。至今，影視政務及業務分散在新聞局、文建會與2006年初成立的國家通訊傳播委員會，造成數十年來，有司權責與職能不清乃至於扞格衝突，造成相互抵銷與認

---

12 林有慶，〈韓國現代報業結構與體制創新〉，收於郎勁松，《韓國傳媒體制創新》（廣州：南方日報出版社，2006），頁59-93。

13 李文慶等編輯委員，《我們曾是文化圍丁：紀念教育部文化局成立30週年專輯》（台北：編輯委員會印行，1997）。

知的內耗蹉跎。

承續這個過程，中國的作用似乎雙重。一是在選舉與政治的角力過程，中國化身爲俗稱統獨想像的箭靶，耗損了所謂民生（傳媒在內）議題的討論空間，理性進步的傳播政策，也就更難形成；二是中國成爲經濟誘因或報人的投射對象，傳播媒體成爲經濟規劃的一部分，傳播政策的內涵窄化爲進入中國市場。

冷戰的當年，遠在天邊的中國以其動作，引發了它所未曾逆料的台灣文化局效應。時至1997年，經貿自由化熱切想要擁抱各國，在中國回收香港主權的前夕，再爲台灣第二次重大的傳播政策，掀起波瀾，雖然如同文化局，最終恐將仍然是殘花敗柳。惟理當注意，這乃肇因於台灣國府本身的錯誤判斷所致，非關中國意有所指的設局。假使40年前的國府應對中國，出於文化考量，意外地有些曇花一現的正面運作，那麼10年前的回應，就是經濟誤判，再次散播迷霧且延宕台灣傳媒積極改善的機會。

起自1990年初期，香港資金與電影人判斷變局於己不利，開始浮動，牽動港片的起落[14]。在台灣方面，國民黨政府先有（資本）南進的說法，繼之從1994年初，國府試圖從香港回歸中牟利，於是有了七大亞太營運中心的規劃，希望藉國家機器之力，導引動向，分散資本進入中國大陸的規模與類別。2000年5月民進黨入主後，中央銀行副總裁陳師孟上任前表示，三通後應對赴中國大陸投資的臺商課徵國家安全捐，準財政部長許嘉棟亦表贊同。

台灣官方對製造業資本進入中國大陸，不能說沒有戒慎或憂慮，雖然無法有效加以圈限，就此而言，國家與資本的利益，並

---

14 馮建三，〈香港電影工業的中國背景：以台灣爲對照〉，《中外文學》（2003），32（4：87-111）。

不完全吻合。與此相反，至少在本世紀以前，台灣政府與傳媒業者似乎有了共進中國的默契或圖謀，雙方的利益大抵一致。

1992年初的鄧小平南巡，不但中國的報紙、電視與電影改革進入了新的階段，台灣似亦受此鼓舞，官方與報界(特別是《中國時報》與《聯合報》)在感應之餘，迭有動作。如行政院大陸委員會從1993年起連續三年，每年各有兩種研究，就中國媒體的投資機會或兩岸新聞往還，提出報告[15]。報業方面，《工商時報》相繼於1990年8及10月，先後與北京《中華工商時報》與《經濟參考報》簽約，互換新聞，創兩岸1949年以來第一次合作；該報並期待中國「廣大的媒體市場……會是本報系另外一個『春天』的發軔點」。子報在前奔馳，自有母報提供後勤。從1992至1996年，《中國時報》至少就這個議題發表了7篇社論。《中時》認定中國雖然還是強力控制媒體，但「已經顯得力不從心」，在它看來，陸委會兩岸報紙對等發行計畫不僅考量現實的利益，而且「具有相當強烈的理想性格……商業考慮之外，還顯示了氣度與胸襟」；假使兩岸新聞交流不能全面放開，「將是兩岸和平共處與中國統一的現實障礙」，儼然以政逼商、或說以私人面貌代言官方立場。既然浸淫於這個意見氣氛，前有中國釋放出來的大膽闖關召喚，後有報系積累多年的寡占剩餘，兩報相去4個月，在1992年1及5月至香港搶灘，先後創辦了《中國時報週刊》及《香港聯合報》。

15　行政院大陸委員會《兩岸對記者互訪基本態度的比較》(1993a)；《兩岸媒體對對方報導之內容分析》(1993b)；《大陸有線電視與法規政策之研究》(1994a)；《大陸大眾傳播事業投資環境之研究：廣電部份》(1994b)；《大陸新聞事業概況》(1995a)；《大陸大眾傳播事業投資環境之研究：出版部分》(1995b)。

　　但是，秣馬厲兵準備揮師神州報業不過4年，實況有不變，卻也有戲劇轉變。不變的是傳媒作爲共產黨人名正言順的「喉舌」，至今依舊，遑論十多年前，焉能容許私人登堂入室？巨變的是李登輝本土路線大有斬獲，反映在傳媒，就是1990年代初開始，號稱民主有線電視系統與地下電台，雖然爲期短暫，但在遭資本收編之前，倒也「風光」了三、五年。在報紙，就是《自由時報》由台中、新莊挺進至臺北的勃興過程。眾所周知，起自土地資本、政治親李的林榮三，先聘專才，再自己披掛上陣、戮力投入資金於辦報，1992年夏季自由開始黃金大贈獎、年底再有台灣教授協會等15個社團推動退《聯合報》運動。1994年初起，國際紙漿價格連續上漲，從1994年初1公噸370美元至1995年5月的650美元、12月的1千美元[16]，彼時銷量仍然各自是《自由時報》約2倍的兩報，成本壓力急速竄升，市場領先者不能善用寡占優勢，反而因爲兩岸關係與經營應變失當等缺失，遭致受詛咒的命運。

　　《中時》與《聯合》眼見進展大陸無望，在台寡占地位的流失已成趨勢，也就只能雙雙在1995年底鳴金收兵、鎩羽而歸。到了1996年，兩報調整零售價格爲15元新臺幣，《自由時報》文風不動、維持10元。曾有大學的選民調查顯示，1992年兩報的閱報率是22%、《自由》是5%；1995年兩報約滑落1%，《自由》上升至11%；1996年則兩報僅存17-18%，《自由》卻上升到了16%[17]！其後，兩報陷入苦戰的程度，從譚士屏的統計數字，殆可窺知。

16　《經濟日報》（1995.4.22：13版；1995.12.29：3版）。

17　孫秀蕙，〈驚人的事實？──談近年來台灣報紙閱讀率之消長〉（1996），民國81年至民國85年，網路發表：http://ad.nccu.edu.tw/ hhsun /wisconsin/index.htm（2007年9月1日閱讀）。

1997至1999三年期間，《自由時報》只促銷19次，《中時》162次，而《聯合報》175次[18]。從1997年至今10年，兩報有關新聞交流或對等辦報的言論與呼籲，頓時銳減許多，《中時》似乎再無任何社論就此發揮。

五、亞太媒體中心一相情願

如同報業走在官府前面，有關兩岸影視來往的動力，亦肇始於業界，並且早從解嚴前，即已發端。到了1989年4月，國府准許影藝人員至中國拍片與電視節目未幾，「戲劇大陸熱，隱然在悶燒……三台摩拳擦掌」已經成爲新聞標題。1992年起，有關文化中國、大中華經濟共同圈的說法，甚囂塵上，流風所及，電視電影圈的兩岸三地合作製片與流通的呼聲，澎湃洶湧。順此風向，國民黨政府雖然遲到，但已正面回應影視資本的想像與需求，在亞太營運中心的規劃案當中，加入了亞太媒體中心，相關新聞在1994年7月初首度見報。次年春，陸委會提出兩岸交流九項計畫，包括「將大陸市場納入我亞太媒體中心」；稍後，新聞局長胡志強在國民黨中常會報告，表示爲了推動亞太媒體中心，將逐步放寬中國影視人才來台。曾有論者說，1995年起，兩岸視聽交流進入正常化時期，放在當年的情境，符合實情。

官方這番話語，自有行政式「學術」研究給予背書，我們因此讀到了這樣的文字，指稱中國電視市場的自由化是「必然、遲早要走」的方向，而兩岸三地合作會「有更高品質的節目」、「更

18　譚士屏，《台灣報紙產品市場競爭行爲分析》（政治大學新聞研究所碩士論文，2001）。

具國際傳播集團的競爭能力」。放在這個背景觀察，中國主要是提供市場、「負責文化藝術的素材」，港台則提供資金、技術、創意、策劃，演員則取自「三地精英」；「台灣……更該……以大陸豐沛廉價的歷史人文資源來彌補本身天然地理環境的促狹……(1996)運用技術與資金，積極經略其廣大的市場。」1994年，《霸王別姬》、《活著》等台資大陸片在國際影展得獎以後，台灣輿論界似無例外，口徑一致，認為結合中台港的資金、技術與人力，將是開創未來華人電影前景的重要途逕，指「兩岸三地影業互動，大中華電影圈美景」可期。稍後，更有份研究報告如此表示，中國以2000個電視台計，若每日播2集電視劇，則一年需一百四十多萬集。如果以1995年為準，中國僅年產7100集，則進口影集自屬必然，又說，即使以中國法律所定為準，各台節目只能進口15%外來影集，那麼，最多一年「仍可進口20萬集」。

　　純粹從經濟角度看待媒體，原本難以立足。因為，傳媒產品的性質使然，各國政府或其民眾均很在意其文化與政治意義，致使物質商品的國際貿易通則，經常不可能完全複製於媒體產品。這是通例，就台灣與中國的政治關係還沒有得到定位之前，勢必更加凸顯，兩岸任何一方都可能因為政治考慮，以致於增加或減少媒體產品的交流或買賣機會。10年之後回顧當時的產官學「共識」，毋寧更難理解，是在什麼樣的思維過程，竟至官學都不乏一廂情願之人，主導、遮掩從而貽誤台灣傳播政策的討論空間。實際走向不但不聽從指揮，反而逆向發展。這就是說，1996年初，行政院開放中國電影片、廣播電視節目，在經主管機關核准並改用正體字後，於台灣發行、映演或播送。甚至稍早幾個月，開台未久的超級電視台因屬衛星傳送，不受廣電法約束，已先在1995年10月播出《武則天》，除開創中國歷史古裝連續劇為主的劇種

在衛星節目構成中，占有重要比例（約在20%上下，次於日劇、港劇，2001年後又被韓劇超前）[19]。大陸古裝或歷史劇從1996至2006年中葉，屢在報端刊登整版的販售廣告，幾乎無日無之；其後可能因版權期滿等限制，販售規模明顯縮小。

六、華語文化市場：挑戰2008

　　亞太媒體中心案是1980年代初期有線電視早夭的規劃之外，台灣第二次大規模的傳播政策方案。2000年以後，一因方案本身出於主觀投射，並非因客觀情勢而利導，二因新政權對中國持有更加濃厚的戒慎與排斥情結，致使原已如同行屍走肉的規劃案，進入植物人的安樂死狀態。民進黨政府概括承受亞太媒體中心之名，不提大陸，保留「華語市場」的用語但不再聞問，並旋即在2002年春，另提「挑戰2008」的國家重點發展六年（2002-2007）十項計畫。

　　其中第二項是「建立台灣文化創意產業在華文世界的領先地位」，第四項「高產高值化」的重點之一是「扶植數位內容產業⋯⋯領導華文市場」。

　　這兩項方案，局部與傳媒相關，6年分別要投入120億與12億，相比於所有投入額2兆5325億（公私部門七三分），不及0.6%。不過，重點不在於經費投入的多寡，畢竟，假使計畫不精細而註定失敗，投入多反而致使政府失靈的幅度擴大[20]。因此，問題的

19　陳依秀，〈打造電視觀眾：台灣韓劇市場興起之歷程分析〉（淡江大學大眾傳播學系碩士論文，2004）。

20　2007年9月5日行政院加碼，於院會中通過，2008至2012年，再投入265億元於文創產業。

癥結在於規劃本身，再次讓國家機器自暴其短。比如，數位內容不是文化或創意的表現嗎？何以另立而不是與文創產業合併，雖然文創的說法，本身就是雜亂無章的巨大拼湊。一方面，高雅藝文形式與傳統民俗等「原本」欠缺商業價值因此經濟學者也認定需要政府補助才能存續的項目，固然入列，但政府卻要使其成為能夠「牟利」的產業，指鹿為馬或說硬要老蚌生珠，適足以讓人莫名其妙，不知政策之所云。另一方面，雖然不應該，惟電視電影等已經成為流行文化商品，而在官方定義的十多項文創產業，產值最大者也是影視，但前文已經提及，影視正好是台灣最為薄弱的環節，特別是過去20年來，新自由主義的意識與措施，貫穿從而加重台灣影視政策制定人員的相對不規範傾向（詳後）。主政者既然昧於情勢，未曾認知問題的根源，則杯水車薪的補助，構成一幅滑稽場面：門戶原已洞開，室內裝潢遭人掏空殆盡，如今卻不知設置防務，反倒再把牆圍拆除並略補妝點擺設，致使原本已經如同水銀瀉地一般，四處滲透尋求商機的影視資本，更能予取予求。

七、誤信經濟新自由主義，傳媒後果嚴重

解嚴之前的威權年代，主要是技術條件還沒有成熟，一直到1970年代中後期，論者曾說，台灣政經依附於美日，但政府「刻意壓低」美國電視的影響，至於日本的電視節目，更是「微不足道」[21]。其後，隨錄放影機、有線與衛星電視台的普及，國府再

---

21 Lee, Chin-chuan, *Media Imperialism Reconsidered : The Homogenizing of Television Culture*(London: Sage, 1980), p. 165.

想圈限，愈來愈力不從心。1984年的調查顯示，最後歡迎的影視節目帶，美日語分別是83%與57%，國語是44%，而當時的有線電視系統播放的內容，90%來自海外。解嚴前夕，消費者文教基金會設置「消費者傳播權益委員會」，至1990年代中後期，業界自己也對電視表現，表達深刻的怨懟與不滿。

《中時》編輯推出整版彩色版面，在1998年說，「……最近簡直不敢看電視新聞，每天都有青少年犯罪事件.……手段越來越殘酷……台灣的青少年犯罪問題，越來越像美國……現在的電視節目越來越無法無天了，在商業利益的影響之下，媒體自律是一則大笑話……。」次年，中視董事長鄭淑敏自費購買半版篇幅，指出：「近年來，國內電視上充斥辛辣、重鹹與刺激的暴力與色情節目，就連電視新聞也經常以聳動、煽情、擴大矛盾的方式報導……對兒童、青少年，甚至整體社會風氣造成負面影響，引起各界對電視媒體角色的質疑。」2006年10月出版的《台灣電視史》，作者說「今日的……台灣電視……日韓劇橫行……演員失業……。」勞動是價值的創造泉源，如今虛構內容的電視人，生產與工作機會既已銳減，何以官方還能信誓旦旦於文創或內容產業？再次費人疑猜。

相對於電視，電影自始就是另一種故事。從1958至1987年，根據盧非易的統計，台灣進口了8728部海外電影（不包括港片，從1968至1987年，單是港片就有3545部，同一時期，台片上映量僅1923部[22]），但南韓只引入2074部外片，台韓進口電影片量，每年相去約200部，約占一年需求量之半，台灣顯然在早期就很

---

22 盧非易，《台灣電影：政治、經濟與美學(1949-1994)》（台北：遠流，1998）。

自由。到了新自由主義蔚爲風潮、烏拉圭經貿全球談判啓動之前，台灣與美國在1985年開始雙邊會談，施行不滿一年的電影進口配額條款，尚未實施，就遭凍結。台灣放寬相同影片拷貝份數的速度，從此加快，對於追求在短期內以「大量鋪片」試圖造成聲勢的高製片成本（如好萊塢）電影，效益龐大。1981年的拷貝是3個以下，當年台片占16%票房；1989年台片仍有10%左右，港片30%，拷貝上限是8個；1991年增加爲12個，台港片是4%與30%；1994年拷貝倍增至16個，港片陡降至18%；等到至三十餘拷貝的1996年，台港片僅存1.5%與7%；1999年58個拷貝，台港片低於0.5%與3%。這個景象持續至2007年，還沒有看到改變的跡象。反觀首爾，除二戰以後進口外片少於台灣許多之外，1993年起，又有電影爲主的社運人士集結，開始有效壓迫其政府，有效執行過去等同於是具文的國（韓）片銀幕配額規範，挽救了其時跌至谷底的韓國電影，票房占有率從15%倍增，至2000年起，更是年年超過50%。

　　南韓國家機器總體調控傳媒結構，或許無意之間，另行孕育了遲延的改革效果。這裡是說，前舉的電影進口片量管制、電視從1960年代就取執照費作爲部分收入，再加上1980年5月光州事件後，全斗煥爲鞏固權勢，強行統合廣告收入，從而使得傳媒競爭廣告的激烈程度受到節度，同時，他又強制徵收兩家私人電視網爲公產，分別使其作爲韓國廣電協會（KBS）旗下的第二頻道，以及政府創設的財團法人持有70%股權的文化放送協會（MBC）[23]。因此，一直要到1990年代初期，韓國才出現私有電視

　23　馮建三，〈反支配：南韓對抗好萊塢壟斷的個案研究，1958-2001〉，《台灣社會研究季刊》（2002），47期：1-32；林麗雲，〈威權主義

公司與規模遠較龐大的公營部門競爭。先是執照費略紓緩了廣告造成的牽制，後有長達十多年的相對穩定的工作環境與條件，提供南韓影視人歷練表現的園地。等到1980年代末，南韓社會的權力結構鬆動，藝文表現的自由尺度大幅成長之後，阿里郎的影視人才就在允稱堅實的基礎上，開展苞壯的空間，取得不俗的成績。

假使早從1960年起，南韓影視的開放水平就如同台灣，依賴單一廣告收入，那麼，其消費品味及影視體質，在社會民主化以後，是否還能灌溉日後改良所需的土壤，實在很值得探究。

反向提問，國民黨黨國機器是否過度強大，黨國不分致使執政者無須求助於國家課徵執照費，以黨領軍所以並無軍事政變，也就無法緣此產生殘酷而乍現的機會，改造傳媒結構？這類臆測的意義不大，也難以回答，但可以作為提示，凸顯台韓黨國結構的差異，進而對照行動者的認知與策略。順此考察，從國民黨至民進黨執掌的國家機器，面對傳媒時遵奉新自由主義教條而致使社會受害，情景就很鮮明：1993年，台、韓與香港都使有線電視合法化，各政府授與合法執照的系統業者，數量分依序是618、116與1家！2002年，經濟低迷、失業率達6.85%、政府赤字居高不下的香港政府，投入於製作專供港人收看的電視資源，折合台幣1年約10億，1週製作15小時節目而無須負責播放[24]。台灣公視經營全日播放的頻道，只得9億！通說香港是自由市場，但比照

（續）────────────────────

　　國家與電視：台灣與南韓之比較〉，《新聞學研究》(2006)，85期：1-30；郎勁松，《韓國傳媒體制創新》(廣州：南方日報出版社，2006。)

24　至2006年香港電台的電視投入略低，仍有9億餘。見王菲菲等人編著，《追求共好：新世紀全球公共廣電服務》(台北：財團法人公共電視文化事業基金會，2007)。

以上兩組資料，應該能夠清楚看出，台灣才是影視自由競爭的天堂。1987至2007年間，我國行政院長共有10人次，其中5人次是民進黨政府。相同期間，肩負影視政策制定與執行的新聞局長則是14人次，國民黨政府13年間6人，民進黨執政7年多，有8位新聞局長。這段期間也正是新科技擴大傳媒市場，使得本國及跨國資本，驅使勞動力競爭的幅度擴大加深的年代。但顯然台灣的國家機器對此渾然不察，更換首長頻繁，認識與規範傳播環境的經驗與能力，無從累進，及至本世紀，這種無意識狀態不但沒有改善，也許還可說更嚴重了些。

八、面對中國，民進黨傳媒動作抖擻

面對資本善用傳播科技的動靜，若說政治權威當局昏昏入睡，並無納入管轄的意識，那麼在面對中國時，民進黨政府立刻有了相反的表現，精神抖擻，判若兩人。中國中央電視台在1992年10月推出第4套節目，專對全球華人播放，該國際頻道升空以後，大致均能在台落地，國府袖手旁觀、聽任有線系統自己決定是否轉播。新政府上台1年後，情勢轉變，該頻道逐漸消失。原因可能是，到了2001年，衛星頻道超量供應太多而有線系統已經一區獨占，供需關係改變，形成賣方（通路）優勢，除強勢頻道外，衛星節目若要進入通路，就得（上架）付費，於是部分有線系統可能出於經濟算盤，原本已無意願轉播央視節目。是否出於這個經濟考量，值得釐清，惟外界的認知大致是，民進黨政府當年應該有其兩岸關係的考量，因此嚴格執法而要求業者，不得未經許可而轉播境外頻道。同年，東森集團準備轉播因言論尺度較寬，因此頗受中國知識階層歡迎的鳳凰衛星頻道，也沒有得到許可，並

不因爲鳳凰東主混合了美國媒體大亨梅鐸與華人劉常樂等人的
股權而通融。至於掌握台灣兩成多有線系統的東森，另有轉播鳳
凰的重要誘因：進入中國市場。不過，東森不但引進鳳凰失利，
它也遭致中方的當頭棒喝。2003年3月，東森通過合約安排，想
要借殼2000年初取得落地許可的陽光衛視，經由供應節目而登
陸，但4月1日中國廣播電視總局旋即反應，下令陽光暫時停播[25]。

　　央視第4套頻道升空後7年，國府開始籌劃同樣面對海外華人
的宏觀衛視，2000年3月開播。同年秋，央視推出英語國際頻道，
至2005年8月，總統府要求行政院編列特別預算，一年11億多，
跟進推出英語新聞衛星頻道。該案未獲立法院支持後，新聞局再
次於2007年8月表明勢在必行，年度金額且增加至二十多億。無
論是11億或二十多億，都遠高於公視的9億。放眼任何少數擁有
海外英語電視頻道的國家，若非商營，就是僅由國家提供僅及本
國公視撥款規模的數1/10的額度，從來沒有台灣這種違反常理的
「創舉」。表面觀看，總統府的意旨難以解釋，焉有厚外薄內的
道理？惟假使考量選舉在即，這種反常操作、本末倒置的資源配
置邏輯，適足以驗證總統府還是念茲在茲，試圖擎舉身分政治大
旗，透過對於中國關係的凸顯，布置選戰的議程框架，凡此種種，
顯係從中套利奪取文宣聲勢的精算。浪擲資源換取及迷惘選舉修
辭是眞的，說要建構國際發言管道是假的。

九、代結語：正反相生，擴大公共傳媒的挑戰

　　對照之下，不無諷刺意味的是，對於兩岸傳媒關係，從而對

25　《國際金融報》，2003年4月4日，第一版。

於兩岸傳媒最有潛在進步意義的主張，其言辭陳述與行動爭取，同樣在民進黨政權登台以後，得到開展，雖然相關理念與作爲在國府年代，已經播種。

　　早在孫運璿於1980年擔任行政院長時，即已提出的公共電視創建案，總算從1990年開始獨立建台的工作，立法院在1992年入秋開始審議《公視法》草案。當時，美日影視大舉入台之外，另有資本驅力煽動兩岸三地的影視合作，要以國族與歷史情感的緬懷與召喚爲重心。面對雙面夾擊的情境，支持公視理念，但要從政治與財務設計，轉化且擴大國府模式的見解與市民社團遊說活動，相應浮現，歷經5年而有《公視法》在1997年通過，公視於1998年開台，到了1999年晚秋，陳水扁首次競選總統期間，在其國政藍圖的「傳播篇」，如此書寫：「國家政策是要……使台灣的傳播媒體體質健全，不但在全球競爭環境中自保，並且要在發展之餘，更得餘裕對外展開合作互利的媒體交流計畫，這其中，與中國的傳媒交流亦應該積極進行，但須屏除特定政治意圖或不實的商業企圖」；配套總體思考的重要思維之一，在於「增加台視與華視的國有股權成數」。陳當選後，副總統呂秀蓮創置的國家展望文教基金會舉辦「國政願景研討會」，其「媒體資訊組」的總結報告之一，集中在分析中國傳媒經濟變遷的意義，要點有二。一是對於廣告成爲中國傳媒的主要財政來源，評價不高，二則對於中國傳媒產權與不同類型節目製作資源的交叉補貼，有所肯定。關於台灣的回應，該報告推進前述藍圖的內涵，主張公共化「中央政府擁有最大股權的台視與華視」。到了2001年春，新聞局出資完成的〈台視華視公共化可行性評估報告〉，再往前進了一步，表明台、華視產權轉變後，長程的願景是「與公視結合，成爲公集團電視」。

　　從1999至2007年，公益社團多年遊說、監督與呼籲，輿論由冷淡漠然而至略有正反對待，一些反對黨民代由質疑轉爲可觀其成，個別民進黨官員與民代正面回應籌謀，惟更多是虛與尾蛇、敷衍塞責。歷經奮進、挫折、語彙與概念轉換，電視良性的變革契機，總算顯露了身影，雖然它的點滴成績有限且殘缺與不穩定。2006年4月，華視產權公共化，委由公視基金會經營，但台視私有化；2007年1月，公視統籌，除華視外，另納入宏觀衛星電視，以及近年新創設的客家與原住民電視，成立公共廣播電視集團（TBS），總計1年擁有約40億台幣（含廣告、贊助與捐贈）可供運用。

　　但是，相較於公廣經費成百上千億並且已經成軍四、五十年的西歐日韓澳等國，TBS成立太晚規模也太小，TBS的正面積累的績效仍然相當有限，其內部經營管理與法制規範的困境已經日益明顯，無法由TBS自行舒緩。擴張TBS並使其良善運作，從而有助於並提升日後必然更加密切進行的兩岸傳媒交往之內涵，而不是從利潤需求或片面宣導看待彼此，是關注台灣及其傳媒民主化前景的人，無法迴避的巨大課題。

馮建三，政治大學新聞系教授，研究傳播政治經濟學，譯作包括即將出版的《傳媒、市場與民主》（Edwin Baker著）等十餘本，參加媒體改造學社與台灣社會研究季刊社。。

台灣新民主的詛咒？

——金權政治與社會不平等[1]　　張鐵志

一、資本主義與民主的歷史性鬥爭

整整20年前，台灣戒嚴的鐵幕被緩緩揭開，民主的黎明閃耀著。

這20年，台灣也同時經歷了另一場大轉型：舊體制的資本主義模式開始朝向新自由主義——私有化和市場開放——轉型。原來被國家控制的經濟活動和產業高地逐漸開放，加上資本和貿易的日益全球化，私人資本逐漸壯大。

資本主義與民主的歷史性鬥爭在這個島嶼激烈展開。

資本主義和民主是現代性的最主要制度。但對於兩者的關係，思想家們眾聲喧嘩。19世紀的自由主義者擔心，以多數統治為原則的民主，會傷害作為資本主義根基的私有財產；今天的右派則認為兩者相互支持、互為條件[2]。左派則始終主張資本主義

---

1 「詛咒」一詞借自政治哲學家德沃金。他曾撰文指出，金錢是美國民主的詛咒。

2 例如熊彼得說：「現代民主是資本主義發展的產物」（Schumpeter, *Capitalism, Socialism and Democracy*, 296-297）。林布藍則說：「自

與真實的民主(而非形式民主)根本不相容。

的確，資本主義主義與民主有著根本性的矛盾：民主的基本精神是平等主義，資本主義卻必然產生不平等。從人類歷史來看，這兩者實際上是彼此穿透、形塑的。在資本主義國家中，民主體制局限了資本主義中市場或商品化的程度，例如19世紀末以來的工人普選權，在歐洲推動了福利國家和混合經濟。另一方面，資本主義也滲透進民主體制的規範性原則，例如民主體制所賦予的政治公民權原則，在實際上卻是有財富者永遠會對政治有更大的影響力，不論他們是否需要直接取得政治職位。

那麼，在台灣過去20年的政治經濟大轉型中，資本主義與民主的鬥爭鹿死誰手呢？或者，彼此如何改變了對方在台灣的實踐呢？

資本主義對民主的影響是社會科學的古典問題。但我們似乎只有各種關於資本主義發展是否會推動民主轉型的理論，例如現代化理論相信中產階級會推動民主，Rueschmeyer等人指出勞工才是承載民主的主要行為者，O'Donnell則認為資本主義發展在拉丁美洲反而帶來了官僚威權政體。然而，沒有一個理論架構分析資本主義發展如何影響一個新興的民主體制。

要問資本主義對民主的影響，必須反過來探詢民主體制又有多大能力形塑資本主義，因為兩者是互相形塑。本文認為，這兩者的鬥爭主要在兩個場域。

第一是金權政治，這是資本主義侵蝕民主制度的場域。在所

(續)————————————

　由憲政的多元政體和市場的關係並非是歷史的意外。多元政體的建立是為了贏得和保護某些自由：如私有財產、自由企業、自由契約和職業選擇。」(Lindblom, *Politics and Markets*, 162)

有國家，市場都會介入政治，亦即行動者在市場上擁有的資源，
會影響其政治參與的強度，這是所謂「以錢換權」。金權政治的
另一面是，政治權力對市場運作的介入，亦即「以權換錢」。在
這裡，政治權力對市場的介入指的是個人式的、特定的（specific）
的關係，而不是對市場做結構性的改變。

　　資本主義與民主鬥爭的另一個場域，是社會不平等。這要端
視民主影響市場的程度，亦即民主體制透過國家政策影響市場對
資源與財富重分配的程度。民主體制是一人一票，所以中下層階
級應該有意願也有能力透過民主機制推動社會資源的重分配。所
以，如果金權政治觀察的是政客與企業間的「錢權交換」關係，
在社會平等的面向上，則是公共政策對市場的結構性改變。

　　另外，要分析資本主義發展對民主的影響，必須先界定在特
定國家中資本主義發展的特色，才能確定對該國民主的可能影
響。

　　威權時期的台灣資本主義，是一種「發展性國家──黨國資本
主義」的發展模式。1980年代後期開始，台灣一方面進行民主化，
另方面資本主義發展模式轉向新自由主義：人民與市場的力量同
時被釋放出來，展開一場巨大的鬥爭。必須說明的是，本文界定
1990年代以來是新自由主義的經濟改革，主要是指私有化與市場
開放兩個層次。當然這是一種對歷史的簡化。因為一方面，相對
於其他國家，台灣的新自由主義是有限的，例如在1990年代，對
短期資本流動的限制仍然很強，又或政府仍然欲主導新興產業。
另一方面，在市場開放的同時，台灣也建立了若干福利政策──
但這個市場化與福利建構的矛盾，正是本文所欲探索的資本主義
與民主之矛盾的體現。

　　本文將首先界定威權時期的資本主義模式，並分析其如何影

響政治反對運動的動員策略，以及民主化的動力。接著討論1980年代末開始的新自由主義改革，如何改變台灣資本主義的新面貌。第三和第四節分別討論資本主義與民主的兩大鬥爭場域：金權政治和社會平等；最後回到起點，提出1990年代的變遷所造成的階級矛盾之擴大，是否取代省籍分歧。

舊黨國資本主義與民主化的開啟

從經濟奇蹟到「寧靜革命」，台灣似乎成為許多人眼中現代化理論的最佳範本。基本的論證是：經濟繁榮和私人部門的擴大導致多元的社會結構，並創造一批新中產階級，而為民主化提供動力。

但誠如吳乃德(1989)所提醒的：我們不能找出台灣的「現代化現象」後，接著描述台灣的政治變動。如果一個國家真的出現現代化理論預期的變項，那麼應該要問的是：「這些因素在這個國家是否真正發揮了促進民主化的作用？如果是，又是透過怎樣的具體的政治過程，這些現代化的共同因素和這個社會的獨特因素，造成何種獨特的歷史複合體，共同創造了這個國家的民主政治？」(p. 158-159)

的確，要回答一國之內資本主義對民主的影響，必須先檢視台灣的特殊資本主義形構，其如何提供了政治反對運動和市民社會的動員基礎，及反對運動如何和政治菁英互動。

台灣的資本主義發展模式，被稱為發展型國家，即國家透過產業政策、關稅保護、價格扭曲等政策工具，高度介入、引導市場的發展。東亞發展性國家都是採取出口導向的發展策略來進行資本積累，但相對於南韓是以大財閥作為出口主力，台灣則是以

中小企業作為主要出口動力。在制度之外，發展型國家具有成長至上的意識形態，以效率來犧牲平等，所以福利體制殘破，也缺乏進步的社會重分配機制。東亞社會安全支出遠低於拉丁美洲國家，例如在1980年，台灣只有17%的人有某種醫療保險，而南韓只有24%的民眾有。因此，發展性國家成功的秘密是，國家在生產和資本積累之外，幾乎不擔負任何責任。

台灣的資本主義發展，具有一個其他東亞國家沒有的特色：黨國資本主義。戰後國民黨政權接收日本遺留下的資產及動員體制，建立對經濟活動的嚴密管制，並由國營事業、黨營事業高度控制各種經濟資源，以及各產業部門的統治高地，如能源、電力、金融、交通產業等。國民黨進一步策略性地分配黨國資本主義獨占的資源以交換政治支持，例如把全國性的租金分配給政治關係良好的外省資本家和本省家族資本，把區域性寡占經濟則分配給地方派系（朱雲漢，1989）。從1960年代，國家也鼓勵私人資本的發展，但不會讓私人資本在政治及市場上挑戰黨國資本主義的優勢地位。

這樣的資本主義對台灣的民主轉型有什麼影響呢？

首先，雖然台灣的社會福利落後，且勞工權利被嚴重壓制，台灣卻由於各種歷史條件下，能在快速的資本積累過程中，達到其他發展中國家所沒有的相對社會平等，也因此階級矛盾並不明顯（當然不是不存在）。另一方面，台灣卻具有巨大的省籍矛盾——亦即威權體制下政治、經濟和文化資源沿著省籍切割的不平等，於是政治反對運動便以省籍分歧，而非階級分歧，作為主要社會基礎，以本土化作為民主化的主要動力。

台灣資本主義的另一特色——黨國資本主義——也造成同樣的政治後果。黨國資本和大資本構成國民黨經濟統治聯盟的核

心：前者占據大部分的經濟資源，而少數大資本家（不論本省外省）則依賴國家的政策保護和優惠。所以黨外運動自然是以在統治聯盟邊緣的中小企業為社會基礎。另一部分社會基礎是來自工農部門，但是僅限於在國民黨統合主義和地方派系侍從主義的組織之外。進一步來看，這個經濟資源的差異所造成的社會基礎是有著族群意涵的：大部分外省族群的經濟地位是依附在黨國資本主義下，而中小企業及工農是以本省族群為主，這也決定了民進黨社會基礎的族群性[3]。

簡言之，台灣資本主義的特色，包括階級矛盾的黯淡，以及黨國資本主義的支配，使得台灣民主運動的反對論述主要是以族群間不平等為根基的本土化路線[4]。除此之外，黨外運動也以較可以召喚不同族群支持的民主化論述來作為動員策略。然而，隨著民主化工程在1990年代逐漸完成，民主對抗威權的政治分歧退出歷史舞台，就只剩留下認同政治。並且，這個認同政治在新舞

---

3 吳乃德（1997）對族群的經濟基礎的研究指出，外省籍民眾比較集中於中、上階級。但是Cheng（1989）認為，相對於外省族群主要是依附國家，本省族群則握有民間經濟資源，因而台灣的族群分歧並未和階級分歧重疊，這使得族群矛盾不會轉化為更嚴重的衝突。

4 本節和瞿宛文教授（2007）晚近的文章具有類似的關懷：台灣民主運動之所以以省籍路徑為主，和戰後經濟發展模式有著什麼關聯？但瞿文似乎比較忽視黨國資本主義對黨外運動族群性的影響。當然，這可能是因為基本上瞿文認為「官商資本主義」比「黨國資本主義」更適合界定威權時期資本主義。但是，本文認為官商資本主義概念太模糊，且彼時私人資本對於國家和黨資本確實是比較虛弱的。且在官商資本主義下，反對運動應該會採取更反商的經濟民粹主義。但事實上，在民進黨不太一致的意識型態中，我們可以看到民進黨對政黨介入經濟的反對甚於官商結合。這也比較可以解釋民進黨在執政後為何很快與資本家結盟。

台上有了新角色：1990年代台灣主體性的上揚，強化了與中國的對抗關係，是故原來的省籍矛盾更被添加上國家認同矛盾的複雜化。

同時，原來的資本主義發展模式也在1990年代展開了巨大轉型，這個轉型將如何形塑台灣的新民主發展呢？

三、新自由主義大轉型

從1980年代中期開始，既有的「國家主導─黨國控制」的經濟發展模式逐漸受到經濟自由化的挑戰。1985年，國民黨政府邀請產官學界舉行「經濟革新委員會」，提出「自由化、國際化與制度化」作為台灣經濟發展的主軸，並有許多關於解除市場管制和民營化的具體建議，但並未被採納。

真正導致1980年代後半的經濟自由化的動力，主要不是來自民間的私部門，而是國際壓力（Chu, 1994）。首先是國際經濟體制的變遷，導致台灣的貿易和金融體制經歷巨大轉變。例如新保護主義迫使台灣進行台幣升值和貿易自由化，逐漸要求台灣取消更多管制和開放市場，也使得國家官僚的政策工具（信貸分配、利率管制、外匯管制等）逐漸失去效用。其次，科技和資本的全球化使得企業降低對國家提供資源（資金、資訊、技術）的需要，並且增進其風險吸收的能力。海外投資選擇的增加，更強化了資本家的談判力量。

就國內市場開放方面，資本家越來越來開始挑戰以往國家由上而下主導的發展模式和對特定產業的壟斷。如從1986年開始，包括統一、中信要求菸酒開放民營，台塑要求建六輕、民間營造業向榮工處、唐榮、中華工程挑戰，要求公共工程由議價制改為

公開招標，要求加油站開放民營等等。由於一方面美國要求國內市場開放的壓力增大，二方面民主化的力量削減了黨國體制的鎮壓性力量，這些要求更得以強化。

於是，1987年底前已經開放了民營加油站設立，高速公路路權、旅行社、民航業等；1988年又通過《證券交易法》，讓證券商設立改採要件主義；5月決定電信加值與終端設備服務開放民營；1989年開放美國保險公司來台，以及修改銀行法，開放民間設立銀行，為1990年代的新自由主義大轉型，即市場開放與私有化，開啓了先聲。

但1990年郝柏村上台擔任行政院長，推出龐大的六年國建計畫，顯示國民黨的經濟官僚仍依循既有的發展策略，強調公共投資。直到1993年連戰任行政院長後推出的「振興經濟方案」，才更強調將投資的對象放在民間資本家，開始更大規模地推動經濟自由化。1995年更以「亞太營運中心」作為主要經濟戰略，推動台灣的自由化和國際化。

於是，在1990年代，過去高度壟斷的產業逐漸開放或私有化，包括金融、電信、電力、航空、大眾運輸、石化業中游、煉油等部門。1994年通過的《獎勵民間參與交通建設條例》提供了BOT的法源，更開放出利益可觀的大餅。這些鉅額利益重組了台灣的資本地圖，並改變國家與資本、國家與市場的關係。

經濟自由化首先強化了集團化趨勢。依據天下雜誌的統計，從1993年到1999年，台灣前50大集團的總營收占GNP之比例，從35%上升到52%。前10大集團的總營收，占GNP的比例則由18%上升到25%（瞿宛文、洪嘉瑜，2002）。這些大財團明顯是自由化的受益者，因為許多產業的開放都必須依靠雄厚的資本。例如前30大財團包括有線電視的兩大寡占者（力霸、和信），以及行動電

話和固網業的所有參與者(同前：90)。

更進一步來看，原來就在寡占經濟體制享有特權的財團，不論是原來就以服務業爲主的集團(如霖園、新光、富邦、力霸)，或以製造業轉進服務業的企業集團(如遠東、統一、潤泰、太平洋電纜)，相較於高科技業或製造業爲主的集團，都更積極參與特許市場開放：它們在新開放特許市場的參與項目平均是3家以上(瞿宛文、洪嘉瑜，2002)。例如1990年銀行開放設立後，15家新銀行之主導集團的核心產業大都是以國內市場爲主，最多的就是傳統產業，包括華新麗華、太子、遠東、大眾、台南幫、聯邦、力霸等7家。另有3家是地方勢力爲基礎的財團：高雄陳家、高雄王家與長億集團。

這個現象具有重大的政治意涵：因爲原來這些傳統財團在舊體制下就是憑藉著和政治菁英的良好關係而取得特權，因此一旦面臨新市場的開放，這些想要轉型的財團必然會繼續過去依靠關係爲主的模式，在新市場中競爭。除了舊財團的轉型外，新財團也可能在這個新的市場重整機會中，憑藉著良好政治關係，成爲這一波經濟自由化的贏家。最明顯的例證就是威京集團與長億集團(見後文)。經濟自由化並未消弭國家分配資源的能力，反而是提供了另一種國家選擇性分配資源的機會。而誰能夠成爲贏家，往往要看執政者的政治需求。

新自由主義改變了台灣的經濟面貌，但卻未改變政商關係的本質。

四、金權政治：扭曲的市場與民主

在台灣1990年代的新自由主義轉型過程中，並非如許多正統

經濟學者所認為，市場可以清除租金，反而是出現一種特別的金權政治，深深扭曲市場和民主政治的運作。這個金權政治有三個層面。

第一個是民主化讓更多利益團體、資本家和地方派系得以進入政治場域。這是1990年代初，學界與媒體最注意的現象（王振寰，1995；陳東昇，1995；郭承天，1997）。例如，1989年解嚴後的首次立委選舉，有企業背景立委63人，占全體61.76%。國民黨黨籍立委中有48人有企業背景，占國民黨籍立委66.7%（蕭有鎮，1995）。1992年財團候選人的暴增，以及多位大財團老闆的直接競選，更使得民進黨以「反金權」作為競選主軸之一。其結果是117名立委中，78人擔任企業職務或受企業明顯支援，占全體立委66.67%（張鐵志，1999）。1995年的第三屆立委選舉，許多大財團立委如吳東昇、翁大銘、陳建平、吳德美、王世雄、蔡勝邦退選，以至於學者稱之為「資本家棄權現象」（郭承天，1997）。但這些退選現象至多只是證明「統治階級不需直接統治」（Block，1977）。因為這些名聲顯赫（惡名昭彰？）的立委，可能更不利於直接在國會中為己牟利或競選。是故財團透過支持代理人參與政治，以及政客尋求財團資助，或上任後擴張投資事業仍很普遍。到了1998年第四屆立委225人中，92人有財團背景，占全體40%，比例仍相當高。而國民黨立委有財團背景者有61人，占黨籍立委49.6%（《商業週刊》第586、587期）。

金權政治的第二個層面，是國民黨與資本家的**新政商侍從主義**，而這很大部分是經濟自由化的產物。

當國家在自由化壓力下將以往牢牢控制的龐大經濟資源逐步釋放出時，執政黨得以透過再管制的過程，分配恩惠給對其政治支持具有重要意義的團體。畢竟，即使原來的壟斷性產業開

放，仍然是僧多粥少，只有少數企業可以拿到新開放出來的龐大利益，而政商實力往往是新的獲勝者身上最明顯的印記。事實上，不論市場開放或私有化的承接是否是根據政治關係，只要私人資本家普遍認知有這個可能性，而國家又掌握大餅的分配權力，資本家就不得不與執政者維持良好關係。

以1990年代初的銀行開放設立來說，在申請的19家中，最後通過的15家大部分都有強大的政商關係：即若非原本就有良好政商關係的大財團所投資，就是地方派系財團主導投資；而所有有立委投資者也都上榜。相對的，落榜的蘭陽、匯通、富國和五洲等4家則都缺乏有力的政商關係(陳尚懋，1998)。

再以民營化來說，《公營事業移轉民營條例》規定，民營化主要採讓售資產和一次或多次股權出售兩種模式。前者必然落入財團手中，如統一接手台機鋼品廠，東南水泥接手台機船舶廠。而眾所周知，統一集團的負責人高清愿乃是國民黨中常委，而東南水泥的大股東林炳坤則是國民黨籍的澎湖縣立委[5]。股權讓售雖然較可能出現符合社會公平的結果，但在台灣仍展現了利潤的高度集中性。事實上，負責承銷釋出股權的證券商主要都集中在特定幾家政商關係良好者。國民黨的暱友威京集團、曾任國民黨立委及省商業總會理事長張平沼的金鼎證券、地方派系高雄陳家的群益證券都是主要獲利者。而最大贏家，更是黨營事業的大華證券和中華開發。

進一步來看，不論是舊財團或是新崛起的財團，真正的大獲利者都是具有堅強政治動員能力的財團。例如，在舊財團中，力

5　這兩個廠雖然本身並不具高度獲利性，但是其土地皆位於高雄經貿區，故有高度土地利用價值。

霸集團取得固網業務（東森寬頻電信）、銀行（中華銀行）、票券（力華票券）、有線電視（力霸東森）等眾多產業開放的成果。另一方面，力霸集團的負責人王又曾乃是連任多屆的全國商業總會理事長。而商總或工總這些公會，也一向不避諱爲執政黨助選，如辦工商座談會或大型造勢活動直接訴求工商界人士，由三大公會發表聯名信呼籲企業支持國民黨，直接動員所屬各級公會成立後援會等。而動員人數，商總曾評估可達百萬（《工商時報》，1993.11.2）。三大工商總會的諸理事長不只稱職地扮演公會領導者的動員角色，作爲黨的要員，自家財團更是卯足了勁助選。

而在新興集團中，長億和威京集團可以說是這一波自由化中戰果最豐碩的新興企業。本來只是中部建設財團的長億集團，憑藉著良好政商關係而大幅擴充事業版圖。在金融自由化後先大舉進入金融業，成立數家證券公司，並設立泛亞銀行，得以透過信貸強化政商關係。長億並在1990年代中期取得三大開發計畫——這三者全都是自由化的產物：六年國建中十二項建設之一的月眉大型育樂遊樂區；電力工業開放首波11家中的長生電廠；以及中正機場捷運BOT。這些鉅額利益的獲得，雖使其迅速躍升爲下一世紀台灣最受矚目的財團，但是不論機場捷運或是月眉開發案都在競標過程中引起許多爭議。（Chang, 2005a）在長億龐大的經濟利益，及其所引起的爭議背後，乃是堅強的政治實力。楊天生本人是國大主席團主席，其子楊文欣爲連任省議員，並曾違紀選上省議會副議長；其女婿郭政權則爲立委。楊家在台中更是幾乎超越傳統紅、黑兩派的最有力政治力量。楊天生本人和李登輝、宋楚瑜交情深厚；如宋楚瑜省長競選總部即由楊天生提供。楊天生更擔任國民黨投資事業管理委員會的委員。

威京集團是另外一個1990年代靠著強大政商關係在自由化

過程中獲利的財團。它在民營化過程中不僅獲得最多承銷案，更引人爭議的就是透過收購委託書，入主中工、中石化。而如同長億，威京集團也具有堅強的政治關係。負責人沈慶京本人也是國民黨投資事業管理委員會委員，及國民黨中央委員。沈慶京對於助選也是不遺餘力。作爲股市聞人，他歷次大選時都以財力支持黨籍候選人，動員證券商，對投資人喊話。在1994年省市長大選時，他並且聯合楊天生，幫國民黨候選人台北市長候選人黃大洲和省長候選人宋楚瑜在北中南舉辦投資人之夜（張鐵志，1999）。

長億和威京這兩個1990年代憑藉政商關係迅速崛起的代表性財團，最高負責人都是國民黨黨營事業管理會委員，也都和黨營事業有密切合作。如機場捷運和高鐵BOT都是長億和中華開發合作；1998年泛亞銀行面臨財務危機時，也是由黨營事業接管。1999年10月，黨營事業投資管理委員會主委劉泰英更說服11家銀行團，聯貸35億給面臨財務危機的長億集團（《商業週刊》，1999.11.1）。威京的超級開發案「京華城」，則由中華開發主導銀行團聯貸120億元；花束電廠則是中石化和中華開發合作。而他們只是黨營事業所建構的政商網絡的一環。

這是台灣在1990年代金權政治的第三個層面，也是最關鍵的核心，亦即黨國資本主義的重生。經濟自由化不但沒有瓦解原來以壟斷特權爲根基的黨國資本主義，反而讓它在經濟自由化的過程中攫取鉅額利潤，並利用這些新資源和政治優勢結合眾多財團，而成爲國民黨新政商侍從主義的樞紐。

當陳師孟等在1992年出版《解構黨國資本主義》之時，其實正是黨營事業大轉型開始的歷史時刻。例如，他們在書中指出原本黨營事業合作的主要對象乃是公營事業，到1988年徐立德主掌國民黨財委會後，才改以民間大財團爲其最愛，如新光、台塑、

台泥、東帝士、長榮、華隆等。但是，就在該書出版的次年（1993），國民黨從財委會中獨立出一個新單位「國民黨黨營事業管理委員會」（後改名為「投資事業管理委員會」），吸納許多重要資本家為委員，將國民黨和財團的合作關係更制度化。

1990年代開始的經濟自由化，更讓黨營事業得以從國家手中承接各種新資源。以金融自由化來說，原本國民黨在銀行、票券、和證券金融業都是獨占或寡占；金融市場開放後，黨營事業卻比別人更積極擴張。在證券業，到1998年底，七大控股公司持股的券商包括大華證券、復華證券、三陽證券、統一證券、菁英證券、力世證券、永力證券等7家，證金業有長期獨占的復華證金，期貨業有大華期貨，保險業有1993年成立的幸福人壽，銀行業則有高雄中小企銀、華信銀行。1998年本來打算再成立環球商業銀行，而後來在1998年改接收泛亞銀行。中華開發則在1998年改制為台灣第一家工業銀行。在電信事業第二階段行動電話業務的競標過程中，黨營事業投資5家公司，最後中標4家執照。1999年固網業務開放，最後得標的3家中，黨營事業也投資兩家：新世紀資通與東森寬頻。而1990年代中期最引人注目的就是金額龐大的BOT案，包括機場捷運、高速鐵路和台北101金融大樓，黨營事業更是幾乎無役不與，並且黨營事業和其聯盟幾乎都得標（除了高鐵）（Chang, 2005a）。

其結果是，在1992年，黨營事業七大控股公司的稅後盈餘是26.1億元，到1998年時稅後盈餘已達122億元。投資事業更從93年的121家，到97年底達216家，擴張兩倍，再到1998年的282家（梁永煌、田習如，2000）。總資產到1997年底已達1624億。真正驚人的，是這個龐大企業體對市場的巨大影響力。例如，在1995年，光是中央投資與光華投資持有的上市股票，扣除中鋼構特別

股，就共計29家，占全部上市公司1/10（《商業週刊》，1995.8.28）。林其昂與楊嘉林（2001）的研究更指出，台灣經濟體中有一個「主控計畫體」，其主要成員為國民黨黨營事業集團、中華開發、交通銀行與中鋼，次要成員為遠紡、台泥、永豐餘與東雲，這8個企業集團彼此在人事上和組織上高度連結。根據各企業之間的連結（有共同董監事或共同投資）關係之密切程度分類，與「主控計畫體」中主要成員具有連結關係的上市公司達205家，占所有上市公司數目的48%，若加上4個次要成員，則比例為52%，亦即有一半以上的上市公司和主控計畫體有連結。若以十大產業來看，金融業中84%和主控計畫體有連結。

簡言之，黨營事業獲得重生與擴大，並和新興的財團、地方派系合縱連橫，強力攫取社會資源；經濟自由化的過程，不啻上演著一場赤裸的政治經濟資源掠奪戰。這個過程，也讓執政者能憑藉其堅強的政治權力和經濟基礎，去籠絡、控制甚至懲罰財團和派系，從而建立更廣大的政治支持。這是對市場的扭曲，也是對民主政治的破壞。

政黨輪替之後，國民黨政商聯盟逐漸瓦解，長億、東帝士、力霸等倒的倒，逃的逃。2007年是最有象徵性的一年，力霸大老闆王又曾被通緝；中信小老闆辜仲諒被通緝。而這兩個企業集團，正是1990年代兩大企業組織全國工業總會和全國商業總會的頭，且王又曾和辜振甫都在彼時擔任國民黨中常委，因此他們可以說是國民黨統合主義在民主化後仍能持續的最重要代表。

國民黨黨國資本主義的瓦解，不代表台灣金權政治的消失。民進黨時代下，另一種金權政治模式取代了國民黨新黨國資本主義。一方面，民進黨執政者開始與大資本結盟，尤其金融改革重新衝擊了台灣的資本主義結構。另一方面，在政治頂峰之下，許

多權力新貴(不論是總統的親戚或是金管會官員)迅速掉入腐敗的漩渦中。這反映的不只是個人操守的脆弱，更反映了制度上台灣對金權政治從1990年代至今完全缺乏有效的規範。

不論金融改革這個資源巨大重組過程，或是其他各種政商資源交換，此一時期呈現出的是一種比國民黨時期更個人化的政商侍從主義，亦即是以個人而不是以政黨為政商結盟基礎。一個制度上的原因是民進黨不具備雄厚的財務基礎，需要仰賴社會的金援，所以相對比較容易被財團牽制。尤其民進黨本身對內不具有高度組織內聚力，對外也缺乏國民黨的組織穿透力，所以利益交換過程甚至顯得粗糙而混亂。

進一步來看，國民黨因為過去的政治基礎是建立在與社會團體的利益交換上，例如地方派系、社會團體和財團的動員上，所以是以國家經濟資源來換取選票。民進黨則是因為選票基礎是以民族主義動員的認同為主，且缺乏自主的物質基礎，所以更傾向以國家經濟資源換取金錢，而較不是選票。這是台灣兩種不同的金權政治模式。

五、社會不平等：資本主義戰勝民主？

資本主義與民主鬥爭的另一個場域是社會平等。民主體制下人民有機會影響國家政策，來決定國家是否會矯正市場運作結果的不平等資源分配，還是完全讓市場決定這個社會的贏家和輸家。通常，政治學或經濟學理論預期民主化應該會帶來更平等的社會。因為威權時期在政治上被噤聲的弱勢團體在民主化後被解放，原本被壓制的工會也可以開始代表勞工爭取利益，所以政府應該有更多偏重於弱勢的政策。另一方面，由於大部分選民的收

入低於一個國家人民的平均收入（因為金字塔頂端的少數人享有大量財富），所以選民會用選票支持一定程度的財富重分配。20世紀初歐洲福利國家的建立，正是工人獲得普選權的結果。

但是另一方面，資本主義發展可能強化私人資本對國家的談判力量，而政治場域的開放，也讓有錢者更可能以不同方式參與政治，影響公共政策。

在台灣，從1990年代制定的老人年金、老農津貼或是全民健保等政策，似乎的確反映了民主化的平等化邏輯（Wong, 2004）。但是另一方面，貧富差距確實日益擴大。從1993年到2003年10年間，測量平等的吉尼係數從31.32增加到33.85（OECD國家的平均數字是低於台灣的30.6）；而最高所得組可支配所得與最低所得組的差距，也從1993年的5.41增加到2003年的6.05[6]。金字塔頂端5%的所得，與最底端5%的所得相比，這項差距在1998年為32倍，到了2003年增加為51倍。

社會財富重分配的核心機制如稅制改革，也沒有朝向更平等的方向（Chang, 2005b）。個人海外所得、證券及土地交易所得等資本利得都不必繳稅。經建會在前兩年的「推動財政改革」報告也指出，雖然綜合所得稅有效稅率會隨著所得增加而提高，但累進程度並不明顯，因為中、高所得者享受的各項免稅額、扣除額遠高於低所得者。在2005年，全國最高所得的40位富豪中，有8人一毛都不必繳，有15個人只繳納1%的稅率。台灣的租稅負擔率不但低於最自由放任資本主義的美國，也在兩千年後低於同為四小龍的南韓。尤其，賦稅制度作為財富重分配的重要機制，在2004年只改善台灣民眾所得差距的0.14倍，與美、日等國相去甚

6　Asian Development Bank, *Inequality in Asia*. 2007.

遠。如主計處的研究指出，「我國稅收減免項目繁多，整體賦稅
負擔率遠低於國際水平。」

這顯然是民主化許諾的失落。這也當然不只是台灣，過去20
年的全球化和新自由主義在世界各地，不論是已開發國家或是發
展中國家，都造成更多的不平等。但這不代表台灣只能面對這種
不能逆轉的趨勢，畢竟各國的不同制度都對新自由主義的衝擊，
對不平等的消除，扮演不同角色。因此，我們必須分析在台灣是
什麼樣的制度條件使得民主化在與新自由主義的鬥爭中，沒有取
得勝利。

第一是前一節所述金權政治的影響。畢竟當民主化賦予弱勢
團體和工人力量時，同時也開放特殊利益團體和資本家對政治有
更大的影響力，而後者的影響力當然勝過勞工和弱勢者。台灣從
1990年代以來的減稅政治，可以清楚看到這些資本家的影響力，
而工會運動則相對來說是很弱勢的。

第二是台灣特殊的選舉制度。理論上雖然預期中間選民的偏
好會引導政治人物推出比較偏向重分配的政策，但是選民偏好如
何反映到政策，端視不同選舉制度。比例代表制因為重視政黨甚
於候選人個人，所以最能引導政治人物提供公共財。而台灣的特
殊選舉制度，單記不可讓渡投票制，是政黨角色最低的選舉制
度，即使同黨候選人都必須依賴人脈和金脈來競選，所以比較容
易引導侍從主義式的資源分配。

第三、過去唯經濟成長至上的發展主義，不僅形塑經濟官僚
的意識型態，也深深影響民眾態度。所以民眾並不願意為了平等
分配而犧牲經濟成長。這是發展性國家的遺產。

第四、全球化對重分配政策造成局限。過去10年，政治學界
最重要的辯論之一，就是全球化在什麼程度上限制了社會政策。

一派認爲在資本可以任意流動的全球化條件下，國家不能推出進步的福利或稅制政策，否則資本會外移；但另一派則認爲，恰恰是因爲全球化造成新的贏者和輸家，並增加了工作變動的風險，所以國家更有必要提供好的社會安全網。在經驗研究上，不論是對歐美或是對發展中國家的研究，都還沒有一致的結論。但在台灣，這種對全球化莫之能禦趨勢的看法，恰好符合既有的發展主義，所以衍生出許多未經檢驗的迷思，例如唯有低稅賦才能留住投資等等。但事實是，即使在全球化的時代，各國政府還是有用政策介入市場、追求社會平等的不同能力。而各國的差異，往往是由其國內政經制度和社會力量的角力所決定，而非是不可逆轉的。

第五，原來相信民主會促進平等的一個基本假設是，中間選民的偏好會引導政策，但這個前提是選舉只有一個面向的議題；亦即如果選舉只有重分配這個議題，那麼結果可能會的確是中間收入選民會影響稅制政策，進行更大程度的重分配。但這個假設受到許多挑戰。例如，政治經濟學者Roemer（1998）提出，如果選舉中除了經濟議題外還有另一個面向（例如宗教或種族），而且選民通常更關切後者，那麼中下階層選民不一定會支持更重視重分配的政策（或政黨），因爲他們會更依據非經濟議題的立場投票。這正是台灣的情形：認同議題比階級議題更主導了政治競爭，所以無法實現民主對平等的許諾。

六、未完的結論：去政治化的階級矛盾與新民主危機

回到本文的起點，如果過去的資本主義發展模式對台灣民主

化動力最大的影響，是讓認同矛盾主導了台灣政治分歧，那麼1990年代以來的新自由主義轉型，所造成的金權政治與惡化的社會平等，不是應該會出現更大的階級矛盾，並轉化為政治分歧嗎？

　　事實似乎不然。歷史強制在台灣人民身上的幽靈仍然揮之不去：從本土化建立社會基礎的民進黨持續「拼本土」[7]，在威權時期以繁榮來掩飾政治高壓的國民黨一直高喊「拼經濟」。然後，民進黨被迫拼經濟，國民黨被迫拼本土。但是，沒有人要「拼正義」。尤其，如上節所述，選民對於認同問題的重視，更壓制了在社會層次上的階級矛盾轉化為政治上的主導分歧，並誘使政治人物不會以社會平等作為主要政治主張。

　　問題是，如果金權政治和社會不平等不能被有效的解決，人民會開始懷疑新興民主的有效性、甚至正當性。其結果可能是政治的犬儒主義，或是對威權時代的懷念。最新研究指出（Chang, Chu and Park, 2007），台灣民眾對民主的支持是東亞幾個國家（南韓、菲律賓、蒙古、泰國）中最低的，且台灣只有不到一半的民眾認為，民主總是最好的政治制度。另一份研究（Chang and Chu, 2006）也指出，腐敗問題在東亞是最影響民眾對民主信心的議題。在台灣，有58%的人認為，大部分的政治人物都是腐敗的。

　　過去20年，台灣人民辛苦地追尋民主的解放，但得到的是一個貪婪的資本主義、一個被市場力量穿透的政治領域、以及一套

7　當前民進黨的本土化論述並非沒有現實基礎。只是，縱使過去國民黨的族群壓迫和今日中國的主權壓迫都是真實的，但誠如吳叡人所說，「這個憂鬱的島嶼身上烙印著太多歷史傷痕，族群動員於是變成所有政客難以抗拒的誘惑。」（2006.7.26記者會發言）。但誰都知道，這個誘惑並不是政治人物從事公共實踐唯一的選項。

無法有效規範市場帶來的不平等的虛弱民主。既有的認同矛盾，仍然壓制著日益擴大的階級矛盾，不容它轉化為有效的政治力量。於是，人民對民主制度喪失信心，並對社會正義的價值開始感到虛無。這些，乃是台灣民主的最大危機。

參考書目

王振寰，《誰統治台灣？》，巨流出版社，1996。

朱雲漢，〈威權壟斷與寡占經濟〉，收於蕭新煌編《壟斷與剝削》，前衛出版社，1989。

吳乃德，〈搜尋民主化的動力——兼談民主轉型的研究取向〉，《台灣社會研究季刊》第2卷第1期，1989。

吳乃德，〈檳榔和拖鞋、西裝及皮鞋：台灣階級流動的族群差異及原因〉，《台灣社會學研究》第1期，1997。

林其昂與楊嘉林，〈台灣經濟體系中之『官商合一』制度的影響範疇〉，《人文及社會科學集刊》（2001），第13卷第2期，頁135-168。

梁永煌和田習如，《拍賣國民黨》，財訊出版社，2000。

張鐵志，〈資本主義發展與民主化——台灣新政商關係與國民黨政權維繫〉，台大政治學研究所碩士論文，1999。

陳尚懋，〈台灣銀行政策的政治經濟分析〉，國立政治大學政治學系碩士論文，1998。

陳東升，《金權城市》，巨流出版社，1995。

郭承天，〈東亞民主化與經濟發展：政治經濟策略結構理論〉，國科會研究報告，1997。

蕭全政，〈國民主義：台灣地區威權體制的政經轉型〉，《政治科學論叢》（1991）第2期。

瞿宛文及洪嘉瑜，〈自由化與企業集團化的趨勢〉，《台灣社會研究季刊》（2002），第47期。

瞿宛文，〈台灣戰後經濟發展與民主運動〉，《台灣社會研究季刊》（2007），第65期。

Chang, Eric and Yun-han Chu. "Corruption and Trust: Exceptionalism in Asian Democracies?" *Journal of Politics* 68（May 2006）: 259-71.

Chang, Tieh-chih（2005a）, "Coalition through Liberalization: Neo-liberal Reform, the State and Political Coalitions in Taiwan: 1980-2000," Midwest Political Science Association, Chicago, April 8-10, 2005.

Chang, Tieh-chih（2005b）, Book Review of "Healthy Democracies: Welfare Politics in Taiwan and South Korea", *Political Science Quarterly*（Winter 2005）, Vol.120, No.4.

Chang, Yu-tzung, Yun-han Chu, and Chong-Min Park.. "Authoritarian Nostalgia in Asia". *Journal of Democracy*（2007）, Vol.18, No.3.

Chu, Yun-han, "The Realignment of State-Business Relations and Regime Transition in Taiwan." in Andrew Mcyntyre（ed）. *Business and Government in Industrializing Asia*. Cornell University Press, 1994.

Roemer, John, "Why The Poor Do Not Expropriate The Rich: An Old Argument in New Garb". *Journal of Public Economics* 70（1998）: 399-424.

Wong Joseph, *Healthy Democracies: Welfare Politics in Taiwan and South Korea*. Cornell University Press, 2004.

張鐵志，哥倫比亞大學政治學博士候選人，研究資本主義與民主的關係，特別是東亞資本主義的轉型，以及全球化對經濟發展、不平等和民主的影響。著有《反叛的凝視：他們如何改變世界》（印刻，2007），書寫美國當代的政治與文化行動主義。

法治尚稱及格，人權仍須努力：
解嚴後的台灣憲政主義發展

廖元豪

一、前言

　　亞洲各國，特別是東南亞（含中國大陸）往往對解嚴以來的台灣有個印象：台灣的「民主」很充足，「人權」保障也很充分，甚至過頭，但「法治」的表現卻十分不好。這大概是由於台灣民間力量的自由、蓬勃發展，以及同時展現的混亂而造成的印象。

　　然而，我認爲這樣的「印象」大錯特錯。它不僅在事實的認知上有誤，更顯示了許多亞洲國家的一般民眾、政治人物，乃至知識分子，對「法治」及「人權」的理解極有問題。對政府與既有秩序的質疑、挑戰、反抗被當做「無法無天」的失序。「法治」成了與「民主」、「人權」對立的概念。在這種理解下，「法治」成了「秩序」的同義詞，而「人權」也往往等同於無秩序。他們忘了「法治」應該是「人治」的反面。它的原始目的不是在教訓「人民要守法」，而是國家機器自綁手腳的「政府得守法」。而「人權」也是一套法律機制，主要的功能在於保障那些在正常多數統治民主程序中難以出頭的結構性弱者。

　　依此，我的觀察反而是：由於台灣在解嚴後的法律機制──

形式的法律規定、獨立且有效的司法(本文所稱「司法」，除非特別標明，否則同時指「法院」與「檢察」體系)控制——基本上已經對國家機器有著相當的制約作用，降低了恣意濫權的可能性。雖然還有不少缺失，但在「法治」面向可說已達及格標準，與所有新興民主國家相比應該都不遜色！台灣所面臨的法治問題，不是政府赤裸裸的直接暴力，而是更細緻、軟性的各種脫法與硬拗行動。司法、公眾以及形式的法治觀愈來愈難控制賴皮的國家機器。

在「人權」方面，由於多數統治的民主機制早已建立，「多數」或「主流」的人權大致上也無庸擔心。但人權制度真正最核心的關切對象——結構性弱勢群體——卻始終沒有受到台灣社會、政治人物，甚至司法部門足夠的重視。可以說，台灣的人權保障，「錦上添花」有餘，「雪中送炭」不足。真正需要「人權」這個概念與機制來保障的人，卻往往被忽略。

二、大致成形的形式法治

「法治」要求政府行使統治權力時，必須受到法律機制的控制。決策者與執法者，無論它有多高的民意正當性，都不能逾越一些基本的界線。這些控制國家權力的法律機制，往往是民主憲政的ABC，諸如：國家行政必須有法律的依據、司法獨立與有效的司法審查、正當程序、權力分立等。

坦白說，這些「民主憲政ABC」在新興民主國家的實踐程度，都還相當有問題，更別提亞洲許多離近代民主憲政還頗有距離的國家。但台灣在這方面的實踐，倒的確提供了「儒家文化不影響現代法治建立」的一個例子。

1.「法律依據」被高度強調

　　無論中央政府體制為何，民主國家的重要政策必須有法律依據。由立法機關反映各界意見後，經過一定的思辯程序，才能採為政策。這個憲法學稱為「法律保留」(Gesetzesvorbehalt)的概念，在威權時期的台灣，並未受到充分的重視。毫無法律依據的行政命令充斥，顯示只要行政機關打算推行政策，就可以一紙命令行之。雖然《中華民國憲法》第23條明文規定，凡是限制人民權利的措施，必須有「法律」的依據，但行政機關自行訂定的命令，或是法律空白授權行政機關訂定的命令，幾乎沒有受到任何障礙。國家機關可以在沒有任何法律規定的情況下，無限期地拘禁政治犯、強制隔離痲瘋病患、限制役男出國、處罰違反登記規定的工廠……。

　　當然，在威權時期，行政、立法、司法(乃至監察、考試)三權都是國民黨政府一把抓，加上民意代表沒有改選，到底一個政策是由「行政」還是「立法」來決定，其實也沒有太大差別。但這個態勢在國會全面改選，公眾參與的重要性逐漸提高後，當然有所改變。

　　從「法律保留」(要求重要事項必須有法律依據)切入，限制行政的恣意濫權，可以說是台灣的司法部門(包括司法院大法官與普通法院)在促進「法治」上的一大貢獻。雖然在政治版面上，這樣的努力似乎並未受到青睞；但教育行政部門理解「無法律不得行政」，同時迫使立法院就重大事項做出抉擇以負政治責任，其實是非常重要的[1]。

1　參閱廖元豪，〈走自己的路——大法官「法律保留本土化」之路〉，

　　大約從1990年代初期起，司法院大法官開始瞄準行政機關「無法律授權的命令」開火，陸續將政府部門自行訂定的「裁罰規定」（如釋字313, 390, 402, 404）或是其他嚴重限制人民自由的措施（如釋字443）宣告違憲失效。對於以往習慣便宜行事，跳過立法院單方制定政策的行政部門產生極大衝擊。

　　例如，經濟部打算管理全國工廠，不圖提出法律草案送立法院審議，卻自行訂定〈工廠設立登記規則〉，對全國工廠做極為廣泛且重大的管制。大法官釋字390號解釋則將其中有關「停工或勒令歇業」的處罰規定，以其「欠缺法律授權之依據」為由宣告失效。這對經濟部無疑是一記重擊，使其喪失管制工廠的主要武器。但也正是因為此號解釋的衝擊，立法院才會制定〈工廠管理輔導法〉來規範工廠管理事項。

　　又如，在採取徵兵制的國家，對於役男的出入境或許會有一些控制。但1997年以前的台灣，限制役男入出境的措施，卻純依內政部所訂定的一個〈役男出境處理辦法〉來規範，沒有任何法律授權。大法官在釋字443號解釋，也認定其「欠缺法律授權之依據」卻限制遷徙自由，牴觸憲法第23條。行政院與立法院因此才火速提出修法草案，並將原本「未服役役男原則不許出國」的方向修改為「經許可即可出國」。

　　或許受到一些先例的鼓舞，大法官開始把手伸入更多的領域，要求行政必須有法律的依據。有關「全民健保」的釋字524號解釋，可為其中代表。全民健保基本上是一種社會保險或福利政策，與前面所提的「限制人民權利」措施不同。而全民健保又涉及許多複雜的醫療、衛生、經濟等技術問題，甚至某些敏感的

（續）————————————————————————————

　　《台灣本土法學雜誌》（2004），第58期，頁21以下。

政治議題也牽扯其中。因此，許多重要的健保措施——如何種疾病不予給付——其實沒有規定在《全民健康保險法》，而是由衛生署單方訂定的〈全民健康保險醫療辦法〉、〈藥價基準〉、〈醫療費用支付標準〉等行政命令處理。

在釋字524號解釋中，大法官並未以全民健保事項是「社會保險」或「高度技術」而同意將立法權讓渡給行政部門；相反地，大法官指出，全民健保既然是「強制性之社會保險，攸關全體國民之福祉甚鉅」，因此相關的權利義務關係均應以法律規定。就算針對技術事項授權行政機關補充，母法也必須將授權標準規定得具體明確，而不許空白授權。更不許以內規性質的「行政規則」替代有公眾參與程序機制的「法規命令」！

這些發展看來非常技術也極為基本，但它們其實揭示了一個新紀元的到來：行政再也不能關門做重大決策，而必須送到向公眾公開的立法院來處理。公開、透明、說服，會取代單純的方便與技術，成為公共決策程序的標準。在這些案件中，司法並沒有實質干預行政或立法部門的決策，但卻要求行政不能如以往般「片面」決策！這一個「法治」層面的進步，其實對台灣「民主」也有卓著的貢獻！

2. 司法獨立與影響力

司法是否真能獨立於政治操控，似乎一直受到台灣民眾的懷疑。最近一份國際透明組織的資料顯示，台灣民眾有超過60%的比率認為司法有「腐化」的現象[2]。該報告雖然並未具體指陳台灣民眾如此感受的具體原因，但最可能的原因應該就是「立法與

2　Transparency International, Corruption Report 2007, 頁13（2007）.

行政部門的不當干預」了[3]。

許多涉及政治敏感爭議的事件，也往往使得司法部門的公正性遭受懷疑。每當檢察官或法院對這類案件做出裁決，受到不利影響的政治陣營總是不遺餘力地詆毀司法。日前本身涉案的陳水扁總統，公然宣稱「司法人員七、八成政治立場偏藍」，[4]行政院新聞局更公開呼籲司法人員公布黨籍。更進一步強化了這個司法「不獨立」的「印象」。

但從另一方面來看，近年來台灣司法的「政治獨立性」或「不可操控性」，似乎相當地高。這可以從兩個方面看出：

第一、各方政治勢力均訴諸司法作為解決爭議的重要途徑。

第二、司法的決定並未一致地偏頗某政治陣營。

在第一點方面，司法參與了許多重大政治爭議的裁決。連戰可否同時兼任副總統與行政院長的職位？國民大會代表修憲延長自己任期是否合憲？行政院（民進黨）可否不經立法院（泛藍過半）同意片面停建核四？台北市可否拒繳健保費？內政部可否停止台北市（國民黨馬英九為市長）「延選里長」之決定？2004年總統大選（陳水扁當選）是否無效而應重選？真調會、NCC這兩個「獨立於行政院控制」的機關是否違憲？立法院可否拒審總統所提名之監察委員人選？……種種極具政治敏感性的爭議，兩大陣營（藍綠）都走向司法，而最後的裁決者，也都是司法。更別說接近選舉日期，無數的「誹謗」官司就會湧進法院；以及最近雙方互相檢舉對方陣營政治人物的「貪腐」訴訟。如果司法真的如藍

3　上引報告，頁4。

4　吳素柔，〈一審有罪下台？總統：若司法只問藍綠就要考慮〉，《中央社》（2007.8.31）。

綠政治人物，或是藍綠陣營的忠誠追隨者所說的那樣政治偏頗，那又爲何各自走向法院？

況且，對於司法所爲之決定（起訴或不起訴、判決結果、解釋內容）我們也無法看出一致偏藍或偏綠的傾向。在涉及2004年總統大選的兩個訴訟（選舉無效、當選無效），普通法院最終判決維持陳水扁擔任總統的現狀。在台北市與中央有關健保費用的爭執，幾經訴訟，互有勝負之後，最高行政法院終於達成統一見解，判定台北市敗訴。而涉及眞調會與NCC的案例，泛藍雖然對大法官的解釋嚴屬批判，然而大法官釋字585, 613, 以及最新的633，都並沒有全面否定這兩個組織的合法性，而只宣告其中部分條文違憲。這種「半贏半輸」的解釋，其實也很難被詮釋成「偏袒泛綠」！

再看這一年多來有關「貪腐」案件的爭議，兩大陣營也是「輸贏互見」：陳水扁總統夫人被控將國務機要費中飽私囊而被起訴；總統女婿趙建銘因「台開案」一審被判有罪[5]；馬英九被控貪污而一審判決無罪[6]；大法官釋字627號解釋認定陳總統享有相當有限的豁免權與機密特權，國務機要費審判因此可繼續進行，但程序上會受到一些限制[7]；副總統呂秀蓮與民進黨黨主席游錫堃遭起訴，但謝長廷、蘇貞昌則獲不起訴處分……。

可見純政治的解讀，永遠會碰上難以自圓其說的矛盾。當陳

5　台北地方法院95矚重訴1判決（2006.12.27）。

6　台北地方法院96矚重訴1判決（2007.8.14）。

7　許多藍營政治人物臭罵大法官讓總統成爲皇帝，阻礙司法審判；但事實上這號解釋眞正的內容與企圖反而是確認司法優位，國務機要費案基本上可以繼續審判。廖元豪，〈總統特權？司法說了才算！〉，《聯合報》A23版（2007.6.16）。

總統被起訴時，藍營高聲叫好，而綠營大罵該同時辦馬英九、王金平以及前朝的許多政務官。等到馬英九被起訴，換成綠營叫好，而藍營則指摘司法機關遲遲不辦四大天王與司法院院長。待地方法院一審結果判決馬英九無罪，藍綠的批評當然又倒過來。另外有趣的是：每次的起訴或判決結果一公布，不利的一方總罵政治介入司法，而有利的一方則咒罵對方陣營不尊重司法。但整體來說，至少我們看不出任何一個陣營，能夠全然控制司法體系。

相反地，司法——特別是檢察官——我行我素，反而可能是當前的另一問題。就以「特別費」的爭議而言，檢察一體沒能發揮統一法律見解（到底「特別費」是對首長的實質津貼，還是徹頭徹尾的公款？），讓各檢察官採取不同見解，也使每個涉案人只能私心祈禱不要倒楣遇上認定嚴格的檢察官。

我並不是說，台灣的司法獨立全無問題。但在法院體系，終身職的保障，加上司法行政幾乎全無控制、影響個案的權力，政治部門要想直接施壓給法官，其實可說難上加難。而檢察官雖然有檢察一體的控制機制，但遇上敏感政治案件，檢察一體反而無能為力：從檢察總長到各檢察長，都不敢碰檢察官一根汗毛。我們再也看不到如1989年間的蕭天讚關說疑案——法務部長蕭天讚涉及關說醜聞，而逕行下令將案件移轉管轄，使得原先積極偵辦的彭紹瑾檢察官涕然淚下[8]——那樣的「控制」。或許檢察官仍有升遷、調任的壓力，但就個案而言，直接、顯著的干預已經不容易見到。

8　林家琛，〈蕭案越級裁准移轉，地方推檢強烈迴響〉，《聯合報》3版（1989.9.21）；〈移轉偵辦，「合法的不要臉」〉，《聯合報》2版（1989.9.20）。

　　或許也正是因為司法部門的形式獨立已經建立，政治人物開始發現他們會被一群「紅衛兵」搞得七葷八素。因為有身分保障，加上輿論與公意支持，司法官實質上享有獨立空間。他們因此會採用與政客、政黨，甚至一般純以政治看問題的民眾截然不同的邏輯來辦理案件。也正因政治人物難以直接干涉，所以只好大放厥詞，從媒體或其他外部力量來間接施壓。這些「間接」的施壓動作，到底對司法有多少影響力？是正面或是反面影響？其實無人可精確預測。但從外觀上，就是一堆政治人物拼命「想要」干預司法。

　　甚至，換個角度來說，藍綠政治對峙的局面，反而創造了司法獨立的空間。怎麼判都會有一半人不滿，怎麼做都會有一半人稱讚……那就乾脆不用在乎太多純政治的評論。說這是一種「因禍得福」，也未嘗不可。

　　台灣司法今日的問題，恐怕不在於獨立與否，而是在另外一面——「負責」與「品質」！台灣公眾在多年司法不獨立的陰影下，很容易一廂情願地期待一個能「打老虎」的司法體制。殊不知，如果沒有適當的公共控制機制，那麼一大群「獨立」亂咬人的瘋狗，是非常可怕的。以檢察體系而言，如果完全不能監督辦案，那設一個金字塔頂端的檢察總長做什麼呢？「打老虎」絕對不是檢察總長唯一的職務。「監督」與「統合」檢察體系，讓小老百姓不至於成為獵犬與獵人胡亂啃噬的對象，一樣重要。濫行偵查追訴的檢察官，可以在冗長的訴訟過程中，輕易地毀掉一個無辜良民。而怠惰的檢察官，則罔顧大眾生命財產與公益，踐踏法律尊嚴。因此，檢察體系或應「非黨派化」，但絕不可能完全「獨立」，也不應該只靠內部的「檢察自治」。除了司法審查外，「政治」與「行政」的監督控制，是必要的民主負責機制。如果

我們有一套民主、透明、有效，又兼顧專業的控制系統，那麼「夏潔專案」中一大堆只因陳列限制級書刊而被緩起訴處分的租書業者；或是如高捷事件中被剝削的泰勞，在全無直接證據的情況下卻還被起訴，弄得有家歸不得的案例，也許發生機率就低些。

這種「以獨立之名，行恣意之實」的例子，當然不限於檢察體系。普通法院與大法官的決定，雖然不受政治機關或科層官僚的直接控制，但一樣不能免於公眾監督。尤其如前所述，我國的司法早已進入所謂「司法積極主義」（judicial activism）。職司「釋憲」的大法官甚至可以（膽敢）把「修憲條文」宣告失效！這樣的司法，怎能不受公眾監督？民間團體積極推動的《法官法》，期以客觀的評鑑與淘汰機制來監督濫權或怠惰的法官，就是這種努力的一環。

在非正式的公眾壓力方面，我們看到政治爭議案件中，法官的審理過程通常更謹慎，也比其他案件更受媒體關注。判決書與起訴書動輒全文上網傳布。平面媒體對司法決定的評析愈來愈精闢深入。甚至部落格格主、一般民眾其實也都開始漸漸學習閱讀與批判大法官解釋、判決書與起訴書等司法資料。這些現象，迫使一向高傲的司法人員開始以另一種方式學著向公眾負責——把書類寫得讓人看得懂，並且盡可能試著「說服」社會多數。今後這樣的公共監督與評判會越來越多，具有政治影響力的司法機關，得開始一步步負起民主責任。

整體而言，我認為台灣的司法體系，在獨立性與其對政治的影響力而言，均可獨步東亞！而政治人物訴諸司法解決爭議，也印證了司法儼然成為政治爭議的仲裁者之一。司法成為政治的「控制者」而非「被控制對象」，正是法治國家的現象。

3. 正當程序的建立

　　法治的另一個特徵，是要求國家行爲的正當程序（Due Process）。就此而言，解嚴以來，在政治與司法的互動下，台灣的確有長足的進步。政府——主要指行政與司法——濫權的可能性愈發降低。

　　先從大法官解釋說起。或許是法律人本位的動機影響，在「正當程序」，特別是人身自由的程序保障方面，大法官著實貢獻厥偉。大法官多次援引憲法第8條保障人身自由的意旨，做成重要解釋，如：警察不得未經法院事前審查而拘禁人民（釋字251）；不得僅憑秘密證人指認流氓（釋字384）；羈押權由檢察官移至法院（釋字392）；由國防部與軍事部門主導的軍事審判程序違憲（釋字436）；法院不得依據空白授權的法律要件裁定留置流氓（釋字523）；警察臨檢必須依據法律具體規定，且有相當原因與程序保障下方能進行（釋字535）；成立「眞調會」調查總統槍擊事件固有必要，但將各種偵查人權集於一身卻欠缺《刑事訴訟法》約制的制度卻必須失效（釋字585）；在行政強制執行程序中，法院在裁定「管收」之前應給予義務人參與抗辯的機會（釋字588）；監聽人民電信通訊應由法院而非檢察官核定（釋字631）等。這些解釋，在「維護治安」的呼聲中，確保了人民的身體自由起碼能受到中立的法院，依據較爲嚴謹的程序保障。

　　而在行政程序方面，大法官在釋字488號解釋要求財政部「接管」信用合作社前應給予利害關係人表示意見的機會；釋字491號解釋揭示主管長官免職公務員之前，應該履行許多正當程序；釋字513與516號解釋則宣告徵收土地若違反法定程序，則徵收失效。

除了大法官解釋外，1999年通過的《行政程序法》明定任何法規命令在發布生效前，其草案內容必須先行公告以供公眾評論；同時也規定行政機關作成對人民不利處分前，應給予陳述意見的機會。1998年大修的《行政訴訟法》大幅擴張了「民告官」的範圍，並將法院審查行政行為的程序規範得更加嚴謹；2005年底公布的《政府資訊公開法》更揭示了政府資訊「原則公開，例外保密」的原則，並且賦予每一個國民提起「政府公開資訊訴訟」的權利。

正當程序的主要功能在於：藉由上述的司法與立法行動，政府決定所受的程序約制與公眾課責性大幅提高。

4. 小結

如前所述，「法治」的主旨就是「國家權力受到約制」。而台灣解嚴以來，至少在形式法治方面，可說是成果斐然。重要的政策決定都必須有「法律依據」，相對獨立的司法擔任起裁決與控制政治權力的重要任務，正當程序的要求更減少了行政或司法片面獨斷的可能。

雖然這些「進展」與「貢獻」只是憲政主義的基本要件，但在台灣這樣一個民主新興國家，其實踐並不容易。尤其相較起「喚起民眾支持」的「民主」訴求而言，「法治」等於是要政府自縛手腳。對於那些期待「出頭天」的群體或人們而言，未必能接受民主政府在憲法下的動輒得咎。而在威權文化籠罩的亞洲來說，也是難能可貴，值得珍惜的成就。

例如，李登輝與陳水扁兩位民選總統，都對憲法的綁手綁腳感到不耐。前者在黨政軍一把抓的地位下，屢次修憲以破除憲法對他的障礙；資源遠不及李登輝的陳水扁，就只能想盡辦法規避

或詆毀憲法對他的約制，同時藉由法律專家試圖發展「行政自主權」或「總統絕對特權」之類的論述。「核四片面停建」就是最明顯的例子之一：民進黨無法掌握國會多數，也無力說服國會多數，於是異想天開想出「行政片面拒絕執行預算」的招式。但仍被大法官釋字520號解釋譴責為「片面決策」，並要求其須向立法院報告並得其同意。而「總統絕對豁免權與機密特權」的說法，更是荒謬地主張總統與其機要、親人即便在總統離職後，也不受追訴，但同樣遭到大法官(釋字627)否定。弔詭的是，這些政治人物對憲法的鄙夷與厭煩，似乎正顯示了憲法正在發揮約制的作用！

準此，台灣的法治發展，在我看來早已越過「形式法治」的層次。前現代的「法律依據」、「司法獨立」等爭議，不是主要的問題。真正的問題，是在形式的法治原則之外，如何控制政治人物使用更細緻、隱藏式的方式來規避憲法！

三、形式法治背後的黑暗面

在形式上的法治原則建立後，赤裸裸的國家暴力不再被容許。但「生命會找出路」，政治權力一樣不斷地尋找法治的空隙來順遂己意。行政部門努力地發展各種法律上的「另類途徑」來規避憲法、法律與司法的控制。尤其在執政黨發現立法院多數以及司法部門，都不受控制——這不正是法治的核心價值之一？——之後，就亟於跳過國會與司法單方決策。本文暫稱這種規避策略為「法律規避策略」。

另一方面，在全球化與私有化蔚為風潮的今日，「公」與「私」的界線也愈發模糊。傳統上由政府擔綱執行的任務，逐漸以外

包、BOT、解除管制等方式交由私部門或市場機制來履行。然而傳統針對「國家行為」的憲法論述與機制——只約束國家權力，但放任私市場領域——對於因應此種情況，卻無能為力[9]。我稱為「市場規避策略」。

這兩種法治的「規避策略」，正是台灣法治當前的最大問題。

在「法律規避策略」，可以先舉「健保雙漲」以及〈公投實施要點〉為例，看看政府如何（成功地？）玩弄法律概念以達成規避之效果。

「健保雙漲」涉及的是行政院衛生署打算調漲全民健保之「保費」與「門診部分負擔」。在法律上，「費率調整」是個標準的「命令訂定行為」（rulemaking）。因此，依法應適用《行政程序法》的命令訂定程序，將先行公告以提供公眾參與；同時於發布後更應送立法院審查，立法院並有權廢止或變更。

但這個重要的調漲措施，受到立法院的抵制與民意的反彈。於是，行政院方面就從非常形式主義的角度，硬說「費率」不是「命令」，因此只要行政單方決定即可。雖然立法委員跳腳、民意反彈，甚至監察院也做成糾正案[10]譴責行政院「過於形式主義，且有規避立法院審查職權之嫌之違失」，但行政院衛生署仍悍然發布生效。

無論「健保雙漲」在精算上是否必要，但在民主國家中，一個公眾大幅反對，立法機關也不肯放行的政策，居然可由行政部門片面實施，豈不古怪？衛生署硬將這麼重大的政策，詮釋成所

9　Alfred C. Aman, Jr., *Administrative Law and Process*（2d ed., 2006）.

10　監察院糾正文，可於 http://www.cy.gov.tw/AP_Home/Op_Upload/eDoc/糾正案/92/092000088健保糾正案文.doc 瀏覽（2007.10.14最後造訪）。

謂「執行法律之細節性、補充性規定」，與現實全然不符。然而面對衛生署這樣的行為，居然民眾也就乖乖地繳納更高的費用，司法、立法、監察機關都束手無策！

〈公投實施要點〉則是另一個規避監督的例子。《憲法》第136條明文規定「創制、複決兩權之行使，以法律定之」，而行憲多年來立法院遲遲未制定相關法律以實現人民從事公民投票的權利。一向致力推動公投的民進黨，正途應是致力於推動立法，並與立法院多數協商出可接受的法律版本。但執政黨不圖此舉，卻一面譴責立法院「立法怠惰」，另一方面以「公投為天賦人權」為口號，逕行訂定所謂〈公投實施要點〉，作為舉辦「諮詢性公投」的法源。

雖然這個爭議最後因立法院通過《公民投票法》，行政院也宣告暫停執行〈公投實施要點〉而告落幕。但政府硬以「諮詢性公投」之名，規避憲法明文規定的「以法律定之」機制，形同以「行政單方片面決定」取代憲法所要求的「行政與立法院共同決定」。同樣的，司法、立法、監察同樣的，司法、立法、監察以及輿論，都擋不住行政院的獨斷獨行，構成法治國家「權力應受控制」的一大漏洞。

在「市場規避策略」方面，台灣與許多國家一樣，在全球化經濟競爭壓力下，不斷地將各種原本由政府實施的功能交給市場執行。可是，憲法所有的規範，原則上都只控制形式上的「國家行為」。而前述的《行政程序法》、《行政訴訟法》、《政府資訊公開法》，以及正當程序、法律保留等概念，也都與私人無涉。結果，政府樂得將原先承擔著的公任務，透過契約或其他方式交給私人，從而規避許多公共監督與政治責任。

例如，高速公路收費事項，原先由交通部高速公路局自行辦

理時，收費費率與方法，必然都嚴格受到相關行政程序的規範，同時也受立法院的監督。然而一旦委由民間業者經營，相關事項往往就必須以「契約」規範。甚至公眾要求瀏覽契約內容，還會遭到政府機關以「營業機密」為由，光明正大地予以拒絕。而在這類交易中，政府極可能只將對造的民間業者當做利害關係人而進行協商。但一般公眾的權益，則由於「公眾」並非「契約當事人」，往往可能被忽略。著名的ETC案中，台北高等行政法院之所以撤銷交通部高工局的決定，原因之一就是發現在主管機關評分比重中，「用路人權益」居然只占7.5%，故認定其違反「公益原則」[11]。

政府無所不用其極的擴權，乃是自然的傾向。因此，執政者亟於尋找各種規避策略，來逃避法治原則的拘束，也是可意料之事。但台灣的憲法機制——法院、大法官、立法院、監察院，以及公眾，卻似乎還沒有找出有效且一貫的對策來加以因應。尤其司法機關雖然面對「形式違法／違憲」的事件絕不手軟，但對於這類「規避策略」則大多仍保守地局限於形式主義而難以制衡。雖然偶有佳作，如行政法院在審查ETC案時，從公益原則與平等原則的角度，針對主管機關的「決定議約對象」與「議約內容」加以審查——但多半還是束手無策。司法界、法律學界與公眾，有必要發展更加細膩的論述與策略，才能對付政府的規避手段。以免好不容易建構出來的「有限政府」機制，被玩法者給玩弄殆盡。

---

11 台北高等行政法院94訴752判決（2006.2.24）。

四、被民主台灣遺忘的價值——弱勢人權

另一個解嚴後的重要發展——人權——則不如「法治」那麼令人樂觀。至今，「人權」在台灣距離「普世價值」其實還早得很。「人權團體」雖然可能占到一些輿論版面，但無論對政府或是公眾，直接的影響力都還相當有限。真正需要人權保障的人群，卻經常為簡單而廉價的「公益」而遭到忽視，甚至犧牲。

在法律制度方面，總統府雖然樣版似的成立了一個「國家人權諮詢委員會」，但從來沒有聽說它在什麼樣的人權事項上為民喉舌，只聽說人權委員會的主委呂副總統修理樂生療養院住民拒絕搬遷延誤捷運。一個空空洞洞，欠缺執行機制的《人權基本法》草案[12]也遲遲未能送入立法院。人權制度中最核心的《反歧視法》也只有零星的規定，散見在《兩性工作平等法》、《就業服務法》、《精神衛生法》、《身心障礙者保護法》、《人類免疫缺乏病毒傳染防治及感染者權益保障條例》等法律中。

1. 只承認主流多數的「人權立國」

為什麼在一個號稱「人權立國」，憲法又明文保障各種基本權利的國度，弱勢群體——被指控「有越戰餘毒」的新移民女性、[13]被大樓居民要求遷離的愛滋病患與智障兒童、被身兼諮詢人權委員會主委的副總統怒斥「你們賠得起嗎」的漢生病患、遭土石

---

12 該法所設的「人權委員會」只有調查權，沒有任何處罰或強制執行權。
13 林河名，〈廖本煙：應查越娘有無餘毒〉，《聯合報》A3版（2006.4.1）。

流侵襲卻被抨擊「破壞水土元兇」的原住民族山地居民……——
卻依然受到侵害或迫害？我們的「人權法制」出了什麼問題？

身為一個憲法學者與人權運動者，面對近年台灣發生的種種
社會與法律現象，總是充滿著無力與羞恥感。雖然憲法教科書總
不厭其煩地告訴我們，基本人權之目的是要保障社會中的少數、
弱勢、邊陲、異類，免於主流的侵害。但在現實世界中，我們看
到的是：

- 愛滋患者與HIV感染者的「關愛之家」，在法律明文規定
  「禁止歧視患者」的規定下，依然被法院判決遷離社區[14]。
- 漢生病患（舊稱痲瘋病）在被國家非法隔離與社會歧視了
  數十年後，多數依然要面對強制拆遷的命運；甚至還要承
  擔「賠得起嗎」與「耽誤捷運通車」的指控[15]。
- 從中國大陸來台結婚生子多年，取得身分證又考上公務人
  員考試的優秀女子，仍被法律與大法官認定不懂「民主自
  由憲政體制」而不准其擔任基層公務員[16]。
- 特殊性偏好（人獸交、暴力、虐待）的少數群體，依然連「私
  下觀賞出版刊物」之自由也沒有[17]。

以上只是許多例子中的一小部分。它們的共同點，就是「弱

---

14 台北地方法院95重訴542判決（2006.10.11）。

15 身兼國家人權諮詢委員會主委的呂副總統，於2005年1月訪視樂生
    療養院時，對請求保留現址，拒絕搬遷的院民表示：「但是國家要
    賠很多錢，你們願意？賠得起嗎？」。盧禮賓，〈保存樂生院起步
    晚 副總統：遺憾〉，《聯合報》C5版（2005.1.27）。

16 見釋字618號解釋，以及廖元豪，〈試用期的台灣人？——承認次
    等公民的釋字618號解釋〉，《全國律師》，2007年5月號，頁27以
    下。

17 見大法官釋字617號解釋。

勢少數之利益，遭主流多數忽視或鎮壓」。現實上面，當「弱勢」
與「主流」的利益發生衝突，後者總是輕易地獲勝。因此，在「關
愛之家」案中，「社區居民無端的恐懼」可以壓過「愛滋患者之
安居」；「新莊市民急於在特定時間通過特定捷運路線之利益」
也輕易蓋過「被迫害多年且搬遷可能有害健康之漢生病患的需
求」；「社會多數的性道德觀」更可以刑罰制裁「少數性偏好」……
18。

　　憲法教科書總是告訴我們，憲法上的人權規定本來就是在保
障非主流的少數。正因為這些群體是弱勢、邊緣、少數，所以無
法期待普通政治程序來保護；不受政治直接影響的司法釋憲機
關，才是保障他們的最佳場域。然而，我們的大法官真的能夠保
障弱勢嗎？

2. 憲法守護神為忽視少數而背書──解讀相關大法官解釋

（一）概說：保障多數主流為基調，結構性弱勢仍受忽略

　　現實上，憲法人權條款真是維護個人尊嚴，捍衛「先於國家
存在」利益的利器？抑或仍是以社會穩定為優先的微調機制？

　　從大法官解釋來觀察，基本權似乎難以與社會對抗。對於限
制、侵害多數人民的法律措施，大法官可能「勇敢」地將其宣告
違憲。但凡是涉及「國家安全」、「國家主權」、「公共利益」，
而對造又很明顯地是社會非主流少數人群時，我們就較少看到大

---

18 當然，這並不表示多數、主流的人權不會受害。但在一個對人權欠
　　缺警覺性的社會，我們的「多數民意」往往太快地把自主權讓渡給
　　宣稱保護安全的國家機器。遍地的攝影監視器，以及立法院通過授
　　權配槍警察為家戶訪查的法律，都是明證。

法官援引「人性尊嚴」這個至高無上的價值來打擊相關法令。

以我國民主化以來，幾個宣告法令措施違憲的重要解釋來看，大法官解釋的政治社會衝擊固然不小，但直接「受益人」就算不是「全體國民」，至少也是社會中占有相當份量（數量或勢力）的群體。

例如，釋字261號解釋、499號解釋，雖然衝擊極大，也有改變政治結構的效果。但它們的主要貢獻是「還政於（全）民」，讓全體國民的「主權者」地位能夠回復。

而釋字603號解釋宣告《戶籍法》第8條有關強制按捺指紋之規定違憲，也是我國憲政史上值得一書之事。然而，雖然當時民意調查顯示多數民眾支持（或不反對）按捺指紋之規定[19]，而本號解釋也援引人性尊嚴與人格自由而宣告法律違憲；但它畢竟是將一個「限制『全民』隱私權」的規定宣告違憲。其保障的，依然是「全體」或「絕大多數」人的隱私、人格權益，而非「少數人的人性尊嚴（隱私權）對抗社會公益」。

此外，如前所述，大法官以「法律保留」之名，將許多限制人民權利但卻欠缺明確法律授權之命令宣告違憲[20]。但這些解釋固然有保障人權的功效，但實質上仍未做實體決定，而只是將相關議題「交由立法機關」決定。「回歸民主」的意義依然較大。

在促進民主，保護多數人權益以外，前文也提及，大法官對於正當程序，無論是在人身自由、一般的訴訟權，甚至行政程序上，也都成果斐然。但這些解釋並未特別涉及結構性弱勢者的權

---

19 參閱釋字603解釋理由書中，有關行政院之意見部分（八成民眾支持）。

20 參閱廖元豪，〈走自己的路──大法官「法律保留本土化」之路〉，《台灣本土法學雜誌》（2004），第58期，頁21以下。

利或價值，基本上仍然是「保障『每一個人』受到正當程序保障」。反之如果涉及的是「結構性弱勢」[21]或牽涉少數、邊緣、非主流之「異類價值」，則鮮見大法官賦予其「對抗主流多數」的保障。

何謂「結構性弱勢」？我們可以初步這樣定義：基於某種「本質上不可改變」，或在當前政治社會文化經濟科技條件下「難以改變」的特質，而成為少數、弱勢或邊緣的「群體」或「價值」。例如，因為種族、出生地、原始國籍、真誠的宗教信仰、性傾向，而成為少數的群體，都是典型的結構弱勢。除此之外，從社會條件來看，女性、青少年或學生身分，也至少近似結構弱勢的地位。而在主流社會的文化霸權下，被視為洪水猛獸異端邪說的「價值」，而又有著難以藉由「觀念自由市場」改變原因的話[22]，也可能被視為「結構性弱勢」。

在這個定義下，大法官對於結構弱勢「群體」或「價值」的關懷程度，似乎遠遠不及「公共利益」、「國家安全」——無論後者在個案中有多麼抽象。基本權利的「對抗多數」或「至高」性格，幾乎全然不可見。

(二) 宗教自由：主流宗教才受保障？

例如，在涉及耶和華見證人信徒宗教自由與兵役制度衝突的釋字490號解釋中，大法官對於這些因心中真誠信仰而拒服兵役

---

21 John Hart Ely, *Democracy and Distrust*, ch.6（1980）.

22 傳統言論自由所依賴的「觀念自由市場」理論，實際上幾乎不可能讓真正的異端言論出頭；尤有甚者，它往往如經濟市場一般，會鞏固既有的主流優勢言論。See e.g. Stanley Ingber, "The Marketplace of Ideas: a Legitimizing Myth," *Duke Law Journal*, 1984, pp. 1-91; Jack M. Balkin, "Some Realism about Pluralism: Legal Realist Approaches to the First Amendment," *Duke Law Journal*, 1990, pp. 375-430; Owen M. Fiss, *The Irony of Free Speech*（1996）.

的人，可說毫不考慮他們基於信仰而生的行動有多麼珍貴。悍然以「服兵役之義務，並無違反人性尊嚴」一詞帶過，就得出「與《憲法》第7條平等原則及第13條宗教信仰自由之保障，並無牴觸」之結論。為什麼如此誠摯、深層的信仰，以及因此信仰所展現出來的行動，卻與人性尊嚴無關？「兵役義務」對於大多數人而言，或許並不觸及人性尊嚴；但對於基於宗教信仰反戰者——雖然極少數——怎能輕易地說「並無違反人性尊嚴」[23]？

拿釋字490與另一個宗教自由的重要解釋，釋字573相較，更可以看出「主流」或「非主流」在大法官做成解釋時的重要影響。釋字573以宗教平等為名，將《監督寺廟條例》第8條與第2條第1項宣告違憲。但細觀釋字573，受其保障的「受益人」乃是「佛、道等部分宗教」；而這在我國的宗教人士組合上，絕對是大宗。

亦即，比較釋字490與573兩號解釋。同屬宗教自由與宗教平等的案例，除了結果外，有兩個大大不同之處：

首先，從涉案的「釋憲聲請人」（也就是潛在的「受保障對象」）來看，前者是人數極少的「耶和華見證人」信徒，後者則是信眾極多的「佛道」寺廟。其次，從相抗衡的政府利益（公益）來看，前者是涉及防衛國家安全的「兵役制度」；後者則只是單純的、技術上（可有可無的）行政管制。

於是，耶和華見證人這群「少數」碰上了「國家安全」的大帽子，就沒有「人性尊嚴」；相對的，擁有眾多信徒的佛道寺廟，就可能對抗政府一般行政管制措施。同是宗教自由，同樣保障人

---

23 關於本解釋的批評，參閱黃昭元，〈信上帝者下地獄？——從司法院釋字第490號解釋，論宗教自由與兵役義務的衝突〉，《台灣本土法學雜誌》（2000），8期，頁30以下。

性尊嚴，「主流」(國家安全、佛道宗教)或「非主流」(耶和華見證人)在憲法上的評價差異，昭然若揭！

(三)言論自由：異類與弱勢言論仍被忽視

再看宣《告刑》法235條猥褻出版品罪合憲的釋字617號解釋。在該號解釋中，大法官首先承認立法者可以「為維持男女生活中之性道德感情與社會風化」，而以刑法「維護社會多數共通之性價值秩序」。同時，大法官卻又不無矛盾地表示仍應「對少數性文化族群依其性道德感情與對社會風化之認知而形諸為性言論表現或性資訊流通者，予以保障。」一個普通讀者閱讀到此，必然會產生一個疑問：社會多數可以刑法執行「多數性價值」，那麼要如何「尊重少數性價值」？一旦能夠容忍「少數性價值」，那以刑法保障「多數性價值」之意義為何？兩者孰先孰後？

繼續往下看，就明顯地看出輕重了：大法官對於某些「妨害風化」(社會多數性道德價值)的猥褻出版物，願意在有「採取適當之安全隔絕措施」的前提下予以容忍；但對「含有暴力、性虐待或人獸性交等而無藝術性、醫學性或教育性價值之猥褻資訊」，則不論有無隔絕，一律禁絕！

也就是說，只要是內容有「暴力」、「性虐待」或「人獸交」的猥褻文字、圖畫、動畫，無論有無分級包裝，也不管它是真人演出、電腦動畫畫出，或只是用文字闡釋，都在絕對處罰之列！對於喜好「暴力」、「性虐待」或「人獸交」的表意人(speaker)與收訊者(recipient)，他們的「少數性價值」是「多數」人所無法容忍的——即使他們用「隔絕措施」來相濡以沫，完全沒直接礙著「別人」！為什麼？除了「它們太異類」以外，可還找得出其他藉口？主流的「人性尊嚴」或「比例原則」，可曾對這些「異類」(人或價值)提供什麼保護？

　　另外看看釋字445與509。前者雖然宣告《集會遊行法》部分條文違憲，但在審查「許可制是否合憲」時，並未考量「許可」是否對欠缺資源且傾向反體制的社運或草根組織造成過重負擔[24]，更沒有看到《集會遊行法》明顯偏頗「非挑戰體制」之「婚喪喜慶」或「藝文體育學術」等活動，也屬於一種「內容歧視」。結果就是肯認警察機關可以在「維持秩序」的大帽子下任意鎮壓無力買電視廣告，又沒有政商關係的基層異議者。「街頭寧靜」、「警察控制」的公益，明顯大於「街頭批判」的人權。

　　而釋字509雖然讓公共批評多了一點空間，但依然維繫以「刑罰」制裁的手段。同時與美國相似的案件比較，大法官並沒有強調「人民批評政府」的重點，而使得何謂「相當理由確信其為真實」的要件，依然可能偏向保障大人物免於批評，而未必有利於「民罵官」的民主精神。

(四)外人無人權：主權高於人權

　　釋字618與其他有關「外人」的解釋，是更明顯的例子。在釋字618，原籍大陸地區之「在台灣地區設有戶籍之中華民國國民」，依然不能從事任何公職，只因她「從前」是「大陸地區人民」──因原籍大陸，所以即使取得戶籍，擁有投票權，能夠考上國考，都還被視為(無法舉證反駁的假設)「對自由民主憲政體制認識不足」，且「尚未融入台灣社會」，更「無法讓人民信賴」！

　　而同樣的嚴苛限制，並未出現在來自其他地區的歸化者或新移民身上[25]。這種「出生地歧視」，明顯針對少數「來自大陸」

---

24 廖元豪，〈把街頭還給基層異議者：重省集會自由與集會遊行法〉，《台灣本土法學雜誌》(2006)，85期，頁1-4。

25 《國籍法》第10條限制外國人歸化後10年內，不得擔任某些高層政治性公職，但其他公職則無限制。

的歸化公民，從本質上歧視。他們可以用行動證明多麼想要融入台灣社會，但卻無法選擇「原籍」。而對於這種被《種族歧視公約》視同為種族歧視的出生地歧視，大法官卻認為本案因為涉及兩岸關係[26]，「如非具有明顯之重大瑕疵，職司法律違憲審查之釋憲機關即宜予以尊重。」也就是說，種族歧視又怎樣，涉及兩岸關係，就有最寬鬆的審查基準！人性尊嚴，對抗多數云乎哉？

然而，即使是涉及兩岸關係，其實大法官也未必採取這麼寬鬆的標準——問題還是在「誰是權利主體」？比較一下釋字242，同樣涉及兩岸關係，大法官卻對明顯違反一夫一妻制度的「在台後婚」予以保障，同時也形同否定「大陸元配」之法定權利[27]。在此，大法官可沒有像在釋字618一樣「尊重立法者」，反而以「適用上違憲」（as-applied unconstitutional）的方式將舊《民法》第992條挖空一塊！對於奉公守法，戮力爭取公民資格與服公職權的「原籍大陸台灣人」，大法官全盤否定其具有平等公民權的可能；但對違反《民法》規定重婚（當然或也情有可原）的台灣人，則削去一塊法律也要保障後婚。這到底是真正基於保障人權，還是只是因為後者已屬既成事實，如果依法執行「茲事體大」，所以只好以《憲法》22條之名將《民法》打個折扣？是否因為受到《兩岸關係條例》第21條限制的「原籍大陸台灣人」，在數量上其實極少，所以「可犧牲」？而因兩岸相聚遙遙無期而造成的「非法後婚」在台灣數量極高，且已開枝散葉，一發不可收拾，所以只好找個台階維持現狀？

---

26 其實嚴格來說，已經設籍在台灣地區，就已經不是「兩岸」關係。

27 陳新民，〈釋憲權、人權保障與分權原則——兼及司法院大法官會議釋字第242號解釋的檢討〉，收於《憲法基本權利之基本理論》（上）（2002）第5版，頁13以下。

其實，除了釋字618外，凡是涉及「外人」(外國人、大陸人民、歸化未久之國民、在台無戶籍之國民)的案子，大法官從未重視當事人的「人性尊嚴」。釋字558雖然承認「國民為國家成員」，但「無戶籍國民」則不在此限。釋字560認定外國人的勞保給付只是社會福利措施的一種，當然可以受到限制。釋字497則對各種限制大陸人民入出境與家庭團聚權之法規，採取幾近全然放手的審查。由此可知，一旦遇上了「主權」、「國族」，憲法理論中具有超越性質的「基本權利」理論往往很難發生作用。「人權」低於「主權」，似乎是理論上與實務上的基調。

(五)學生人權

大法官在突破「特別權力關係」上，有相當的成就。尤其在公務員的訴訟權上，自釋字187起，一步步地打破原本「無基本權利」、「不得提起訴訟」以及「不適用法律保留」的窠臼。

然而，對於另一個長期受「特別權力關係」壓榨的群體——學生——大法官卻似乎不願意給予他們與公務員或教師相同地位。在釋字382，大法官雖然承認學生權利受侵害，得提起行政爭訟，但僅限於「退學或類似處分」。記過、申誡，甚或其他的學校不利措施(留級、留校察看……)均無法救濟。

相比起公務員，除了「免職」以外，「有重大影響之懲戒處分」(釋字298)、「福利互助金」爭議(釋字312)、擬任「官等」審查不過(釋字323)均可提起爭訟。而同樣在學校，大專教師「升等」未過，也可以提起行政救濟(釋字462)。然而同為特別權力關係多年來苦主的「學生」，卻依然只有到了「退學」才能「用盡校內申訴」管道之後，提起訴願與行政訴訟。為什麼？公務員官等與教師升等，確實涉及收入與升遷，但學生懲戒也會直接影

響其地位（三大過累積可以退學）與將來之求學與社會地位[28]。爲何公務員與教師的「地位」、「經濟利益」如此重要，學生的名譽與前途就被看輕？

五、結論

綜合來說，台灣在解嚴後的民主憲政發展上，「多數統治」或「主流民意」大致上是實現了。而約制國家權力的「法治」雖然未必深入一般公眾人心，也絕非政客所喜愛的價值；但在憲法的規範加上司法的戮力執行下，也達到了一定的成就。法律保留、司法獨立與司法審查、正當程序，都浸假成爲國家機器運作的重要原則。因此導出的公眾參與與司法控制，也遠非威權時期所能比擬。

台灣的人民與司法還需要加油的，是對付政治權力「規避策略」的方法，以及實現弱勢人權的決心跟做法。如果沒能在這兩方面繼續努力，「多數民主」與「形式法治」的成就很快就會被侵蝕。因爲，政客可以找到新的方法來規避所有的控制；而忽視弱勢人權的人民，有一天也將會成爲另一種被壓迫的弱者！

廖元豪，政治大學法學院助理教授。著有多篇有關人權理論與實務的法學探討。研究領域包括移民與移工人權、批判法學研究、全球化與法律。

---

28 美國法院就是基於懲戒紀錄可能影響學生未來的發展，因此認定懲戒（未至退學）構成對「自由」（liberty）的侵害。Goss v. Lopez, 419 U.S. 565（1975）.

思想筆談：
自由主義的處境與未來（上）

2007年6月12日，浙江大學外國哲學研究所以「中文語境下公共哲學研究的回顧和前瞻」爲題，邀請中國大陸、台灣以及香港多位學術工作者假杭州舉行座談會，探討兩岸三地有關政治哲學研究的經驗與前景。會中部分學者以自由主義的處境爲關懷焦點，引發了熱烈而豐富的討論。會後，華東師大許紀霖與台灣大學江宜樺兩位教授倡議，將有關自由主義的9篇討論稿修訂後在《思想》以「筆談」形式發表，或可助益進一步的思考討論。感謝9位作者的協助配合，爰有本次筆談盛舉。

　　由於9篇文章篇幅較長，本刊將這次的筆談分爲(上)(下)，在兩期刊登，請讀者留意。

《思想》編輯委員會　敬誌

自由主義的處境與未來

江宜樺

　　近年來與思想界的朋友聊天時，經常聽到自由主義如何凋敝不振、如何銷聲匿跡的說法。感覺上許多被視為自由派的知識分子，都擔憂自由主義逐漸喪失引領風潮的能量；而許多非自由派的知識分子，則對自由主義的邊緣化額手稱慶。終究自由主義為何會陷入此一困境？它能否在反思之後重新出發？這是本文試圖探索的兩個問題。

　　海峽兩岸的自由主義目前都處於某種尷尬的處境中，但具體情況不同。在台灣方面，自由主義曾經主導過政治社會改革的方向，以「回歸憲政」、「保障人權」、「民主參與」、「制衡政府」、「社會公義」等大纛，成功地建立了民主改革運動的正當性。所謂「自由中國」（以雷震、殷海光、夏道平為代表）的論述傳統，並不因為《自由中國》停刊而斷絕，反而在1970年代到80年代的民主化運動中，持續擴大其政治及道德影響力。但是從1990年代中期以後，自由主義的聲音就轉趨薄弱。2000年政黨輪替之後，自由主義除了在校園中還有人討論之外，在廣義的知識界與文化界幾乎銷聲匿跡。

　　自由主義思想在台灣的興衰起伏，是由幾個不同的因素造成，無法以單一原因解釋。首先，從正面的意義來講，自由主義

的聲勢之所以不如往昔，主要是由於早期自由主義所追求的理想已逐一落實。自由主義曾猛烈抨擊戒嚴體制，而蔣經國在1987年解除戒嚴；自由主義曾誓死爭取反對黨的成立，而民主進步黨在1986年突破法令的禁忌率先成立，並於2000年擊敗國民黨取得政權；自由主義曾疾聲呼籲國會全面改選，而立法院終於在1992年徹底改選，國民大會則於2005年走入歷史。人民所痛恨的警備總部、《違警罰法》、《出版法》，也分別在1992、1991、1999年裁撤或廢止，使言論出版自由及集會結社自由得以落實。除了政治變革之外，在經濟自由化、司法改革、教育鬆綁等等面向，自由派人士所主張的政策方略，也多多少少付諸實踐。因此，如果說自由主義的理想由於獲得某種程度的實現，從而減少了抗爭與鼓吹的必要，應該不是太離譜的講法。

但是，台灣的自由主義當然不是因為「任務已了」而「壽終正寢」。從思潮爭衡的角度來看，自由主義在1990年代其實遭遇到不少異質思想的攻擊，其中又以後現代主義、女性主義、後殖民主義，以及社群主義最為猛烈。自由主義未能有力反駁這些思想流派的攻訐，也是造成它在知識文化界相對邊緣化的重要原因。簡單地講，後現代主義者批評自由主義以理性的代言人自居，壓抑了各種非主流、非理性的弱小聲音，因此他們號召追隨者顛覆主流規範，質疑一切既有建制的正當性。女性主義者批評自由主義預設了公、私領域的二分，對發生在私領域的剝削與支配視而不見，因此她們主張所有與個人有關的問題（如身體、性慾、家務勞動、生育教養等）都應該成為政治議題。後殖民主義者批評自由主義是歐美文化霸權的化身，憑藉著軍事、政治、經濟、媒體的強大影響力，使本地文化陷於自卑自賤、逢迎諂媚的困境而不自知，因此他們試圖戳穿自由主義的外貌，解放被殖民

者的心靈。至於社群主義者，則集中聲討自由主義的原子化個人主義、只講權利不講義務的自利風氣，以及過度崇尚寬容所帶來的道德敗壞。他們希望重建個人與所屬社會的脈絡關係，並強調德性在人格形成過程中的重要性。

這些思想流派對自由主義的攻擊，基本上都在西方學術界先上演一遍，再由台灣的知識分子轉介至國內。以台灣學界各有所好的情況而論，宣揚自由主義的人其實並不少於攻擊自由主義的人；尤其信仰羅爾斯、德沃金、哈伯瑪斯學說的自由派知識分子，其人數更屬可觀。然而潮流畢竟是潮流，1980年代成長的年輕人對於「顛覆」、「解放」、「打破中心支配」這一套話語基本上比較有好感，因此後現代主義、女性主義、後殖民主義輕易就取代了自由主義，成為校園有志青年的集體信仰。而在另一方面，受到華人社會文化影響較深的年輕人，則會覺得社群主義所描繪的人際關係，聽起來是比自由主義的個人主義學說更為真切。他們通常不會全盤否定自由主義的價值，但都覺得自由主義缺少歷史與文化的深度，必須濟之以某種程度的社群主義。令人訝異的是：當自由主義遭受來自四面八方的攻擊時，自由派知識分子似乎仍然鍾情於研究西方自由主義哲學家的深奧論證，對發生在一般文化界（以及社運界）的思想爭辯相對漠視，這應該也是1990年代以後自由主義思想喪失動能的另外一個原因。

第三，自由主義思想的趨於沈寂，不光是歷史發展與思想論述的問題，其實還涉及實踐者的行為效應。早期台灣的自由主義能夠贏得眾多知識分子及社會運動者的傾心，是因為有雷震、殷海光、傅正等這類「以身殉道」的典範人物。即便到了1980年代中期，若干有所堅持的學界人士（如張忠棟、胡佛、葉啟政等等），仍然能夠因為持續批評當道而維持自由主義或自由派的尊嚴。然

而自1990年代末期，尤其在2000年政權更迭之後，台灣自由主義知識分子批評執政當局的傳統起了微妙的變化。許多原本與反對運動（黨外及後來的民進黨）情誼深厚的自由派人士，紛紛進入政府擔任政務官；而留在民間社會者，或者由於國家認同的立場所致，或者由於呵護新政權的心情所致，對執政者的態度由監督批判轉爲同情辯解。從2000年開始，在許多政府明顯施政錯誤或貪污腐化的事情上，自由派人士並沒有用跟過去同樣的標準批判政府，反而採取柔和勸告或代爲解釋的立場。其等而下之者，更成爲政府推動政策或動員群眾時的所謂「民間團體代表」。如此一來，台灣自由主義的道德形象急速破滅，根本無法讓社會大眾產生敬意。時至今日，某些原本代表自由主義的論政團體，已經淪爲執政黨動員選民的工具，而不再具有任何學術或道德的指標作用。

　　以上所述乃目前台灣自由主義的處境，至於中國大陸自由主義的發展，又是另一番景象。基本上，中國大陸的自由主義運動肇始於1978年改革開放之後。由於「改革開放」基調的確立，知識分子得以主張市場經濟及政治改革。然而，1989年天安門廣場的衝突與鎮壓，使自由主義的推進節奏爲之改變。從經濟發展的角度來看，自由市場的擴展絲毫不受天安門事件的影響；但是在政治發展方面，一個欠缺民主改革的官僚體制越來越趨腐化。中國人民的平均所得固然大幅提升，但是城鄉差距及分配不均的現象也令人觸目驚心。1990年代末期以後，「新左」的影響力急劇上揚，思想界陷入了「自由主義vs.新左派」的抗爭。大陸的「新左」與歐美學術界所說的「新左」相去甚遠，既非法蘭克福學派的批判理論，也非左派民主的群眾運動，而是國家主義、保守主義、社會主義的奇特通稱。「新左」諸流派的共同點是對自由主

義的不滿與批判——有的批評自由體制削弱了國家掌握社會資
源的能力，有的批評西化思潮破壞了傳統文化的價值系統，有的
則批評資本主義造成了貧富差距不斷拉大的後果。近幾年來，自
由主義除了應付新左的批評，又面臨了另外兩股洶湧勢力的挑
戰，亦即「國學熱」及「施特勞斯學派」。國學論者認爲中國社
會的問題終究必須藉由重啓中國古老智慧加以解決；而施特勞斯
學派則認爲自由主義只看到西方現代性的優點，卻完全不懂西方
古典哲學的精髓，更不知道現代性蘊涵著種種嚴重的缺失。自由
主義在新左、國學、施特勞斯學派的三方夾擊之下，已經不再享
有1980年代的主導優勢。如果以學界分裂對立的態勢看來，它甚
至也不再是年輕學子心目中的顯學。

　　中國大陸自由主義的困境，同樣不是單一因素所能解釋。首
先，自由主義過去二十幾年來支持市場經濟及開放政策，雖然有
助於中國社會總體經濟的成長，但是改革開放所造成的貧富極度
不均，以及隱藏其中的階級對立氣氛，也是自由主義不能否認的
問題。中國大陸的自由主義起於共產社會幻滅之際，因此從一開
始就極力頌揚放任自由經濟，以及市場經濟所預設的憲政框架與
法治秩序。不幸的是，中國政府並沒有打算引進憲政主義與法治
觀念，這使得放任經濟的發展幾乎必然與寡占、剝削與貪腐脫離
不了關係。凡是以不法手段在開放過程中獲得好處的人，都不願
意受到憲政法治的約束；凡是在放任經濟中遭遇不公待遇的人，
則痛恨自由主義對私有財產及市場運作的盲目肯定。無論從那一
個面向看，自由主義似乎應證了「爲富不仁」的說法，從而遭致
越來越多的批評。近幾年來，大陸自由主義陣營開始有人呼籲建
立古典自由主義的道德論述，也開始有人嘗試將放任自由主義轉
向羅爾斯式具有社會正義色彩的左翼自由主義。這些努力本質上

並不衝突，也有助於自由主義形象的改善，但是在轉型完成之前，自由主義大概還是會處於道德辯論上的劣勢。

其次，中國大陸的自由主義經常被視爲西方文明侵入中國的代表，而隨著「中國崛起、中美對抗」格局的形成，自由主義很容易就會被指責爲西方文化霸權的象徵，這也使得自由主義在中國民族主義情緒高漲的時刻，處境格外艱難。事實上，中美關係在1989年天安門事件之後就日益緊張。1996年台灣總統大選前美國航空母艦部署台灣海峽、1999年北約盟軍誤炸中國駐南斯拉夫大使館、2001年中美軍機在空中相撞、911事件之後美國在中亞加強戰略布局。這些事件都引起中國民族主義者對美國的強烈抗議，也連帶製造了各方勢力指責自由主義親美作風的機會。中國的自由主義者在這種困難局面中，自然必須小心翼翼地說明美國帝國主義作風並不等於西方現代性的價值，甚至還必須試圖點出中國民族主義盲目激情之所在。無奈的是，將自由主義與美國霸權畫上等號比較容易，而說服民眾相信自由主義代表憲政人權則比較困難。因此，只要中美兩強對峙的格局不變，大陸的自由主義者就難以擺脫「爲西方耳目」的污名。這是自由主義處境尷尬的第二個原因。

第三，在晚近的思想爭論中，中國國學派與施特勞斯學派不約而同攻擊自由主義，說自由主義只重視膚淺、生硬的制度框架，而完全沒有提供人生應有的理想與價值。國學派之所以有此指責，主要與儒家文化強調「修齊治平」的理想有關，由於他們覺得美國式的自由社會缺乏深刻的價值信念，因此不希望中國人也步上道德虛無的後塵。施特勞斯學派的立足點不是中國古典文獻，而是古代希臘哲學，但是順著「古代與現代之爭」的理路，他們同樣認爲啓蒙以降的自由主義蘊涵著種種現代性的危機，必

待重新發掘古人智慧加以矯治。中國自由主義在面對中西兩種古典主義(或保守主義)的攻擊時，表現出兩種不同的策略，一種是強調多元社會無法產生道德共識，所以才需要「政治自由主義」以最低限度的公民德性作爲共同基礎；另一種策略是調整自由主義的道德承載度，強調古典自由主義(包含蘇格蘭啓蒙運動式的自由主義，以及19世紀彌爾式的自由主義)其實都不乏人生價值的論述，可以補足當代政治自由主義在德性理論上的不足。當然，無論採取那一種策略，自由主義的道德「濃度」仍然不可能比國學派或施特勞斯學派更高，因此對於任何失望於自由社會道德水平的讀者來講，自由主義的處方並不能令人滿足。他們或者期待傳統儒學發展出一套足以與民主體制抗衡的完整論述，或者冀望柏拉圖哲學與基督教神學可以成爲理想社會的思想基礎。這兩種說法，基本上都是政治自由主義者所無法接受的「整全性學說」，因此道德問題的爭議仍屬方興未艾。

如同前文所言，海峽兩岸的自由主義各有其困境，而不同的困境成因也需要不同的處理對策。本文限於篇幅，不適合逐一討論各種對策的優劣利弊。但是，針對此次筆談的題目——政治自由主義與倫理自由主義，筆者願意提供一些初淺的看法。

主張維護政治自由主義的人，基本上並不認爲羅爾斯及德沃金的論證有任何重大問題，因爲現代社會的確存在價值多元主義的事實，如果「和平共存」或「社會合作」要有任何意義，則各種價值體系都必須各退一步，以平等的自由、公平的機會、理性的表達、寬容的精神等作爲社會共享的價值基礎。他們也認爲，在這些看來卑之無甚高論的公民價值中，其實蘊涵了相當重要的文明成就，不可以「欠缺理想」或「價值虛無」逕予否定。相反地，如果我們不滿足於此種最低限度的德性，而一定要將某些人

堅信的較高理想（如儒家的聖王或柏拉圖的哲君）變成政治社會的共同標竿，則各種強制、壓迫、灌輸、洗腦等非民主的手段必然復活，然而我們憑什麼斷定「一個好吃懶做的人生，就必然不如自強不息的人生」？他們也會問：除了要求所有成員都遵守某些起碼的公民義務之外，難道我們不應該把「如何實現理想人生」的問題歸入私人領域，讓每個自由公民以他認為合宜的方式加以追求？

我想，這兩個問題具體而微地觸及當前爭議的核心，很可以說明反對自由主義的人為何會對自由主義感到反感，而支持自由主義的人為何不能了解自己的主張何以引起那麼大的反感。基本上，自由主義以公民意識與法律框架維持最低限度道德共識的做法，是一個十分務實的做法。儘管最低限度的道德共識界限何在永遠沒有定論，但是瞭解和平共存必須預設多元尊重與寬容，乃是避免專制社會的首要條件。不過，自由主義在堅持公共領域必須維持基本道德之餘，卻對「人生理想」採取中立處理的態度，注定會導致私領域價值標準的普遍下降。自由主義假定每個人都會替自己的人生負責，國家只要確保人人平等享有基本自由，則每個人都可以利用自由去實現其人生理想。然而，實際上並不是每個人都會以負責的態度看待自己的人生，也不是每個人都會好好利用自由。其中善用自由的人，可以讓人生過得富有意義，甚至完成眾人敬佩的事蹟；但是不知善用自由的人，則往往虛耗生命，而最後又自怨自艾。政治自由主義輕易以「尊重個人選擇」為由，放棄鼓勵人們探索生命意義的責任，還誤以為這就是國家中立應有的作為，其結果只會看到越來越多（私領域）自我操持退化的現象，而不可能有逆轉提升的契機。這並不是說，自由主義應該以公共權力推動某種特定的人生理想，像湯姆斯·摩爾的「烏

托邦」或何梅尼的伊斯蘭教權國，而只是說它不應該對私領域的
價值選擇，抱持不聞不問、放任發展的立場。一個政府有沒有利
用公權力規定人民日行一善是一回事，而有沒有提醒人民自私自
利的壞處則是另一回事。政治自由主義約束政府不要犯下前一種
錯誤，卻也讓政府不敢從事後一種行為。如果批評自由主義的人
有什麼不滿，這大概就是不滿的關鍵所在。自由之外，應有德性，
否則社會的素質無法提升。當代自由主義者認為自由就是德性，
因此只能成就半個社會。

　　我們好奇的是：中國的自由主義為什麼會對這個問題渾然不
覺──彷彿只要說明自己引用的理論是西方主流的政治自由主
義，就可以回答一切質疑？筆者的猜想是：中國的自由主義並沒
有認真思考過自由主義在地化的問題。自由主義其實是西方近代
歷史的產物，具有相當特定的文化性格。無論是政教分離、分立
制衡、法律主治、程序正義等等，都有其背後的故事與原由。自
由主義在西方奠定基礎之後，開始對其他地區發揮影響──無論
是以「強迫推銷」或以「歡迎效法」的方式。就中國及台灣的情
況來講，這個普及化的發展並不是壞事，因為公民的權利意識提
升了、社會的整體資源也增加了。不過，普及化涉及不同文化接
觸、調適的過程，不能當成一個「抽象理論擴大應用範圍」的簡
單過程。在這個過程中，舊有文化必須重新整理，以成為新文化
的基礎與助力。否則就會使調適過程充滿摩擦與挫折。相對地，
被引介的文化也必須尊重既有文化的結構性因素，設法從中找出
各種接榫的可能，否則普及的過程就容易變成一個霸權赤裸入侵
的過程。此一工作無可避免涉及概念的提煉、鎔鑄、與創造發明，
如果新興的語彙能夠精準傳遞訊息，又能讓語言使用者感到熟悉
親切，則接榫過程將會比較順利。反之，則會製造許多猜忌與抗

拒。

從這個角度反省，自由主義傳入中國的過程並不是一個理想的過程。因為在短暫的時間裡，大量生硬的詞彙被直接翻譯過來，而解釋這些詞彙的文字，也經常如同天書般難以閱讀，或艱澀得如同嚼臘。舉例而言，primary good至今仍無恰當的翻譯，justice as fairness也常常被解釋得不知所云。當人們由於外來語的專業性而感到疏離時，掉弄更多的書袋並無助於解決任何問題。人們會自然而然地回歸傳統語言，因為在傳統語言中，他們才有熟悉感、才有溫暖、才有生命。許多時候，古典主義（或保守主義）之所以吸引人，並不是因為過去的制度或理想真的讓人相信可以落實，而是因為其使用的詞彙及文字讓人有歸鄉的感覺。憲政民主的對手不可能是禪讓或井田，而是無法讓憲政民主在地化的生硬語言。

那麼，問題是在選擇「政治自由主義」或「倫理自由主義」嗎？還是在選擇白居易或黑格爾的語言？

江宜樺，台灣大學政治學系教授。主要研究領域為西方政治思想史、當代政治思潮、自由主義、民主政治、國家認同等。著有《自由主義、民族主義與國家認同》、《自由民主的理路》，編有《政治社群》、《現代性與中國社會文化》、《華人世界的現代國家結構》、《公共領域新探》等書。目前的研究興趣為中西政治思想會通的基礎。

政治自由主義，還是整全性自由主義？

--思考當代中國知識和文化領導權

許紀霖

　　西方的自由主義政治哲學，在上世紀末發生了從整全性自由主義向政治自由主義的理論轉向。密爾、康德以來的西方自由主義傳統，都是整全性的，有一套關於從個人倫理到社會政治的完整學說，這套整全性學說成爲自由主義制度和法律的價值基礎。不過，自1970年代以後，文化多元主義在西方強勁崛起，各種不同的宗教、道德和哲學學說與自由主義爭奪文化領導權，以羅爾斯爲代表的自由主義主流傳統，爲了擴大正義原則的公共文化基礎，不再將自由主義建立在特殊的一己學說之上，而是從各種異質的宗教、哲學和道德學說之中尋求「交疊共識」，從而從整全性的自由主義退爲政治自由主義。西方自由主義政治哲學的這一轉向，有著其回應文化多元主義挑戰的特殊背景。可是中國的自由主義，是否有必要緊隨西方，從整全性自由主義變爲政治自由主義？

　　我的回答是否定的。中國的自由主義與西方不同，其面臨的主要問題，不是如何「統戰」富有生命力的基督教、天主教、伊斯蘭教、佛教、儒教乃至各種多元文化，在正義問題上達成「重疊共識」；它所面對的是一個日趨價值虛無和文化眞空的社會，需要自由主義拿出一個從倫理到政治的整全性敘述，爲轉型中的

中國社會公共文化和法律制度提供核心價值，奠定社會倫理與政治的一般基礎，並為人生的意義(個人美德)問題指出一個規範性的方向。這一要求並非苛刻；事實上，從密爾到康德的整全性古典自由主義傳統；在這方面有非常豐富的思想資源。如何重新回到古典自由主義，獲得從德性到知識、從倫理到政治的文化領導權，乃是當代中國自由主義面臨的重要使命。

一、物欲主義的彌漫與自由主義的缺席

當代中國所出現的，是伯爾曼所說的「整體性危機」。所謂「整體性危機」，乃是指從個人到民族都迷茫於生存的意義何在，應該向何處去？人們對制度和法律產生嚴重的不信任，宗教信仰喪失殆盡，整個文化面臨徹底崩潰的可能[1]。雖然經濟的高速發展使中國成長為一個世界性經濟大國，發達地區的居民物質生活也實現了小康。然而，如民間所流傳的那樣，「形勢大好，人心大壞」，物質生活的空前繁榮與秩序的不穩定、精神的虛空同時並存。晚清以來，當傳統的宇宙─社會─心靈秩序崩潰以後，中國一直處於政治秩序危機和心靈秩序危機之中。雖然在毛澤東時代(1949-1976)這兩種危機得到了暫時的克服，但到1980年代以後，政治秩序和心靈秩序的危機再次延續。自改革開放以來，以個人和市場為軸心，社會不斷地發生分化，如今的中國已經基本脫離了毛澤東時代的集體主義，逐步演化為一個個人主義的社會。

1　參見伯爾曼(Harold Berman)，《法律與宗教》，梁治平譯(北京：三聯書店，1991)，頁35。

　　不過，這一個人主義的社會，並非洛克式的自由主義社會，而是霍布斯意義上的「唯我式的個人主義」社會。在這一社會中，人人充滿無窮的物質欲望，謀取的是個人利益的最大化。但個人與個人之間，是相互斷裂的，有市民而沒有市民社會，有法律而沒有法治。原子化的個人無法在民主和法治的基礎上重新整合，只能依靠威權主義的強勢政府，維持社會的基本秩序。只要政府的統治稍稍弱化，就會蛻變為一個弱肉強食、異常殘酷的叢林世界。在制度性秩序缺失的背後，是公共文化和核心價值的匱乏，社會對善惡是非這些最基本的問題，普遍持有實用主義和相對主義的曖昧態度，乃至於價值上的虛無主義。法律形同虛設，並不被人們所信仰，社會秩序只是靠著趨利避害的理性計算得以維持。

　　在這個社會中，政治也被私欲深刻地腐化了，成為各種私人利益爭相追逐壟斷性資源、權力尋租的場所。在堂而皇之的「公共利益」之下，都能找到或明或暗的私欲衝動。政治失去了其公共性，成為了私性的政治。霍布斯式的個人主義社會，沒有宗教，也不需要道德，但它需要一種為國家和大眾所共同尊奉的新意識型態。這便是**市民政治學**。市民政治學將政治看做是對私人欲望的滿足和交易，其核心精神不是政治的，即古希臘時代的民主和公民參與，而是經濟的，即國家的強盛以及民眾物質生活的富裕。一個強勢的國家威權，正是市民政治學得以實踐的首要因素。正如丹尼爾‧貝爾所說：「19世紀的意識型態是普世性的、人道主義的，並且是由知識分子來倡導的。亞洲和非洲的大眾意識型態則是地區性的、工具主義的，並且是由政治領袖創造出來的。舊意識型態的驅動力是為了達到社會平等和最廣泛意義上的

自由，新意識型態的驅動力則是為了發展經濟和民族強盛。」[2]

市民政治學同時也需要一套市民的人生價值觀作為其日常生活的意識型態基礎，這就是如今在中國普遍瀰漫的物欲主義享樂觀和人生觀。物欲主義的出現，從歷史過程來看是對毛澤東禁欲主義的反彈，是1980年代以來對人的自然欲望解放的結果，另一方面，也與現代資本主義的生產方式密切相關。經濟的快速增長，不僅取決於生產能力的擴張和科學技術水準的提升，更重要的是欲望的不斷的生產和再生產。這便需要改變對人性、快樂和道德的理解。物欲主義所理解的個人，乃是一種麥克弗森所指出的那種「占有性的個人主義」[3]。按照霍布斯和洛克的預設，所謂個人就是自己稟賦和財產的占有者和消費者，他不是德性的主體，而是個人欲望的主體。丹尼爾‧貝爾指出：「資產階級社會與眾不同的特徵是，它所要滿足的不是需要，而是欲求。欲求超過了生理本能，進入心理層次，它因而是無限的要求。」[4]當對人性的自我理解發生變化以後，享樂主義的道德觀也隨之出現了。「在過去，滿足違禁的欲望令人產生負罪感。在今天，如果未能得到快樂，就會降低人們的自尊心。」[5]

物欲主義的快樂觀和道德觀在中國的出現，不但沒有化解晚清以來的社會心靈危機，反而加劇了危機本身。物欲主義是霍布

2　丹尼爾‧貝爾，《意識型態的終結》，張國清譯（江蘇：江蘇人民出版社，2001），頁463。

3　麥克弗森，《占有性個人主義的政治理論：從霍布斯到洛克》（*The Political Theory of Possessive Individualism: Hobbes to Locke*, Oxford University Press, 1962）。

4　丹尼爾‧貝爾，《資本主義文化矛盾》，趙一凡等譯（北京：三聯書店，1989），頁68。

5　同上書，頁119。

斯式個人主義社會的大眾意識型態，也是威權主義所以統治的正當性基礎。當代的威權主義政治是去政治的（對民主的消解）、去公共的（私性政治），也是去道德的。法律背後沒有倫理精神，統治的正當性不再依賴普世的公共價值，而只是建立在對人之欲望的不斷滿足的市民政治學基礎之上。無論是大眾的物欲主義，還是國家主流意識型態的發展主義和民本政治，都將人視爲動物性的自我，所謂的「自由」被限定在私人領域的個人致富的自由，所謂的「人權」也被化約爲物欲性的生存權或自我保存權。黑格爾將人性理解爲欲望、理性和自尊。大眾的物欲主義和國家的發展主義剝奪了人在道德和精神層面的自尊和被承認的尊嚴，只爲自利性的市民留下了欲望和理性，而這個理性只是有效實現個人欲望的工具理性而已，不含任何價值性取向。

政治上的犬儒主義、人生觀上的物欲主義和道德上的虛無主義，這是當今中國精神狀況的現實。這些內在關聯的精神現象，加劇了精神層面的心靈危機。雖然許多人相信快樂就是生活的目的，就是最大的善，但是物質的占有永遠比不上欲望的膨脹，即使擁有了也不一定意味著幸福。人性中除了有向下沉淪的動物性之外，同時也潛伏著向上提升的神性。物質的富有與精神的虛空在業已小康的中國人身上同時發生。公共領域的無所作爲，使得人們愈加重視自己的內心世界，尋求安身立命的庇護所在。然而，過去曾經是那樣豐富的古典德性資源如今都被掏空了；中國人有了選擇自己信仰的自由，卻失去了選擇的能力；得到了自由，卻失去了靈魂。在價值相對主義和虛無主義的包圍之下，人們普遍地感覺精神的迷惘和無所適從，善與惡、是與非、正義與不公的界線變得模糊不定。在一個去政治化的個人主義世俗社會中，關於什麼是美好的人生、如何才能實現內心的安寧和幸福這

些有關個人心靈的問題，甚至比自由民主、法治這些公共政治問題，對於許多人來說更爲直接，更具有某種當下的緊迫感。沿海與內地、城市與鄉村的差別之大，使得當代中國人的訴求也開始分化。當底層的民眾依然在爭取基本的生存權利、受教育權利和社會保障的時候，已經初步實現了小康的城市中產階級、白領階層和知識分子，卻更多地憂慮於個人如何安身立命，在競爭激烈、動盪不安的社會中尋找精神的家園。

當代中國的自由主義，雖然對政治秩序的重建擁有從自由市場經濟到民主憲政法治的一整套方案，然而對於如何解決心靈秩序的危機基本是缺席的。相反地，現代自由主義中影響比較大的權利自由主義和功利自由主義兩大流派，一來到中國，都發生了某種變異和走形，社會大眾做了實用性的選擇性吸收：對於權利自由主義，是只要權利，不講責任；對於功利自由主義，突出的是個人利益的最大化，而忽視多數人的公共利益。特別是中國的經濟自由主義者們，將人性宣傳爲藉由工具理性實現個人利益最大化的經濟人，在社會中產生了很大影響。所謂的經濟人假設，如今已經成爲相當普遍的自我意識，成爲「唯我式的個人主義」自我辯護的常見理由。經濟人的假設是反道德、非精神和無靈魂的，它的流行加劇了當代中國的心靈秩序危機。而政治自由主義所關心的，只是公共領域的正義問題，而將什麼是美好的人生，放逐到私人領域，留給個人自由選擇，在倫理道德領域表現出的是一種理論蒼白、無所作爲的消極姿態。

一方面是人們的心靈危機日趨嚴重，另一方面是自由主義的難堪缺席，就在這一現實的背景之下，**古典主義**悄然登場了。所謂古典主義，乃是指西方古希臘哲學和中國先秦經典在當代中國的復興。古典主義所針對的問題，正是如今日趨嚴重的心靈秩序

危機問題。其針對現代性過程中所出現的工具理性和物欲主義，在自由主義無從解答的德性倫理領域，藉助豐富的中外古典智慧，提出了多種人生意義的解決之道。古典主義在自由主義棄權的領域，發動了一連串的攻勢。從「列奧・施特勞斯熱」、知識界回歸各種中外經典，到社會上的「國學熱」、「讀經熱」，乃至于丹的「心靈雞湯」。近兩年來，古典主義浪潮以突如其來的大紅大紫席捲全國，吸引了一大批年輕的學院精英和白領精英，其勢頭之盛，大有壓倒自由主義和後學之趨勢。

如果說1990年代自由主義的主要論敵是新左派的話，那麼如今古典主義便成為了自由主義的主要對手。除了社會正義問題之外，如何反思現代性的缺失面，回應物欲主義的挑戰，提出人生的意義和方向，如今成為各家各派爭奪知識和文化領導權的焦點所在。

二、為什麼中國需要整全性自由主義

在這樣嚴峻的現實背景之下，當代中國的自由主義是否還有必要像西方那樣，退回到政治自由主義呢？

從自由主義的發展歷史來看，早期古典的自由主義都是整全性的。其關於自由的基本理念，最早脫胎於基督教。伯爾曼指出：「自由之民主主義乃是西方歷史上頭一個偉大的世俗的宗教——是與傳統基督教相分離，同時又吸收了傳統基督教的神聖觀念和它一些主要價值的第一個思想體系。」[6]早期古典自由主義學說背後，有一套以自然法為核心的宇宙觀和歷史觀，發展到

6　伯爾曼，《法律與宗教》，頁86。

康德的自由主義，又建立了更爲豐富複雜的道德形而上學系統。古典的自由主義，不僅是政治哲學，也是倫理哲學，有著對宇宙、人性和社會的獨特闡釋和論述，因而充滿了人性和道德的力量。

19世紀以後，當超越的自然法和道德形而上學逐漸解魅之後，自由主義自身開始世俗化，出現了功利主義。最大多數人的最大善，不僅是政治的原則，也是倫理的原則。就在功利主義的時代，自由主義逐漸在西方占據主流意識型態，獲得了國家的建制化。到了當代，作爲國家基本建制的自由主義面臨著來自不同宗教、文化和思潮的挑戰，作爲制度平臺的自由主義，如何包容這些相互衝突的教義，如何將這些多元的文化、異質的人群組合成「我們」——同一個政治共同體——成爲首要的問題。於是自由主義往後撤了一步，它不再堅持特定的善觀念，只是在正當這一問題上要求各家各派形成交疊共識。自由主義作爲一個國家建制的公共平臺，在善的問題上嚴守中立，以保護各種合理的宗教、文化和哲學自然競爭、多元並存和理性對話。

通過上述自由主義發展史的簡單回顧，我們會發現，事實上存在著兩種自由主義，一種是「在野的」自由主義，即作爲眾多學說之一的整全性自由主義，它並沒有獲得國家建制化的特權，也並非公共文化的制度性平臺。它以其道德、理性的魅力吸引眾人，以競爭性方式爭取知識和文化的領導權。另外一種是「在朝的」自由主義，即已經國家建制化了的自由主義，爲保持在信仰問題上的國家中立，自由主義必須放棄整全性，在各種多元宗教、文化的對話和共識中獲得自己的公共文化基礎。「在朝的」自由主義主要是作爲一種政治哲學的政治自由主義，雖然也有其規範倫理的價值預設，但不涉及到個人人生價值的德性倫理。而「在野的」整全性自由主義，不僅有自己的政治哲學，也有獨特

的倫理哲學；不僅有指導人們如何共同相處的規範倫理，也有告訴人們如何獲得生活意義的德性倫理。顯然，這兩種自由主義各自的功能是不同的。「在朝的」自由主義作為國家建制，規定了一個民主憲政國家的規範性原則和公共理性，也是各家各派重疊共識的價值底線，這也是「正當優先於善」的內涵所在。而「在野的」自由主義則是競爭性的，只是現代社會價值諸神中的一神。整全性自由主義有自己對正當和善的實質性理解，通過與其他各種宗教、哲學和道德教義的對話，爭奪知識和文化的領導權。在民主憲政國家的公共文化之中，它只是一個部分，而不是全部。

回到中國的現實，顯然中國的自由主義遠未建制化，那還是一個相對遙遠的理想。自由主義在中國依然是一種「在野的」理論及相應的實踐運動，至今仍然與各種其他的意識型態如古典主義、激進左翼、國家主義、民粹主義乃至物欲主義等等，在學院與媒體這些公共領域中爭奪知識和文化的領導權。中國的問題是全方位的，既有社會經濟領域的發展與公平的問題，也有政治領域的人權、法治、民主與憲政的問題，同時也有文化精神領域的核心價值、公共倫理和個人德性問題。所有這些問題，對於一個志在爭奪知識和文化領導權的意識型態來說，不能沒有自己全方位的回應，在任何一個領域缺席，都意味著競爭中的局部失敗。因而，中國的自由主義不能不是整全性的，不能沒有一套從經濟到政治、從公共倫理到個人德性的整全性話語。

在中國自由主義者內部，流傳著一種看法，認為中國目前主要的問題是缺乏民主，只要民主制度建立起來了，一切包括文化的、道德的問題都可以迎刃而解。這樣的看法至少是不瞭解中國的歷史。在近代中國，民主制度不是沒有出現過；在民國初年，

議會民主、多黨制統統有過，但因爲缺乏與制度相應的公共文化，缺乏與民主相適應的公民素質，結果民主政治流變爲私性政治，在共和的體制下行使專制政治之實。制度的建立一天就可以實現，但相應的公共文化培育，卻需要三代人的積累。從長遠的大視野觀察中國未來，問題的嚴峻性與其說在政治，在制度的滯後，不如說在文化，在核心價值和公共文化的匱乏。

那麼，面對當代中國心靈秩序的危機和古典主義的強勁崛起，中國的自由主義將何以應對，將面臨著什麼樣的現實挑戰和理論問題？正如前述，中國心靈秩序危機的表徵主要體現在核心價值和公共文化的匱乏、物欲主義的氾濫以及「唯我式的個人」缺乏選擇能力與公共責任感。這些表象背後所反映的，是需要自由主義在學理上予以回應的三個重要理論問題：第一，政治秩序的正當性基礎何在？僅僅取決於民主程序下的公共文化和交疊共識，還是要有特定的價值作爲其倫理基礎？第二，究竟如何理解人之所以爲人，人生的價值和意義究竟何在？第三，公民的自由選擇意味著人的自主性，然而公民的選擇能力從何而來？與人的德性有何內在的聯繫？

自由主義有足夠的理論能力回應這些問題嗎？如果有的話，其思想資源何在？

三、倫理自由主義的思想資源

在近代古典的自由主義思想傳統之中，政治與倫理是不可分的，無論是洛克、邊沁，還是約翰‧密爾、康德，不僅有自己的政治哲學，也有自己的倫理哲學，倫理哲學是政治哲學的基礎。而在當代的自由主義哲學之中，政治哲學與倫理哲學有日趨分離

的趨勢。不僅西方是這樣，在中國更是如此。在當代中國，從洛克到哈耶克的自由至上主義，對於建立自由市場經濟、強化公民的權利意識和建立法治，產生過非常廣泛的影響。而以羅爾斯為代表的尋求自由與平等兩者之平衡的自由平等主義，對於解決中國發展中的社會公平問題，也提供了重要的思想資源。不過，這兩種在中國有著重大影響的自由主義，對於解決當代中國的心靈秩序危機，由於不在其問題意識之內，基本沒有助益。我們必須在自由主義內部另闢資源，尋求倫理自由主義，以恢復整全性自由主義的古典傳統。

在近代古典整全性的自由主義思想傳統中，有著非常豐富的倫理和德性資源，其中最值得我們重視的，是密爾和康德這兩個傳統。作為現代倫理學中目的論和義務論兩大流派的代表人物，密爾和康德不僅在規範倫理、而且在德性倫理方面，都給我們留下了富有啓發的思想遺產。

當代中國核心價值和公共文化的匱乏，是一種規範倫理的危機。中國的自由主義者們致力於社會政治秩序的重建固然不錯，不過，在社會普遍瀰漫價值相對主義和虛無主義的背景下，即使民主憲政制度建立起來了，也需要有相應的公共文化予以支持。一種缺乏核心價值、缺乏公民普遍信仰的制度，是不穩定的，也是不能長久的。規範倫理處裡的，是擁有不同價值和利益的異質人群如何共同相處的問題。康德也好，密爾也好，都將人的自由與尊嚴放在最重要的地位。只有賦予每個人以平等的尊重，保障他們平等的權利，這樣的社會才是正義的。民主制度不僅是一套決策的程序，更重要的是法律背後所體現的倫理價值，符合我們內心的道德感和正義感。制度背後的價值正當性何在，其倫理基礎何在，需要我們從倫理自由主義的層面進行細緻的論證，提供

一套令人信服的理由。在這方面，無論是康德，還是密爾，都有非常厚實的理論資源。

　　規範倫理回應的是何為「正當」（right）的社會公共倫理問題，而德性倫理針對的是何為「好」（good）的個體人生價值問題。自由主義的政治哲學如今將「正當」與「好」分離，僅僅討論何為社會的公共正義，將人生的價值何在留待個人自由選擇，而且預設了「正當」優先於「好」的基本立場。不過，在古典自由主義傳統中，「正當」與「好」雖然已經區隔，但並非截然二分。他們不僅回答社會的正義秩序如何安排，而且對「好」的人生價值也有所規範。康德和密爾儘管都認為最好的人生是個人自由選擇的結果，但在他們看起來，不同的人生目標並非在價值上同等，沒有客觀的標準去衡量它們；相反地，人生價值有高低之分，其衡量的尺度就是對人之所以為人的人性本身的理解。在康德的哲學之中，人是一個道德的存在，因而他具有意志的自主性；人可以選擇自己的生活目標，但這樣的選擇必須是道德的、符合人的尊嚴，以人為目的，而不是物化的、非人的。密爾雖然繼承了邊沁的功利主義傳統，將追求最大的快樂作為人生合理的目標，但密爾的快樂主義與時下世俗社會的感官快樂主義完全不同。他修正了邊沁的「針戲與詩歌同樣美好」的量化快樂原則，認為人生的快樂和幸福有質的差別。作為一個人，「尊嚴代表了他們幸福中最根本的一部分」，快樂不等同於感官欲望的滿足，幸福是更高層次的精神享受，「寧可做一個不滿足的人，也不做一頭滿足的豬，寧願成為不滿足的蘇格拉底，也不願成為一個滿足的白癡」。[7]

7　約翰·密爾，《功利主義》，葉建新譯（北京：九州出版社，2007），

　　如今，我們重新閱讀康德、密爾這些古典自由主義思想家的
作品，內心所獲得的道德崇高感和精神振奮感，要遠遠大於讀羅
爾斯、哈耶克那些充滿理性和邏輯的著作。對於當代中國人日益
枯竭的靈魂來說，密爾的意義要高於羅爾斯。古典自由主義的思
想傳統不像當代自由主義思潮那樣壁壘分明，分化愈來愈細密。
他們是整全的，也是混沌的，除了自由主義之外，還包羅了社群
主義、共和主義等多種成分，比如密爾就是如此[8]。他所說的幸
福，並非是行為者自身的幸福，而是與行為有關的所有人的幸
福。密爾認為，「人類發展的內在要求絕不是讓人成為自私自利
之徒，只專注於可憐的自我存在而對其他一切麻木不仁；而是在
於某種更高的追求，即充分體現人何以為人的實質。」「功利主
義唯有普遍地培養人民的高尚情操，方能實現其最終目標，哪怕
每個個體只能通過他人的高尚而受益，哪怕自身的幸福在澤被眾
人的過程中受到嚴重的削弱。」[9] 這些話按照現在的說法，已經
很像一個社群主義者的口吻了。而在《代議制政府》一書中，密
爾並不認為政府應該價值中立，一再強調政府有責任培養公民的
公共德性，改造人心，培養他們的政治參與能力。這些觀點又與
當代的公民共和主義有眾多共鳴之處。

　　康德和密爾這樣的古典自由主義者，對人性的複雜性的認識

（續）
　　　頁25。

8　參見張福建，〈社群、功效於民主：約翰・彌勒政治思想的另一個
　　側面〉，載陳秀容、江宜樺主編，《政治社群》（台北：中央研究
　　院中山人文社會科學研究所，1997），頁103-124；江宜樺，〈約翰・
　　密爾論自由、功效於民主政治〉，載江宜樺，《自由民主的理路》
　　（台北：聯經出版公司，2001），頁139-168。
9　密爾，《功利主義》，頁41、35、29。

是非常深刻和睿智的。人性中有利己的原始一面，也有利他的道德衝動。他既是一個像霍布斯、洛克所描繪的追求個人利益最大化的經濟人，也有可能是一個康德所說的擁有道德自主性的倫理人、社群主義所希望的對群體有文化歸宿感的社會人，以及公民共和主義所寄託的具有公共責任感的政治人。而能夠成為什麼樣的人，不僅依賴於個人的自由選擇，更與社會的文化環境、個人所受到的教育密切相關。知識和文化的領導權在誰的手中，一個國家的國民就最有可能成為什麼樣的人。

西方近年來在與政治自由主義論爭過程中逐漸復興的公民共和主義和社群主義，也逐漸為中國知識界所引進和熟悉。這兩種思潮有效地彌補了權利自由主義在人性、德性和公民參與方面的不足。作為整全性的自由主義，可以像古典自由主義那樣，將它們納入自己的理論體系，以強化自由主義的倫理和德性基礎。

公民共和主義強調一個社會的公共善。所謂公共善，就是當代中國特別匱乏的核心價值和公共文化。它不僅是有關正義內容的政治的善，也是與該核心價值相應的倫理的善，即人道、理性、寬容等良善品質。在一個民主社會之中，公共善並非本質主義的先驗規定，而是在公民普遍參與的公共商議過程中逐漸形成。一旦形成，社會政治共同體便具有了共同的目標，這樣的目標影響並規約了公民們的個人選擇。當我們說公民具有自由選擇權利的時候，這個自由除了不得侵犯他人利益之外，同時也會受到公共善的制約。當代人的困境在於，雖然有了選擇的自由，卻缺乏相應的選擇能力，不知道如何選擇，按照什麼去選擇。自由和選擇成為不可承受之重。人只是作為一個意志的存在，其理性反思能力和內在德性資源都被掏空了，選擇什麼，不選擇什麼，都不再有正當的理由，要麼人云亦云，為社會的流行意見所擺布，要麼

自甘沉淪，成爲一個被異化了的物欲人。公民共和主義雖然鼓勵人們按照自己的意志自由選擇，但對於什麼是好的和善的，卻認爲需要通過公共善的建設給人以理性的指導，並鼓勵公民在參與公共善的建設過程之中，使自己的德性得以提升。

社群主義在培養公民的德性方面與公民共和主義相似，但它更強調歷史文化傳統對於形成個性、人格和德性中的作用。一個人的選擇與自我的認同、自我的目標緊密相關，而自我並不是一個抽象的、空洞的概念，不是沒有歷史文化內容的意志的自我。按照社群主義的解釋，自我是構成性的，有根基的，這個根基便是他所生活的歷史文化傳統。社群賦予個人以深刻的文化和心理的歸宿感，也塑造了自我的目標、品質和德性。社群主義強調自我與社群的良性互動，權利與義務的適當平衡，有助於克服現代人日趨嚴重的「唯我式個人主義」傾向。

從思想史的血緣關係而言，公民共和主義與自由主義有眾多近親關係，而社群主義近年來也有與自由主義相互融合的趨勢，像查理斯·泰勒、桑德爾都是一些具有自由主義底色的社群主義者。中國的自由主義如果要回應古典主義的挑戰，戰勝形形色色的物欲主義、犬儒主義和價值虛無主義，除了回歸康德、密爾的近代古典自由主義傳統之外，如何從當代公民共和主義和社群主義之中吸取相關的思想資源，重新整合爲富有倫理和德性精神的整全性自由主義，恐怕是解決問題的方向所在。

今日中國的意識型態領域，繼續演繹著一場知識和文化領導權的爭奪戰。無論在理解中國現實問題的複雜性、提出現代性的大思路、大理論，還是回應普遍性的精神心靈危機，中國的自由主義並沒有在這場文化爭霸戰中占據優勢地位。相反地，由於他們在理論上墨守教條、滿足於常識，正在失去一大批年輕的知識

精英。這些年輕人如今更熱衷於激進左翼與古典主義思潮，認為它們有新意，有深度，認為自由主義在理論上沒有什麼吸引人的東西。在當代中國，當儒學被去政治化的時候[10]，自由主義也在被去倫理化。自由主義在倫理道德問題上的缺席，使得它正日益失去知識和文化的市場，失去一大批從學院精英到城市白領的知識大眾。

自由主義不僅是一種市場和法律的制度性安排，不僅是一套公正的、理性的程序，它同時也是一種內涵著文化精神、道德力量和德性倫理的理念。作為啓蒙運動以後第一個世俗的宗教，自由主義所提供的核心價值、公共文化和個人美德，曾經吸引了眾多進步人士為之著迷、奮鬥和獻身。曾幾何時，自由主義被逐漸工具化、技術化和去倫理化，失去了其早年曾經有過的道德光芒。如今，當古典主義填補自由主義留下的空缺，以一種倫理的姿態重新崛起的時候，自由主義已經到了置之死地而後生的時刻。為了回應古典主義的挑戰，戰勝瀰漫於中國的犬儒主義、物欲主義和價值虛無主義，自由主義必須回歸到它自己的古典時代，回歸到整全性自由主義，重新發揚自由主義的倫理精神。而在這一回歸的過程之中，公民共和主義和社群主義可能是使自由主義獲得提升的重要資源。

在1990年代，圍繞著社會公平問題，自由主義面臨的是新左派的挑戰。雖然這一挑戰並未終結，還在繼續深化，但新世紀以來在倫理道德戰場上，自由主義又面臨著中外古典主義的崛起。古典主義不是自由主義的敵人，他們對現代性缺失的批評展現了

10　參見貝淡寧，〈論語的去政治化：于丹《〈論語〉心得》簡評〉，《讀書》2007年第8期。

古代哲人深刻的睿智。對於古典主義的崛起，自由主義不應是簡單排斥，嗤之以鼻，而是應該積極地展開對話互動，尋找自由主義與各種古典主義包括儒家、道家、佛教和古希臘哲學的接榫點，通過內化古典主義的合理價值，提升自由主義的理論層次。在歷史上，自由主義曾經成功地回應了社會主義關於平等問題的挑戰，發展出平等自由主義，那麼，只要自由主義有足夠的耐心、謙虛和知識上的智慧，也有可能化解古典主義的挑戰，發展出倫理自由主義，以克服人類越陷越深的精神危機。

許紀霖，華東師範大學歷史系教授。主要著作有《智者的尊嚴》（1992）、《中國知識分子十論》（2003）、《啓蒙的自我解體》（2007）等。最近從事的研究有中國近代思想史上的政治正當性、個人與國家認同，以及中國知識分子的社會文化史研究。

現代自由主義如何應對美德問題？

──以麥金泰爾所謂「休謨的英國化顛覆」為例

高全喜

一、現代自由主義及其危機

自由主義從近代以來，特別是從英國的古典政治哲學和法國的啓蒙思想以來，經歷了近三百多年的發展演變的歷程；從某種意義來說，自由主義隨著西方社會乃至今天東、西方社會政治、經濟與文化的變遷而發生著重大的變化。作爲一種社會政治理論，自由主義隨著時代的不同，面臨的問題不同，其一系列理論主張也就有所不同，因此在不同的歷史時期、不同的地域也就出現了形式各異的自由主義。自由主義的一個重要支柱乃是它的政治制度論，或者說自由主義在近現代演變的一個重要成果，乃是建立起了一個自由的政治制度、經濟制度和社會制度。因此，自由主義的理論與實踐，在很多人眼中等同於現時代普遍盛行的以英美社會制度爲基礎的一整套有關社會秩序的法律理論和政治理論。對此，很多學者都曾明確地指出過。例如，羅爾斯的正義理論，基本上是以西方現存的自由政治制度爲前提而建立起來的一種政治哲學，他提出的有關政治正義的觀念，其前提是自由主義的政治制度和法律制度。對此，羅爾斯在《政治自由主義》一

書明確寫道：「我設定，基本結構是一個封閉的社會結構，也就是說，我們將把它看做是自我包容的、與其他社會沒有任何關係的社會。它的成員只能由生而入其中，死而出其外。」[1]

但是應該指出，在現代自由主義那裡，他們的社會政治理論往往存在著一個重要的特性、或者說有一個重要的偏差，那就是他們並沒有建立起一套自由主義的人性哲學，他們沒有提供一種自由主義如何成為可能的政治哲學的理論說明。關於這個問題，現代自由主義有著難言之隱。對此，哈耶克認為自由主義並不需要一個整全性的哲學體系，甚至從某種意義上來說，那種企圖以古典哲學為基礎的自由主義理論並不符合人的認識的有限性，自由主義沒有必要從哲學的一般理論或人性基礎上建立自己的理論體系。人性問題是一個理性不及的問題，是哲學中的認識論和本體論問題，更是傳統哲學的產物，與自由主義沒有多少聯繫。羅爾斯認為，自由主義不可以也無法藉由一種整全性的哲學價值論來構建自己的社會政治理論，現代自由主義要成為一種正當性的社會政治理論，只能採取「減法原則」，藉由建立一種有限度的政治平臺來對各種各樣的社會政治理論加以整合與調整，從而達到一種相對的理性共識。因此，自由主義只能是一種政治自由主義，一種基於公共理性的政治自由主義。他說：「道德哲學的普遍問題不是政治自由主義所關注的，除非這些問題影響到背景

---

1 羅爾斯，《政治自由主義》，萬俊人譯(南京：譯林出版社，2000)，頁12。關於「基本結構」，在羅爾斯的理論中，是指「現代立憲民主」，即「社會的主要政治制度、社會制度和經濟制度，以及它們是如何融合為一個世代相傳的社會合作之統一化系統的。」頁11-12，另參見羅爾斯，《正義論》，何懷宏等譯(北京：中國社會科學出版社，1988)，頁185。

文化及其完備性學說對一立憲政體的支持方式。」[2]

　　然而，僅把自由主義限定在一個公共的政治領域，並拋棄人性哲學的基礎，這種社會政治理論面臨著很多難以解決的問題。例如，哈耶克便無法說明他對於現代法律制度和政治制度、對於政治中心主義展開批判的內在依據；他最終也不能提供一個適合於人性的、從人的內在本性中推導出來的新的法律政治制度。同樣，羅爾斯的政治自由主義以為，把自由主義限定在公共政治理論，並提出一個交疊共識的公共理性，就能夠解決現代政治的問題，實際上是不可能實現的。因為在人的價值觀念和人性哲學方面如果沒有內在的共通性，那麼也就很難在一個公共的政治領域達到真正的相互理解、接受、溝通與共融。羅爾斯在《政治自由主義》一書中陳列了一個所謂5個「基本善」的清單，並把它們視為各種社會政治理論進行政治對話的前提，因此也是他的政治自由主義的價值底線，殊不知這個「基本善」的清單實質上源於自由主義的政治傳統，具有著西方自由主義的「形而上學」意義，並沒有得到世界上其他的社會政治理論的認同，甚至也沒有得到西方非自由主義的政治理論的認同，例如社會主義就不認同這套價值清單，社群主義也多有微詞。事實上從來就不存在僅僅只是工具主義的政治自由主義。羅爾斯不可能用減法原則剪除所有自由主義的「形而上學」，但他又把它們隱藏起來，裝扮成一種價值中立的姿態。這樣不但不能解決現代社會日益嚴峻的政治、經濟、文化等方面的問題，反而使問題複雜化了。

　　問題的實質，在於自由主義逃避不了主義之爭、價值之爭。現代社會究竟向何處去的問題，涉及古今之爭、正義之辯。現代

2　同上注，頁16。

政治自由主義把自己限定在公共政治領域，便面臨著一個爲自身提供正當性與合理性說明的難題。也就是說，自由主義所建立的公共政治平臺如何使自己具有合理性，其正當性又在哪？麥金泰爾的《誰之正義？何種合理性？》，書名便直指現代自由主義的軟肋。他尖銳地指出，現代自由主義無法爲現行的社會政治制度，提供一個合理性的理論說明與正義性的價值基礎。

二、麥金泰爾所謂「休謨的英國化顛覆」

麥金泰爾在《追尋美德》和《誰之正義？何種合理性？》等幾本重要的著作中提出了一個著名的觀點，即休謨顛覆了蘇格蘭思想的基本傳統。按照麥金泰爾的考察，亞里斯多德在《尼高馬各倫理學》中所提出的德性觀，經過了中世紀奧古斯丁主義的改造之後，在17、18世紀的蘇格蘭啓蒙運動中由哈奇遜賦予了新的內容。哈奇遜透過情感主義來論證道德的合理性，從而復活了古代的亞里斯多德主義。在麥金泰爾看來，哈奇遜是蘇格蘭思想的主要代表，他的道德哲學貫穿著一種亞里斯多德與喀爾文融合在一起的古典德性理論，並且符合蘇格蘭當時的語境，反映了蘇格蘭歷史文化的風貌。休謨卻背離了這種歷史語境，把自己出賣給了英格蘭的異質社會，並且藉由對英格蘭市民社會的政治規則的認同，轉變了蘇格蘭的基本思想狀態。特別是休謨提出的事實與價值的區分，顛覆了亞里斯多德以來的西方德性思想的傳統。

在麥金泰爾眼中，休謨根本就不是一個蘇格蘭的思想家，而是英格蘭異質思想的代表人物。他曾這樣描述道：休謨雖是一個蘇格蘭人，但他卻在離開愛丁堡去英格蘭時努力把自己打扮成英國人，認爲倫敦才是他自己祖國的首都，並且把自己的名字荷姆

（Home）改爲休謨（Hume），以爲這樣英國人便可正確地發音了；休謨在寫作中努力靠近英格蘭的語言使用風格，在《英國史》一書中盡可能地排除每一個具有鮮明蘇格蘭色彩的短評和表達方式，並在給朋友的信中稱蘇格蘭習語爲十分墮落的方言；總之，休謨一直刻意把自己打扮成英國人，按照英國的生活方式設計自己，似乎已經完全認同了英格蘭對於蘇格蘭的合併。上述種種，可以看出麥金泰爾對於休謨的厭惡，有些已經近似人身攻擊了。不單休謨，在麥金泰爾看來，追隨休謨並一起構成了顛覆蘇格蘭思想的還有斯密。他氣憤地寫道：「休謨幾乎代表了這一衝突的所有重要方面，而實際上亞當·斯密也代表這些方面。儘管他是哈奇遜最尊貴和最受青睞的學生，卻偏偏要拋棄奇特的蘇格蘭思維模式，而去贊成鮮明不同的英國式和英國化的那種理解社會生活及其道德結構的方式。」[3] 這一思想顛覆所導致的不幸結果，就是蘇格蘭傳統的喪失和全面的英國化，「要英國化，甚至是徹底英國化，並不必須到英國去。典型的英國生活方式在蘇格蘭的政治、商業和社會領域正日益普及，不斷深入。」[4]

那麼，究竟什麼是麥金泰爾所謂的英國貨色，爲什麼他要對休謨和斯密兩人導致的這一思想轉變大加指責呢？仔細辨析，我們就會發現，麥金泰爾對於17、18世紀英國思想的分析存在著一個重要的問題，他是把亞里斯多德主義的實踐智慧這樣一種目的論的德性傳統，視爲衡量英國社會政治思想的唯一標準，並站在社群主義的觀點上，對近代以來的以英國爲代表的市民社會以及

3　麥金泰爾，《誰之正義？何種合理性？》，萬俊人等譯（北京：當代中國出版社，1996），頁371。
4　同上注，頁301。

道德哲學大加討伐。在他看來，希臘古典的亞里斯多德主義才是道德哲學的核心所在，相比之下，「自由主義的主張是提供一種政治、法律和經濟的構架，在這一構架中，對同一套合理正當的合理性原則的認同，使那些信奉各種廣泛不同的和不相容的人類善生活概念的人們能夠和平地共同生活在同一社會裡，分享著相同的政治地位，介入相同的經濟。」[5]問題在於，當亞里斯多德把正義視爲政治生活的首要德性時，他實際上預設了一個重要的社會基礎，即存在著一個對於正義概念抱有一致看法的政治共同體，然而這樣一個基於城邦國家的政治共同體，自近代以來卻早就不存在了。如果說在合併前的蘇格蘭，還殘存著古代政治共同體的些許遺跡，因此表現爲蘇格蘭思想中的德性傳統觀念，那在英格蘭那裡則湮滅無存。且看蘇格蘭啓蒙思想之前的英格蘭思想家霍布斯、洛克等人，他們所考慮的早已不是重鑄古典城邦正義的問題，而是一種建立在國家制度框架之內的道德秩序問題，古代傳統的德性原則已經失去了整合社會共同體的力量。18世紀蘇格蘭與英格蘭以及愛爾蘭的合併所形成的新的英國社會，作爲一種新型的政治社會，與古代的政治共同體相去甚遠，而是一種新興的以資產階級爲主體的市民社會，在其中所凸顯的是市民階級對於經濟利益和法治秩序的尋求，而非古代亞里斯多德主義的正義德性。我們看到，使麥金泰爾惱怒的是，休謨和斯密等人不但沒有延續哈奇遜的德性傳統，保持和發展蘇格蘭本土已有的道德哲學，反而把它斷送了，將其推向一個更加英國化的社會語境之中，從而展開了一個自由主義的道德哲學和政治經濟學。這樣一來，所謂的正義規則所實現的，不過是基於個人利益和權利而進

5　同上注，頁440。

行的討價還價的政治博弈與法律程序，在經濟領域建立起來的是
一個以經濟人和個人偏好爲假設的經濟秩序。這種以個人主義、
法治秩序加市場經濟爲主要內容的政治哲學，顯然與傳統的追求
美好生活的政治德性是大不相同的。所以，麥金泰爾不無理由地
批判了休謨和斯密對於傳統蘇格蘭思想的歪曲與顚倒。

　　由此可見，麥金泰爾所謂英國或英格蘭的東西，無外乎自由
主義所推崇的個人主義、功利主義、權利至上主義和法律主義等
等；它們是與社群主義所推崇的共同體的公民美德相對立的。「英
國化顚覆」的實質，其實涉及自由主義與社群主義的根本性分
歧。他寫道：「休謨認定爲普遍人性的觀點，事實上是漢諾威統
治精英的偏見。休謨的道德哲學，如同亞里斯多德的道德哲學，
是以效忠一個特定的社會結構爲先決條件的，不過是效忠於一種
高度意識型態化的社會結構罷了。」[6] 按照麥金泰爾的理解，重
回古典德性傳統，意味著超越了各派爭論。在德性的問題上，自
由主義與保守主義爭論是沒有意義的，它們共同的基礎都是對於
市民社會上的一種制度上的認同。「現代系統的政治觀，不論是
自由主義的，還是保守主義的；不論是激進主義的，還是社會主
義的，都不得不拒斥屬於眞正維護德性的傳統的觀點：因爲現代
政治觀本身在它的制度形式中體現了對傳統的系統的擯斥。」[7]

　　如何看待麥金泰爾的上述觀點呢？我認爲他的分析確實具
有某種道理。以休謨、斯密爲代表的英格蘭啓蒙思想，確實包含
著自由主義與保守主義的兩重因素，或者說確實從他們那裡產生

6　麥金泰爾，《追尋美德》，另參見龔群等人翻譯的《美德之後》（北
　　京：中國社會科學出版社，1995），頁291。

7　同上注，頁321。

出了一種自由主義的抑或保守主義的政治理論。但是，問題的關鍵並不在此，而是在於：有關德性的看法是與近代市民社會的政治經濟狀況相關聯的。麥金泰爾所嚮往的美好的古典社會，並不是一個市民社會，其建立在奴隸勞動所創造的物質財富基礎之上的各種優良的公民德性，其政治性是反動的，儘管亞里斯多德的目的論爲這種德性原則提供了理論的依據，但是它在現代社會不可能存在，因此只能是一種虛假的理想。而建立在近代商業社會基礎之上的休謨的德性論，通過個人利益與公共利益的經濟與法律的協調，爲個人實現美德生活提供了一種可能性，儘管這種美德的生活是有限度的，但卻是現實的。當然，麥金泰爾所反對的現代自由主義的絕對自私的個人或理性的經濟人，具有切中要害的意義，但是他們卻不是休謨意義上的德性之人，因爲在休謨那裡，人爲德性還有著共同的道德情感，有著同情心、仁愛與互助精神，因此，這樣一種由同情之心所聯繫起來的德性，比現代自由主義遠爲豐富、更符合古典意義上的德性。也就是說，休謨和斯密用同情原則取代了目的原則，藉著同情仍然可以建立起一個美好的德性生活，而這一點恰恰是麥金泰爾等人所沒有看到的，也是現代自由主義所忽略的。

　　休謨和斯密都有一整套有關道德哲學和政治哲學的基本理論，都強調正義的普遍價值，強調道德情操的調節機能，強調同情、仁愛和合作的基本精神，強調用一種德性原則來改造僵硬的市場理論和自私的利益原則，改造理性經濟人的片面性。這樣一種道德哲學和政治哲學的理論建設，是蘇格蘭思想家貢獻給英國古典思想最有價值的東西。他們不同於霍布斯、洛克等英格蘭思想家，由於背負著蘇格蘭的歷史傳統，所以能夠站在一個融會兩種思想淵源的高度之上，對於17、18世紀英國的社會理論進行新

的整合，從而建立起一個較爲完備的蘇格蘭思想流派。這一點恰恰是他們的最偉大的理論貢獻，也是他們既不同於英格蘭的思想家，也不同於歐洲大陸的法國或德國的思想家的獨特性之所在。麥金泰爾雖然揭示了這樣一種蘇格蘭思想的特性，但他對於休謨和斯密理論貢獻的認識卻是片面的。他只看到了哈奇遜等人固守蘇格蘭傳統的價值，而沒有看到思想應該適應歷史的現實，沒有看到蘇格蘭思想只有與英格蘭思想融合在一起，通過新的創造性整合，才不但能夠保持下來，而且呈現出更高的理論價值。所以從這個方面來看，麥金泰爾缺乏眞正的歷史智慧，他沒有看到休謨和斯密等人的最大貢獻在於通過英格蘭和蘇格蘭兩種思想傳統的融合，從而建立起了一個新的理論，這個理論對於整個19世紀乃至直到今天的西方社會政治理論仍具有著強大的影響力，並且保持著持久的生命力。而且在我看來，針對現代自由主義的理論困境，他們兩人的思想更爲現代問題提供了一個歷史的、有待重新開發的寶藏，這比麥金泰爾追溯的古希臘亞里斯多德主義更具有現實的意義。

三、現代自由主義如何應對「美德問題」？

如前所述，自由主義歷來被視爲一種社會政治理論或一種基於現代自由民主制度的社會秩序理論。不過，這種理論隨著現代社會日益出現的各種問題，已經陷入了深刻的危機。於是乎自由主義是否需要一種人性哲學或價值哲學，就成爲一個問題。我們不能同意哈耶克對於這個問題的簡單迴避，也不能同意羅爾斯那種企圖藉由公共理性的交疊共識，而把終極性的價值問題排除在政治自由主義之外的做法。毫無疑問，自由主義在其古典形態那

裡，例如在休謨和斯密那裡，首先是一種政治哲學或一種具有人性論基礎的政治理論，而這個政治理論的核心並不是現實政治的一般評論，而是正義論，即一種與人性的內在本質相關聯的價值哲學或人性哲學。

現在的問題在於，17、18世紀英國的古典政治思想，它們的人性哲學與正義價值，究竟是怎樣與現代自由主義的公共秩序或法律制度聯繫在一起的呢？也就是說，人性哲學是如何為現代社會的政治理論提供一種價值論的支撐呢？或者說經由人性是如何導出一個政治社會的公共秩序的呢？我們看到，這個問題對於自由主義來說是至關重要的，如果不能很好地說明這一點，那麼現代自由主義所採取的拋棄人性論的觀點也就是合理的了。現代自由主義正是在這個問題上犯了一個重大的錯誤，因為他們沒有很好地處理人性與秩序的關係，沒有很好地理解休謨哲學所提出的那個透過人為的正義德性而解決事實與價值兩分的難題。他們對於上述問題的解決，是不再把這個問題視為自由主義的關鍵問題，而只是把自己限定在一個公共政治的領域中搭建與價值無涉的制度平臺。但正是由於缺乏人性哲學的價值基礎，這種在立法、行政、司法等制度層面上的一系列構建，便淪為一堆雖維持運行但毫無生氣的機器，致使自由主義在如何面對人的「良善生活」（good life）這一傳統政治哲學的根本性問題上受到質疑，從而陷入了難以擺脫的困境和危機[8]。

8　現代社群主義的另一個主將桑德爾指出：「簡言之，一個由中立原則支配的社會之理想乃是自由主義的虛假應諾。它肯定個人主義的價值，卻又標榜一種永遠無法企及的中立性。」見桑德爾，《自由主義與正義的局限》，萬俊人等譯（南京：譯林出版社，2001），頁14。

　　哈耶克的一個重要理論建樹是他的自生秩序論。他企圖揭示一種人類社會的經濟、法律與政治制度的產生與演變的機制。此外，他在晚年的《致命的自負》一書中，也曾試圖爲他的自生秩序理論提供一種哲學的或人性學的說明，討論了社會秩序是如何在情感與理性之間自發地演化出來的。哈耶克作這種努力，或許是因爲他在晚期思想中發現了自己的問題，認識到一種社會政治理論如果不能從哲學人性學的基礎上給出說明的話，那將是十分不牢靠的，可惜的是他有關這個方面的思考遠沒有完成。社會秩序的形成、法律制度的建立，存在著一個人性的基礎問題，也就是說如何從人性導出一個社會秩序。現代自由主義並沒有給出卓有成效的說明，而休謨卻早已提供了一個富有建設性的理論，這是休謨對於現代自由主義的一個可資借鑑的貢獻。休謨曾多次指出，他的哲學的中心問題是正義問題。依照他的理論，我們可以進一步指出，對於自由主義來說，政治哲學的最核心的問題是正義的制度問題。自由主義要探討或建立自己的價值哲學，首先關注的便是一個正義的社會制度如何可能，因此，政治正義是自由主義的核心。

　　我們知道，現代自由主義無論是羅爾斯、哈耶克，還是其他人，都對人性論漠不關心。雖然羅爾斯的《正義論》也曾專門論述過道德情感，哈耶克在他的《致命的自負》一書中也談到了理性與情感的關係，但總的來說，道德情感並不是他們政治哲學的中心問題，他們並沒有像17、18世紀英國政治哲學那樣，把道德情操放在一個頭等重要的位置來看待。正是因爲這一點，他們遭到了以社群主義爲代表的另一派政治哲學的強有力批判。麥金泰爾在他的一系列著作中直指自由主義軟肋，對於現代自由主義的批判是深刻的和尖銳的。在麥金泰爾看來，現代自由主義把正義

單純繫於法律規則上，強調法律制度意義上的形式正義或程序正義，這一自由主義的主流觀點對正義的理解是錯誤的，不符合古代以來的政治美德傳統，歪曲或蔑視人性的繫於同情與共通情感的本質聯繫。在這個問題上，我認為，自由主義不能採取迴避和漠視的態度，應該認識到這個問題所帶來的挑戰及其引發的重要理論意義。實際上，麥金泰爾這個問題的要點仍然可以追溯到英國的古典思想，追溯到休謨和斯密的人性論上來，只不過麥金泰爾對於休謨和斯密的理解是錯誤的，他所謂的休謨和斯密兩人對於亞里斯多德主義的英國化顛覆，只是看到了問題的一個面向，而沒有看到另外一個面向。應該指出，正是這種所謂的顛覆，反而使得英國的古典自由主義建立起了一個真正富有內容的政治理論。麥金泰爾的最大問題在於，他割裂了人性共通感及其面向公共政治的美德所具有的規則和制度方面的意義。他只是片面地指出了道德情感所導致的一些非規則和非制度的社會關聯，揭示了它們所呈現的美德性質，而沒有注意到這些情感是完全可以與公共社會中的法律規則和政治制度聯繫在一起的，是可以通過制度和規則的人為設計而逐漸再生出來的。因此，麥金泰爾等人只是把同情和道德共通感中非規則的一面突顯出來，並且把它們與法律規則和自由制度對立起來。所以，麥金泰爾推崇的是一種不需要或拋棄了法律規則、經濟秩序與政治制度的社會共同體，他企圖在一個沒有制度支撐的單純由道德情感和傳統美德維繫的社會群體中生活，並且把它們浪漫化地想像為亞里斯多德主義的理想王國。

其實麥金泰爾對於亞里斯多德主義、特別是亞里斯多德德性理論中所具有的法律和政治的意義，並沒有深入的研究和足夠的重視，他只是發揮了亞里斯多德的《尼高馬各倫理學》中有關美

德的觀點，而把亞里斯多德《政治學》和《雅典政制》中的政制觀和法律觀嚴重忽視了。必須指出，儘管亞里斯多德的社會政治理論與英國的古典政治哲學在基本點上是不同的，前者是主智主義的，後者是經驗主義（自然主義）的。但在公共政治領域，17、18世紀英國的思想確實改造了亞里斯多德主義的政治學傳統，形成了一個既有政治美德論又有法律規則論乃至政治經濟學的社會政治理論，創建了一個溝通自然情感與法律制度的蘇格蘭歷史學派，這不能不說是英國古典自由主義的偉大貢獻。相比之下，現代的政治自由主義只是抓住了法律規則的形式正義，無疑顯得十分片面和僵硬。而社群主義也正是看到了現代自由主義一味重視法律和制度設施建設，忽視人性內涵，特別是放棄了古典主義的道德情感和政治德性這一弊端，所以才對現代自由主義發起了強有力的阻擊。

但是，一旦當把攻擊的矛頭對準古典自由主義時，社群主義的理論家們就變得軟弱無力。之所以會出現這樣的情況，關鍵還在於英國古典思想的人性論預設，已經觸及到人的私利和公共利益問題，觸及到私利與公益的相互關係以及區分這種關係的正義規則與道德情操兩個方面的協調和演進。也就是說，在英國的古典政治哲學那裡，對於基於人性基礎上的私利與公益關係問題的解決，是在兩個方面來加以展開的：一個是通過法律規則而建立起一個自由的法律制度和政治制度，另外一個則是通過同情和仁愛之心而建立起一個美德心理學和道德情操論。因此，正義在英國古典思想那裡，既不是純粹規則主義的，也不是純粹道德主義的，更不是純粹功利主義的，而是上述三個方面的溝通、協調與融合。

總之，17、18世紀英國的古典思想，給現代自由主義提供了

這樣一種啓示，那就是現代自由主義應該有自己的道德哲學，應該建立自己的正義德性論，而不能僅僅局限在制度層面上，應該意識到自由的政治制度的人性前提。必須指出，自由的政治制度乃至它在現代社會的最重要成果——憲政制度，不僅具有法律的意義，同時也具有道德的意義，它們包含有制度的美德和人性的尊嚴。

高全喜，中國社會科學院法學研究所研究員，研究政治哲學、法哲學和憲政理論。曾在海內外出版《理心之間：朱熹與陸九淵的理學》、《法律秩序與自由正義：哈耶克的法律與憲政思想》、《休謨的政治哲學》、《論相互承認的法權：《精神現象學》研究兩篇》等。他也擔任《大國》、《政治與法律思想論叢》的主編。

擺盪於競爭與和解之間：

當代自由主義之觀察　　　　　應奇

　　在以「自由」、「平等」和「博愛」為核心價值的法國大革命所催生的自由主義、保守主義和社會主義這三種現代性的意識型態中，相對於保守主義，自由主義願意接受更多的平等；相對於社會主義，自由主義願意給予更多的個人自由。這種對於自由主義的看法，雖然無甚高論，卻頗有影響，並廣被接受。但細究起來，這樣瞭解的自由主義很有可能像哈耶克在《自由的憲章》的著名跋語中所擔心的保守主義那樣，「在一條並非它自己所選擇的道路上被拖著前行」；儘管在現代性這台「永動機」的漩渦中，似乎任何一種不願「與時俱進」的政治意識型態都難逃此種宿命，於是彌見同樣是哈耶克所謂「越是危急關頭，越要堅持原則」之蒼勁高古。——哈翁本人對此洞見的一種稍顯誇張的表述是：「自由社會的一個標誌性特徵，就是在無人可以預知自由秩序將向何方演化的情況下，也要任它自行發展。」——弔詭的是，自由右翼的宗師與自由左翼的祭酒在這一點上似乎惺惺相惜，因為自由左翼當前最重要的代表德沃金，在他著名的〈自由主義〉一文中，就尖銳地批駁了上述把自由主義與保守主義和社會主義放在一個連續體內的流俗見解。也正是在這篇經典性的論文中，德沃金第一次明確提出並論證了對於國家中立性原則的承

諾，是把自由主義與其他政治意識型態區分開來的根本特徵。按照這種原則，一個自由國家不能公開奉行某種良善生活的觀念或把這種觀念強加給公民，而必須在什麼是良善生活這一問題上保持中立。

但是，不管當代自由主義者尤其是政治自由主義者怎樣宣稱自己忠於中立性原則，他們大概都不會否認，自由主義本身就是一種規範的政治道德理論。於是就衍生出了關於國家中立性的涵義、可能性、程度和限度等一系列問題，也就是要回答中立性理想與自由主義的價值理想之間的關係問題。我們注意到，德沃金的中立性原則，實際上是用負面的形式表達自由主義的價值理想，而這種理想就是政府對於人民的平等的關心和尊重，雖然從他的表述看，中立性原則恰恰是從平等的關心和尊重推導出來的。

按照德沃金的學生金里卡的論述，作為一種實質性價值，平等的關心和尊重(簡稱「視為平等的人對待」)是所有現代性政治道德的共同前提和出發點，也是一個範導性的理想和目標。既然如此，我們又怎樣解釋自由主義政治哲學內外最近以來圍繞(號稱是從平等的關心和尊重推導出來的)中立性原則的廣泛爭議呢？在某種程度上，國家中立性原則的加冕和祛魅，提供了一個有啟發性的視角，觀察自由主義政治哲學的嬗遞演變以及它與各種非自由主義和反自由主義政治哲學的爭辯，也是我們把握自由主義政治哲學目前遇到的挑戰及其因應之道的恰當途徑。

大致說來，當代政治自由主義者用「對」優先於「善」的義務論原則，為國家中立性所做的論證，以及與國家中立性原則聯繫在一起的文化的市場化傾向，既是政治自由主義最有特色的地方，也是它最遭詬病之所在。

就前一方面而論，麥金泰爾早已指陳，義務論和目的論的對立在康德之前是無法想像的。正是為自由主義政治哲學奠定道德基礎的康德，第一次系統地論證了對優先於善的義務論原則，並被大多數當代的政治自由主義者奉為圭臬。論者有謂，1970年代的英美自由主義政治哲學，以羅爾斯為代表的康德式契約論和義務論獨領風騷；1980年代以後興起的以德性論和目的論的回歸為標識的社群主義，則是新亞里斯多德主義的一種強勁反彈；那麼1990年代以還，道德哲學和政治哲學的發展趨勢和主要方向，就是要實現康德和亞里斯多德的調和。這一趨勢表現在自由主義政治哲學中，就是要鬆動和修正對於國家中立性原則的僵硬的和原教旨主義的理解，而這正是以對政治中立性原則批判甚力著稱的拉茲（Joseph Raz）為代表的所謂至善論自由主義的主要關切，在筆者看來，這也是自由主義政治哲學當前最有潛力的一個方向。我們把這種趨勢稱做「與至善論相調和」。

就後一方面而論，文化的市場化似乎是國家中立性原則的題中應有或必然結果，也是包括羅爾斯和德沃金在內的新自由主義之所以為「新」的重要方面（老的自由主義並不那麼「中立」，也並不那麼「敵視」文化）。但是在處理多文化公民權問題時，羅爾斯和德沃金對於國家的中立性與文化的市場化之關係的教條式理解，卻減低了他們大力倡導的選擇與境遇的區分的平等主義涵義。金里卡正是沿著這個思路，以他的「社會性文化」論題和個人自主性理論為基礎，進一步深化了選擇和境遇的區分，提出了外在保護和內在限制的區分，從而不但能夠把文化平等作為自由主義平等觀念的一個新內容，而且作為它的內在要求加以論證。值得注意的是，金里卡之所以能夠如此立論，很大程度上就是因為他通過對中立性原則的反省，提出了「國家的至善論」和

「社會的至善論」的區分，明確肯定和論證了：自由主義誠然必須堅持國家層面上的反至善論，但它不必在社會的層面上也是反至善論的。在這種限定的意義上援引至善論理想，既是保護和培育少數族群成員個人自由之必需，又是自由主義政治哲學在面對文化多元主義的挑戰時不可或缺的重要資源。與前一種「與至善論相調和」的趨勢相對，我們把這種趨勢稱做：「與傳統相調和」。

合而觀之，這兩種趨勢都要求我們重新理解和審視自主性這項自由主義政治哲學的價值原點。但要不憚辭費地指出，在發展一種健全的自主性概念方面，應該重視哈伯瑪斯和拉茲：哈伯瑪斯基於盧梭和康德的直覺，對於公域自主和私域自主提出了共為基原、互為前提的辯證論述；拉茲則既避免了理性主義的自我形而上學，又洞察到習慣和傳統作為自由的條件，因此對社會和文化情境保持開放。而如果說，哈伯瑪斯的自主性概念實際上是在康德哲學的主體間轉型語境中對盧梭的公意概念的重建，所回答的是現代性條件下一切政治正當性的終極標準問題，是一個偏於「公」的概念；而拉茲的自主性概念則修正與豐富了密爾冶康德、亞里斯多德和洪堡於一爐的個體性理想，所傳達的是對於價值和文化多元論條件下現代自由社會的公民人格的想像，是一個偏於「私」的概念；那麼，共和主義政治哲學最重要的理論代言人佩迪特，則就是援引現代自由主義的「公」、「私」二分出現之前的古典共和主義政治傳統，作為他所謂「無支配的自由」概念的張本：一方面，無支配的自由是政治正當性的真正試金石，如果說哈伯瑪斯所強調的程式普遍性或自我立法的形敘條件還是一種「道德上中立的」道德觀，那麼無支配的自由則是一種十足的實質性理想；另一方面，無支配的自由既可以說是拉茲那種自主性理想的前提和保障，也可以說是它的外化和實現。如果說

拉茲的自主性概念還偏於這種人格理想的德性面向，那麼無支配的自由則偏重公民自由形態的法權涵義。這很容易使人聯想起康德《道德形而上學》中的理性建築術，而哈伯瑪斯的審議式政治觀則可以說是這種建築術的最新版本。

當今的時代是一個價值和文化多元的時代，自由主義政治哲學在這個時代所出現的上述發展趨勢，歸根到底是因為，一方面，正如哈伯瑪斯所指出的，憲政民主的以中立面貌呈現出來的普遍主義原則，必須與成為這種原則的動源並賦予其活力的自由的政治文化聯繫起來；也正如拉茲所強調的，在思考穩定的自由社會的可能條件時，我們應當更注重政治社會所培育出來的優良政治文化，而不僅注意以道德中立相標榜的普遍的人權和憲政安排。另一方面，正如伯林和社群主義者強調的，自由社會的自我存續，要求強調自由與歸屬的平衡；也正如格雷所指出的，敵對的善之間的自由競爭所由發生的生活方式，也受到與它相敵對的其他生活方式的包圍。在這一點上，被稱做堅定的義務論政治自由主義者的巴里（Brian Barry）與他的至善論對手走到一起去了，他在〈怎樣捍衛自由主義制度〉一文中言之鑿鑿：「我認為自由主義者承受不起這個單方面解除武裝的奢侈品。我們很可能被引向一個新的黑暗時代，而信奉自由主義學說的哲學家不能做任何事情來阻止我們進入新的黑暗時代。如果讓我在努力說服非自由主義者接受中立性原則和努力質疑他們的信仰之間做出選擇的話，我認為後者顯然是一種更好的策略。」

一百八十餘年前，對法國大革命的解放和壓迫的內在辯證法的歷史經驗經過反省，黑格爾在《法哲學原理》的序言中提出了「哲學的任務在於達致與現實的和解」這一著名的命題。居今而言，我們可以說，這一命題所遭受的誤解與它所包含的智慧一樣

多──它的後現代主義版本就是剛剛過世的羅逖所標舉的同樣
毀譽參半的「民主先於哲學」論。羅逖此論，背景是對桑德爾1980
年代初的羅爾斯批判和羅爾斯1980年代中期之後的思想轉向的
策略性解讀。不管這種解讀有多少六經注我的誤讀和修辭成分，
我們都不能不承認，在「政治的而非形而上學的」自由主義與「後
現代主義的資產階級自由主義」[1]之間的親和性，的確不是羅逖
所杜撰的。說到底，羅逖此種論式，是一種以取消諸證成
（justifications）的方式提出的大寫的證成（JUSTIFICATION），而
其真實形態則是一種捍衛富裕的北大西洋民主制度和實踐的歷
史敘事。

近20年前，法國大革命200周年紀念日剛剛過去，人類歷史
由於蘇東社會主義崩潰而進入一個所謂「歷史的終結」的新時段
之際，素因理論立場搖曳多變而被稱做「風派人物」（a Vicar of
Bray）的格雷，卻模仿新黑格爾主義克羅齊的《黑格爾哲學中的
死東西和活東西》（1907）一書，撰寫了〈自由主義中的死東西和
活東西〉一文，既振振有詞又虛張聲勢地祭出了「自由主義已死，
市民社會當立」的旗幟，並在此後提出和闡發了他所謂「競爭的
自由主義」和「競爭的多元主義」，其內涵雖貧弱失血但仍不乏
慧見。如果說前述羅逖們的方案是藉著把自由主義塑造成一種鐵
板一塊、百毒不侵的價值理想的方式，達致「與現實的和解」，
那麼競爭的自由主義所強調的則是自由主義諸價值的內部衝
突，在這種衝突中，個人權利、消極自由、基本自由、正義、平

1　羅逖此論，一方面把啓蒙的兩個面向，即作爲政治謀劃的自我肯定
　　(self-assertion)與作爲認識論謀劃的自我奠基(self-foundation)，相
　　互割裂，另一方面仍然把現代性的政治謀劃與包含資本主義和民主
　　在內的含混的自由主義概念相互等同。

等和個人自主沒有一項能夠聲稱具有絕對的優先性；而競爭的多元主義則強調有著多種多樣的人類繁榮方式，其焦點在於自由主義的生活方式和非自由主義的生活方式之間競爭性的和平共存。

　　自由主義既是一個戰鬥的號角，又是一種建設的綱領。作為一個戰鬥的號角，自由主義必須分清「敵」「我」；作為一種建設的綱領，自由主義必須「團結一切可以團結的力量」。自由主義於是就不斷擺盪於競爭與和解之間。

　　　　　　　2007年8月11日寫畢於浙大求是村寓所

應奇，浙江大學哲學系暨外國哲學研究所教授。

思想狀況

台灣人的國語經驗：

尋回失去的論述能力 　　　　　鄭鴻生

無言以對的父親

　　1963年底我剛上初中，中國大陸一位日本訪問團團員周鴻慶，在東京企圖投奔國府駐日使館失敗，被押在日本政府手裡。日本政府處於國共鬥爭的砲火之中猶豫不決，最後還是將周交還給中共。那年年底，台灣的所有報紙都將砲火集中到日本政府，責其背信棄義。

　　初受國族意識啓蒙，年少氣盛的我，在晚餐桌上也就跟著批判起日本政府來。父親於是試圖爲日本辯護兩句，但卻抵擋不過我「理直氣壯」的反駁。接著他就無話可說，默默吃著飯，而我的憤怒也頓時失去了著力點。這是父親第一次面對一個學會論述辯駁的兒子的反應，此後隨著兒子論辯能力的發展提升，他更是經常地無言了。

　　父親的無言有多重原因，除了當時反日與反共情緒位居主流，以致讓我能夠理直氣壯外，他沒能像我一樣運用一套論述辯駁的語言，也是一大因素。他們那輩人是接受日本殖民現代化教育的第一代人，在年少時就被斷絕了母語論述功能的傳承，被迫

學習日語來取代，因此大部分人並不能以傳統閩南語來論辯。然而光復之後，他們年輕時學到的日語論述能力卻幾乎完全派不上用場，而且年紀已大，來不及重新學習。但是他們的兒子卻能運用新學到的國語這套論述語言，在他們面前振振有詞了。

作為一個社會的權力承擔者，雖然可以不多言，但講述家國社會人生大道理的能力卻是必要的，而這些大道理的解說與傳遞又與語言的論述功能綁在一起。因此一個父權社會的父親角色，若失去了語言論述的能力，也就失去了父親的大半權威。我的父執輩在這點上吃了大虧，以致對周鴻慶事件，我得以在餐桌上占到上風。

這種情境是個歷史重演，重演父親年輕時用新學得的日語這現代論述語言，來挑戰說不上幾句日語的祖父輩。當然我祖父那輩人當時還能用傳統閩南語進行思考與論述的，只是那種閩南語缺乏現代觀念與詞彙，也就沒有了「現代」的正當性。因此運用這套語言的祖父輩，自然就在學會了日語的晚輩面前矮了一截。

光復之後，父親那一代的男性在國語這個新的論述語言上，確實還有不少人能掌握到基本讀寫與會話能力，能夠閱讀一般的報章雜誌。在我往後上大學與出國的日子，父親也都能以通順的現代白話中文給我寫信。但是他們卻最缺乏國語的論述能力，尤其是在口頭論辯——這個語言最難掌握的環節上面。這是那一代台灣男性面對戰後新生代時的典型尷尬處境，缺乏論述能力的父權形象因而是殘缺的，也因此難以構成青少年在叛逆期反抗的真正對手。這些是在複製他們父兄輩當年的情境，卻都是我母親以及祖母那兩代女性所無須面對的。

其實從我小時的1950年代以來，就在台南聽過包括祖母與母親在內的一些人，言說著十分優雅流暢的閩南語。他們的語言雖

然沒有原來傳統讀書人引經據典、高談闊論的典雅漢文功能，卻在各自的專業與家庭領域所形成的小天地裡優游自在。這是以日語取代母語論述功能的我父母這一代人，在光復後沒能來得及學會白話中文論述能力的情況下，形成的一種勉力拼湊而自得其樂的情況。母親幾十年來在她的縫紉專業上，也就如此自在地運用著這套話語。

然而這樣一套生活話語對男性而言卻是有所不足的，父權確實是需要靠一套論述能力來輔助的。

標準國語的言說魅力

1963那一年我對父親的大聲辯駁，是閩南語夾雜著國語。為了讓家人聽得懂，我當然要用閩南語，然而我的閩南語卻是不足的，因為我們戰後這代人，並沒能從父親那輩人學到閩南語的論述能力。我論述所需用到的語法與詞彙，已經超乎我的生活閩南語範圍了。我剛學會的國語這套論述語言，卻可大派用場。在經過1950年代的失語，1960年代正是本省男性在語言論述能力上的復原期，而依靠的即是新學習到的國語這個論述語言。對這套語言的學習，隨著男女平等觀念的推廣，到了這時其實也不分男女了，不少女生學得還比男生好。

在我上小學的1950/1960年代之交，雖然還有些年紀大的老師講不好國語，但年輕一輩多已能說一口標準正音。這些年輕老師都是光復後的師範教育所培育的，其中有些還會將國語講得標準到「ㄧㄣ、ㄧㄥ」兩音分得特別清楚。我記得二年級的級任老師李碧雲特別強調這個分別，將「青年、英雄」的「青」與「英」，講得有如閩南語的發音。而這時一些外省老師卻仍帶著鄉音，甚

至「因、英」不分。然而發音標準與否不是重點，而是你開始學習一套可以公開言說的語言。

在這段期間，國語不僅是由這些年輕老師，在課堂上以標準的發音傳遞出來，還從漸漸增加的外省同學口中說出，尤其是到了高年級的時候。平常這些外省同學說的，不過是些生活口語，並不引人注意。直到五年級時的一個難得的機會，一位住在郊區眷村的外省同學李海生上台講故事，竟然口沫橫飛，比手畫腳，講得大家捧腹大笑。這是我第一次發現同輩中有人可以用國語，在台上說出這麼精彩的話語來。這在我們周遭講閩南語的同學之中，即使用閩南語也是不曾聽過的，當時對我確實是一個很大的驚奇。

與此同時，學校裡還發生了一次如今紛擾不休，一再成為政治議題的事情，就是學生講方言要受處罰這件事。大約是我小學五年級（1961/1962年）的時候，有一天級任老師做了這麼一個宣布：從現在開始在學校裡大家只准講國語。這個如今看似嚴苛，而且令不少人悲情萬狀的規定，很奇怪地當時卻讓大家精神為之一振。這是因為比起整天在教室裡埋頭回答測驗題的處境，這顯然是好玩太多的遊戲。一時之間，大家努力用結巴的國語互相笑罵，也互相抓住對方不小心沒說國語的小辮子，恐嚇著要告到老師那兒，鬧成一團。

對犯了這個規定的學生怎麼辦呢？顯然學校並無統一規定，我們級任老師大概只是罵了兩聲，沒施以任何處罰，既沒罰錢，也沒掛牌子，更不用說體罰了。甚至他自己都沒辦法整天依照這規定去做，大概覺得頗為無奈。我也不記得其他班級有過處罰的情事。那時的處罰，主要是用來維持一個準備初中聯考的有效環境。至於只說國語這種事，是從校長以降連老師自己也辦不

到的事，只能不了了之。於是鬧了幾天之後就無疾而終，同學們
又恢復到講閩南語的日子了。

　　這是位於台南市中心永福國校那時的情況，應該也是台南城
裡學校的一般情況，是我從小學到高中（1957-1969）期間，碰到
說方言要處罰的僅有的一次，卻是以喜鬧劇來收場。高我幾屆早
畢業了的，就不曾有過這種機會了。這在全台灣可能是特例，或
許是由於台南向來就具有較高的自主性，上有政策，下有對策。
結果這場喜鬧劇就只能讓大家在聯考的壓力下稍有喘息機會，並
留下一椿好玩的回憶。不像後來在其他縣市屢成爲威權的罪證，
我們當時並沒有受迫害的感覺，更不用說因此而學會說好國語
了。於是直到高中畢業，我們府城裡的同學互相之間仍然繼續說
著閩南語，仍然講不出流利的國語。

　　上了初中，情況開始變化。雖然我就讀的台南市中還是以講
閩南語的學生爲主，班上最喧嘩的聲音仍是台南聲腔，但已不像
城裡小學那般清一色閩南語氛圍了。首先，年輕老師幾乎全是台
灣師範大學畢業的。他們不分省籍與性別，不僅講得好國語，也
更能說出一套文學與思想。剛上初一，才從師大畢業的國文老師
李洪倫就以標準國語，教起我們唐宋詩詞與八大家散文。他總是
滔滔不絕，意猶未盡，補充了不少課本上沒有的篇章。講起王勃
的〈滕王閣序〉，當說到那段名句「落霞與孤鶩齊飛，秋水共長
天一色」，簡直是興高采烈手舞足蹈。他也會隨時背誦白居易〈長
恨歌〉的精彩片段，尤其吟詠到最後的「在天願做比翼鳥、在地
願爲連理枝；天長地久有時盡，此恨綿綿無絕期」時，更把我們
這些小毛頭帶到一個出塵脫俗的境界，讓我們佩服得五體投地，
連班上的一些不馴分子也聽得入迷。這些講標準國語的年輕老
師，爲我們開啓了一扇心靈之窗。

　　此外台南市中也不像永福國校那樣主要以城裡子弟構成，而是廣招台南縣市與高雄縣的學生，同時外省同學也多了起來。有一次，乙班來自高雄岡山的外省同學江楓，被安排在週會時上台報告國際時事。通常這種場合都是由老師上台講的，若由學生擔任也會像演講比賽那樣，會規規矩矩地講一通有如勵志上進的作文。然而江楓上台講時事，卻像是講故事一樣。一個初中生能夠用流利的國語，上台侃侃而談，分析國際大勢，對我來講又是一個震撼。

　　在那時對青年學子而言，初中可說是學習論述與思辯的啓蒙期，而國語論述功能的魅力就不只由這些老師發出，也由這些外省同學的便給口才來傳遞。我向來都混在台南城裡的同學間，平常閩南語講得習慣，國語自然不是第一語言，於是像江楓這樣的同學就成了典範。同時我也開始自覺到論述的國語是求知與表達的工具，必須能夠掌握國語，才能將開始在心裡頭累積的一推亂七八糟的念頭整理清楚。而若能用國語講出一套道理來，那更是可以引以爲傲的事了。直到這時，在我成長的環境裡，在父執輩中是不曾出現過閩南語的這類典範的。如今這類典範卻是以中學老師與外省同學的流利國語來呈現，國語成了唯一的選擇。

　　於是我開始努力學著說國語，尤其是要學到外省同學的腔調。從一個南方閩語音系轉成北方官話音系並不容易，尤其是那些捲舌音。我不只開始努力對外省同學講好標準國語，也對台南在地同學講起國語。然而不多久就遭來白眼，有一位同學揶揄地說「嚇！鄭某某這嘛攏咧講國語呢」（鄭某某現在都在講國語呢），一聽此話立即讓我不敢在本省同學面前講國語了。

　　上了高中，由於有更多的同學來自外縣市，台南府城的色彩就更降低了。而外縣市來的本省籍同學，雖然說起閩南語會帶著

台南人所謂的「草地腔」，國語居然講得比府城子弟流利。如此府城口音遂只能獨踞一方，而國語則比較有了學生間的「通語」地位，標準國語也就比較可以大聲說出來了。於是周遭大剌剌的國語聲不絕於耳，台南人說國語不再感到引人側目的壓力，又一次讓我有了學習的動機。並且我也與像江楓那樣的外省同學結為好友，國語很自然地成了我們之間的共同語言。

在高中這麼一個國語成為主要通語之一的環境下，我又一次動心想學好國語。憑著與這些外省同學的交往，我開始注意國語與閩南語之間的細微差異，並找出以閩南語為母語的人在說國語時容易發錯音的地方。閩南語沒有國語特有的捲舌音，當然是首要克服的目標，但這還是較輕鬆的工作。問題在於什麼時候該捲舌，而什麼時候又不該捲舌，經常會搞得「自、志」混用。還有由於閩南語承繼並保守著古漢語沒有輕唇音的這個傳統，沒有「ㄈ」音，而經常將它發成「ㄏㄨ」音，「方法」唸成「ㄏㄨㄤ ㄏㄨㄚˇ」。

在母音方面，國語有幾個複母音卻是一般台南腔閩南語所沒有的，就是「ㄧㄝ、ㄟ、ㄨㄛ、ㄡ」這幾個音。發「ㄧㄝ」時，前面的「ㄧ」音會被省略，而發「ㄟ」(ㄝㄧ)時，尾巴的「ㄧ」音也被省略。發「ㄨㄛ」時，前面的「ㄨ」音會被省略掉，而發「ㄡ」(ㄛㄨ)時，尾巴的「ㄨ」音又會被省略掉。於是「狗、果」同音，都是「ㄍㄛˇ」，「滅、妹」不分，同發「ㄇㄝˋ」。

再來是國語裡也是很特別的「ㄗ、ㄘ、ㄙ」單獨構成的無母音字，閩南語族就必得附上母音「ㄨ」，將「斯」說成「蘇」才行。而「ㄩ」這個音也是閩南語所沒有的，只好發成「ㄧ」音。如此「我會說國語」就發成「ㄛˇ ㄏㄨㄝˋ ㄙㄛ ㄍㄛˊ ㄧˇ」，而「吃飯」則說成「粗換」。這些就是林洋港式標準正港「台灣

國語」的基本發音法。

在找出了這些細微差異後，我努力學講那幾個閩南語台南腔裡所無的捲舌音、輕唇音、複母音與無母音，並模仿當時外省同學說話時慣用的一些詞彙與聲腔，譬如一些詞尾的兒化韻。如此有一陣子，我竟然能說出一口頗溜的外省國語，甚至騙過了一些外省同學。

國語作為文藝青年的語言

然而發音標準與否不是重點，而是我們在中學時代學會了國語這麼一套完整的語言，可以用來抒情、敘述、論辯，甚至內心的感懷與思辯也都用上了。當內心的理性思辯都無礙地用上這套語言時，內含在這套語言裡的整個思想世界就都為你打開了。我們戰後新生代如此學會了用這套語言來思想，就像李登輝終其一生主要依賴日文來思想那樣。而這套語言是從文學的語言開始被吸收學習的。

1960年代的台灣，青年學子需要經過初中、高中、大專三次聯考的煎熬，文學閱讀是在這種煎熬下的一種暫時逃逸。國語作為文學的語言，首先被學子所掌握的，除了課本上的東西外，第一個打進大家心裡而且數十年難忘的，就是像葉逢甲、劉興欽、陳定國等人創作的漫畫了。作為廣義的文學作品，這些漫畫裡的四郎、真平、阿三哥、大嬸婆、魔鬼黨、妖蛇黨、哭鐵面、笑鐵面、呂四娘等人物，在小讀者的心裡都是用國語念出來的。漫畫中的那些震天殺聲與刀光劍影，也都是呈現在國語的語境裡。

接著漫畫之後，就是出現在報紙副刊、《皇冠雜誌》等的言情小說，接著還有武俠小說。1960年代開始愛好文藝的青少年，

沒有不曾讀過瓊瑤的。對於情竇初開的青少年，除了被這些文藝作品的愛情內容所吸引外，還開始從其中學到了作爲文學語言的國語。誰也不能否認，這些言情小說之中，除了繼承白話文學運動的成果之外，還包含了多少傳統詩詞文學經典，而成了那個年代台灣青少年的文藝啓蒙。與國語無緣的母親雖然基本無知於這一方面的知識，但也知道學生除了課本之外，也要接觸經典文學名著。母親從小親密的堂妹、嫁到賴家的阿姨教養了幾個優秀子女，包括前中研院賴明詔副院長。賴家的表哥表姊們從小就品學兼優，一直是母親用來鼓勵我們兄弟的楷模。有一次，她還幫我們去賴家借來了他們子女所讀的課外書，來作爲我們讀書的典範。我還記得這些書包括王藍的《藍與黑》、《文壇》雜誌以及像《基度山恩仇記》之類的外國文學名著。國語作爲文學的語言，不論是創作還是翻譯，就成了我們這代人在青少年時文學啓蒙的重要語言工具。

在這整個過程中，國語的確是更早地作爲「文學的語言」被台灣人學習與使用的。在光復之初，對於受過日本教育的一代人，國語若是只用來進行文學創作，確實比較容易入手，這在日據時期就已有人嘗試，像賴和的白話中文小說。那一輩人如楊逵、鍾肇政等，在光復之後也都能順利轉換成以現代白話中文來進行文學創作。文學不需要口頭陳述，不需要標準發音，也不需要雄辯滔滔，文學是一種內在世界的想像與傾吐。只要有足夠的範本作爲學習的參照，就能很快上手。尤其現代中國文學又是在白話文運動的影響下，比較不重視經典隱喻，而重內在感情與外在實境的描摹。這對於不曾受過傳統漢學教育的這一代台灣作家而言，卻也是一個有利之處。

我家四叔光復時正當中學生，日文教育到白話中文教育的轉

換是在學校裡發生的。這對他而言顯然不是大問題，也因此而讓他有了掌握中日兩種現代語言的機會。在吸收與適應能力最強的中學生時代，喜愛文學的四叔很快地學會了現代白話中文。在1948年中學畢業前，他就自己編了一本文藝小冊子，題爲《奔流》，並以「歲月似飛瀑的傾瀉，江水的奔流一樣，在不知不覺間，我已度了十九載的生活」這麼一段話來爲此破題。從日文教育轉而接受中文教育才兩年多，他已能寫出通順的白話中文了。

四叔的這本小書，除了起頭的一篇時事分析與搭配的政治漫畫外，都是文藝作品。有中文創作小說、幾首現代詩、詩人拜倫小傳的翻譯、電影《居禮夫人》的影評、一篇托爾斯泰小說的翻譯、一封翻成了中文的日本老同學來信。還有一首英國詩人丁尼生的詩，四叔說「很難翻譯中文，請讀者自己翻查字典吧」！這麼一本集評論、小說、散文與詩等文學作品的小冊子，全部用工整俊秀的鋼筆字寫成，還配上也是鋼筆畫出的各種精緻圖案。很清楚這是一個還是中學生的文藝青年，運用新學會的現代白話中文，進行他自得其樂的文學創作。就語言水平而言，這本小書裡的文學部分比唯一的一篇時事分析要強很多。國語作爲一種文學語言，比作爲論述語言更容易被學習掌握。

如此在光復之後，我們看到一批受過日本教育的老一輩作家，在1950年代開始就有文學作品出來。到了1960年代，新一代的台灣文學創作者更如雨後春筍，紛紛冒芽茁壯，甚至長成大樹。新一代的台灣文學創作者或許在發音上還是講不好「標準國語」，但寫出精彩的中文作品毫無問題。這個時代產生了陳映眞、黃春明、季季、施叔青、王禎和、七等生、李昂等本省作家，甚至開創了「鄉土文學」的流派，引發風潮。當年初讀這些作家的作品，發現他們就正寫著當下在地的事物，而那個用來傳達當下

在地情境的語言，除了一些地方口語外，竟就是從小學習的國語。國語如此已成為我們的文學表述語言了。

同時，鄉土文學不僅是戰後台灣新生代學習國語的第一次文學高峰，也反過來對現代白話中文做出貢獻。現代白話中文在其幾百年的成長過程中，必須不斷吸收各地的方言精華，才能成為全中國的現代語言。台灣的鄉土文學作家在其文學創作中大量引入方言母語的詞彙，呈現出豐富的生命情境，正是在繼續豐富著國語作為文學的與生活的語言功能。

在這些作家以國語為其文學表述語言，而長出纍纍果實的1960年代，也正是我們的中學時代。在那時會在聯考之外追尋另類思想世界的中學生，幾乎都先後加入《某某中青年》的編輯陣容，成了文藝青年。這些人在往後的人生，大半不在文藝領域工作，但文學的國語卻都是大家掌握這套語言的入門之路，並由此進而學習掌握如何論辯與闡述。

國語作為五四傳承的語言

國語在1960年代成為台灣人的文學與論述的語言過程中，有個很重要的背景與條件。台灣在度過嚴厲肅殺的1950年代後，1960年代出現了出版的榮景。當時不僅冒出很多新的出版社，像文星、水牛、志文等，大量出版新書，包括在地的創作與外文的編譯；更有很多大陸遷台的老出版社，如商務、世界、中華等，也將大陸時期的舊書大批翻印出版。其中譬如商務的「人人文庫」，涵蓋了大陸時期二、三十年間的各種思潮與論戰。這些都是以成熟了的現代白話中文，即是台灣所用的國語，在論述辯駁的，而都構成了台灣戰後新生代這整代人的思想資源。

　　大陸民國時期的文學創作，除了左翼如魯迅、茅盾被禁止外，都在1960年代的台灣翻版流通。而那時期的外國文學翻譯，不論舊俄或西歐的小說也都大爲風行。譬如屠格涅夫、杜斯妥也夫斯基、托爾斯泰、雨果、大小仲馬等人作品在1930年代的中譯本，隨著那時的出版榮景也紛紛在台翻印再版。基本上除了左翼的之外，大陸民國時期的整個外國文學翻譯，多在台灣重印了。很多小說都是一些名不見經傳的小出版社以頗爲素樸的印刷包裝出版，價格不貴。這些對於在1960年代成長的台灣知識青年，眞是個豐富的文學與思想的寶庫。

　　這些大陸民國時期的文學與思想出版物，在1960年代台灣的再次流通，不僅讓台灣知識青年大開眼界，還是一個非常重要的對中國近現代史的補充教材。那段中國歷史的一個重大面向，如今我們可以用「五四」一詞來概括。雖然五四運動作爲政治事件只不過發生在1919年的幾個月的時間內，但其所引發的文化與思想的運動，卻可說是餘緒至今仍然不絕如縷。而台灣知青從1960年代開始，一方面學習國語這套論述與文學語言，另一方面也同時是對中國「五四」進行補課，這是我們父親那一輩人所不曾經歷過的。可以說，我們不僅掌握了國語這套論述與文學的語言，我們掌握到的還是一套「五四的語言」。

　　對五四時期的補課，不只限於閱讀新舊書籍，甚至還以思想論戰的方式實際發生了一次，即李敖以《文星》雜誌爲基地所點燃的「中西文化論戰」。論戰雙方的觀點與視野雖沒超過大陸時期，而且其中也充滿各自隱含的政治意圖，卻無損於是一次中國現代化議題的實際論辯，無損於是一次在台灣遲來的五四的重演，即使這些補課與排演都必須限制在當時的親美反共的思想管制之內，只能涵蓋到「五四」豐富意義中的有限面向。但其中很

重要的另一個意義則是，本省知識青年首次以國語為論述工具，參與了這場論戰。

不再獨白的國語

於是1968年我讀高二時，在府城大街上的書店與騎樓書攤上，自己一個人優游在這豐盛的思想與文學海洋中，成了一個青澀的文藝青少年。那時在台南府城學校的語言環境裡，閩南語還是主要的語言。除了學校功課與團體活動上的需要外，學生在生活上都還各自使用母語。這樣的情況符合一般的需求，因為在那個年齡，大半學生都還沒能論述什麼思想或者創作什麼文學，國語只能作為求學與考試之用，平常同學間當然就是母語的天下。一個接觸到那個文學與思想新天地的文藝青少年，面對這種情況是頗感寂寞的，這個新的語言天地就只能是「寂寞17歲」的一個自得其樂的世界，直到那年年初有一天碰上了一群知音。

那一年愛好文藝的一批南一中學生組織了一個小讀書會，裡頭主要是謝史朗、邱義仁等高我一屆的學長，我因一位林姓表哥的關係也加入了。我們這些高中生，雖然視野遠超乎當時一般中學生，認識上卻又不能免於青澀稚嫩，但都在享受著整個1960年代台灣文藝復興的豐盛果實。這個讀書會有興趣的書，正都是那一、二十年來台灣的創作或大陸的翻版，可說是民國從大陸到台灣一脈相承的作品。而這個相承所使用的語言，當然就是這場文藝復興的語言，是五四文學革命以來，又再經過四、五十年錘鍊的現代白話中文，來到台灣稱之為國語。

在這個讀書會裡，除了後來就讀師大美術系的區超蕃是外省人外，其他都是本省籍的南部子弟，大部分是府城出身的，而區

超蕃的閩南語卻不輸給其他任何一位，可以說閩南語是我們的生活語言。但當我們在進行討論時，就都用著國語來表達了。

他們是我第一次有了可以用國語來陳述與討論的「知音」。在這之前，我的思緒雖充滿著國語詞彙，我的思考邏輯也是用白話中文在起承轉合，但這基本上純是我內心的活動，沒能有論述傾談的對象。在那以母語為主的學生互動中，早先我還曾試圖講國語而被揶揄過，而如今在這個高中的小讀書會裡，我竟然不只有了一個以國語來論述的對象，還是一群人。這對我而言，真是個既新鮮又如魚得水的經驗。我心裡所思所想不再是個人的獨白，而是可以跟人交換的。國語這時真正成了我的論述與思想的語言了。

接著我又結識了南一中的另一批人，就是另一個文藝青年的地下社團「丹心會」。那是與我同屆的林瑞明組織的，成員也大半是本省籍，而會名自然來自文天祥的「人生自古誰無死，留取丹心照汗青」。林瑞明是浪漫詩人，以「詩伯」自稱，當年就寫了不少新詩。他對國家民族也是抱著十分浪漫的情懷，勉勵大家要「志在恢復漢唐雄風」。他並以同盟會的成就自我期許，要大家「激進圖強，勇往直前」。這個「同盟會」並非要推翻政府，詩人林瑞明這時其實十分忠黨愛國，面對充滿懷疑的其他成員對現狀的質疑時，屢為黨國辯護。這些對政治立場與世界觀點的爭論辯駁，不管書寫還是口頭，當然也都是使用國語在進行的。這時，國語已是大家共同的論述與思想的語言了。

國語作為台灣子弟的啟蒙語言

當年這兩個地下社團都與學生刊物《南一中青年》有關，正

好是前後兩屆的編輯成員。文學在那時代是枯燥課業壓力下的慰藉與解脫，同輩的這些文藝青少年，不僅聚集在各個學校的《某某中青年》社裡相濡以沫，還藉由青年救國團與幼獅的文藝活動互相串連在一起。我們那個讀書會成員有不少也參加了救國團的文藝活動，與台灣的文藝圈開始有了接觸。

在我們讀中學那個年代，參加到學校刊物編輯的文藝青少年，就像南一中青年社那樣，多是本省籍的。在那個年代，外省子弟似乎多半讀理工科去了，這或許是因為對文藝的興趣不如本省同學，也或許是本省子弟更熱切地要去掌握國語這套語言的最上層境界——文學與論述的領域。

如果說光復時還是高中生的我家四叔，在兩年內就能基本掌握國語的文學功能，到了20年後的1960年代末，我們這些與他當年一樣乳臭未乾的晚輩，能進一步掌握國語的論述功能，也就不足為奇了。就像同一年代的「中西文化論戰」，已有不少我們學長級的台灣知識青年參與論述那樣，那時候掌握了文學語言的中學生，也自然地要進一步去掌握論述語言。當時我們那個小讀書會的帶頭者謝史朗，於是也從文藝創作本身進入文藝評論與哲學思辯領域。當時還是高中生的他寫過一篇對現代詩的評論，登上了《純文學》雜誌，成了我們圈子裡的大事。對我們而言，國語不再只是外省同學字正腔圓、大聲說出的通用語言，或只是自得其樂、抒情寫意的文學語言，更是我們吸收新知、論辯觀念的思想與論述的語言。

我們這些同學後來各有世界觀與政治立場，但當時國語確實是大家共同的論述語言。我們平常用閩南語招呼寒暄、談天說地，但我們會很正經地用國語來討論嚴肅話題。當時大家就是在這麼一個氛圍中鍛鍊並掌握了這套語言的，而至今也還沒能講出

另外一套來。我們如此學到了雷震的民主憲政、殷海光的自由主義、李敖的個性解放、柏楊的憤世嫉俗、張愛玲的哀矜勿喜，還有陳映真等人的社會意識，以及他們背後的張君勱、胡適、魯迅等整個五四世代的豐富思想資源。而統合這一切的則是現代化之下的中國民族主義，它以國語這麼一套五四文學革命之後錘煉出來的現代白話文來說出。因此我們這一代人學習國語，就是在如此一個民族主義與民族復興的議題與論述環境中完成的。當時林瑞明義正辭嚴的忠黨愛國，邱義仁與大家一起捧讀張愛玲和陳映真，議論殷海光和李敖，以及謝史朗後來將子女取名為漢威與唐美，就都是再自然不過的事了。

如此作為一個新興國族語言的國語成了我們成長過程的啓蒙語言，在那時不管是忠黨愛國還是心懷不軌，大家同是中國現代化運動來到台灣的一支傳承。戰後出生的我們這整個世代，基本上都是在學會國語的過程中，吸吮這個中國現代化奶水長大的。而這些奶水提供的養分，如今還是我們這代人的豐富思想資源。我們又是二次戰後出身，學會了成熟國語的第一代台灣人，是台灣整個1960年代文藝復興成果的第一批受益者，這包括我們整個世代之中，後來走到與中國民族主義對立的諸多台灣獨立運動者。大家都在那1960年代的成長過程中，用這套處處散放中國現代化與國族復興氣息的國語，以無庸置疑的中國人身分，一起思維論辯和錘煉思想，即使這些思想在理念層次經常是左右矛盾。如此，這一代的台獨運動者也一樣繼承了同一國族語言的框架，飽受現代中國國族主義的啓蒙，看來似乎是無可避免的宿命。

國語成為我們的論述語言

在這能夠運用國語來互相詰難辯難的1960年代，不管後來政治立場如何，當年我們都認定用的就是自己的語言。這是我們與上一輩很大的不同之處，他們在日據時代學會日語而開展了他們的現代化思維，並用來成為論辯之語。但就像我們今天用英語時的感覺一樣，他們心中很明白不是在用自己的語言。戰後新生代使用國語則是與中國人身分一致的，這與我父執輩當年學日語時很清楚地知道是在學習一套外來統治者的高級語言，有著很不一樣的心理狀態。

這個並非完全母語的國語被認定是自己的語言，這心理是有其現實基礎的。閩南語作為漢語的一支方言，與另一支以北方官話方言為基礎的國語，同屬漢語而立於同一位階。只是因為北方官話因緣際會，幾百年來發展成為國族語言的地位，而台灣的閩南語卻因種種歷史因素，包括日本據台，而中斷了發展。但這兩種語言的共同漢語基礎，卻是與不同語系的日語有著基本的差異。何況台灣人被日本殖民政權視為清國奴，而國民政府不管犯了多少錯誤，還是認定大家同是中國人的。這是我們這兩代人在語言經驗上的一個基本差異。

在這個現實的基礎上，國語就在1960年代成了「也是我們的語言」。如此在高中的這段期間，語言就自然地形成了雙重性。課堂之外，平常與同學，尤其大半是本省籍的，脫口而出的還是閩南語，而這也是在本省籍學生還是佔大多數的南一中——這裡包括同班的陳水扁——最常聽到的聲音。然而在這些心靈開始開竅、思想開始尋找出路的文藝青年中，國語則成為能用來不斷探索、急於表現、互相較勁而又彼此交流的重要思想工具。我們這代人找回了論述的能力。

回溯光復後的歷史，即可清楚看到這個恢復的足跡。1950

年代還是個蟄伏過渡的時期，雖然《自由中國》緊扣著台灣的政經情勢，但基本上還是來自大陸的知識分子在主導。到了1960年代，就已經有不少本省籍知識青年，能夠純熟地運用國語來書寫與論辯了。當《文星雜誌》引燃「中西文化論戰」時，諸多參與論戰的殷海光弟子都是本省籍的，如何秀煌、許登源、洪成完等。他們雖非主角，但都能洋洋灑灑、下筆成章，運用中文的邏輯思辯能力，比起多是大陸渡台知名學者的對手如胡秋原、徐復觀等，毫不遜色。在這裡，論辯的是非與結果只是其中一面，而本省籍知識青年能無礙地以國語來論述、挑戰大陸渡台學者，卻又是十分有象徵意義的。

如果說1960年代在「中西文化論戰」中表現突出的本省知識青年，只是鳳毛麟角，到了1970年代，我們在論述上就普遍地了無障礙了。1970年代初，在台大校園的學生報刊上發生了「民族主義論戰」。引起這場論戰的當時台大哲學系老師王曉波曾說，這是光復後台灣第一場「統獨論戰」。當然論辯所涵蓋的其實不只是「統獨」，還有「社會主義vs.資本主義」、「民族主義vs.美式民主」、「現代vs.鄉土」等左右觀點的問題。而參加到論戰裡的學生，不管從哪一方面立論，絕大多數是本省籍的，像黃道琳、謝史朗、范良光、孫慶餘等。而且被歸為「統的、社會主義的、民族主義的、鄉土的」這一邊學生，又大半出身台灣南部，包括當年參加過南一中青年社與丹心會的那批人，反而是其對手多有外省籍與台北出身的。

台大校園在這場論戰之前，就已因保釣運動而鬧過將近兩年的校園民主抗爭與關懷弱勢的「到民間去」運動。1970年代初那幾年介入這些活動的學生社團積極分子，就已經大半是本省籍了。這些人兼具活動與論述能力，包括洪三雄、陳玲玉、林嘉誠、

楊鴻江、江烱聰、林聖芬、蘇元良、楊庸一、王溢嘉等人，都是本省籍的。當時這些社團構成了校園裡的學生反對派，而黨國在台大校園裡可以抗衡之筆，竟只有趙少康與馮滬祥。

這些情況顯示，到了1970年代，台灣重要的思想議題已經是戰後本省青年積極參與論辯的領域，而承載這些問題的這套國語，也已是不分台灣南北出身的本省知識青年，都能完全駕馭的論述語言了。光復之後，這個新的「現代中國文化共同體」在有著舊唐山養分的土壤上，以二十多年的時間就重建起來。在思想上大家都是1960年代台灣文藝復興的直接受惠者，而在語言上，國語則從此成為我們這一代台灣人的思想語言。

1975年《台灣政論》出刊，接著出來《夏潮》、《美麗島》等異議性刊物，來到1970年代後期又發生了「鄉土文學論戰」。台灣社會的這整個1970年代在思想與政治論辯上的發展，遂將所有本省知識菁英網羅進來，清楚地與國語這套論述語言綁在一起。在這些影響台灣以後的政治與社會發展的思想論述中，統／獨、左／右、性／別、現代／本土等議題的思辯架構，都以這套國語來承載、發展並限制。到了我們這代人開始當起父母的1980年代以後，對年輕的世代而言，國語就基本不再是「外來語言」，而成了不管出身與省籍的所有台灣人的自己的一種語言，甚至是最主要的語言了。於是當我們在餐桌上面對晚輩以新的「周鴻慶事件」來挑戰時，就不會再有失語的情況，而是流利地使用同一種論述語言──國語。

小結

總的說，在母語的論述功能在日據時代被摧殘，而光復後也

沒能恢復傳承的情況下，父執輩是無從傳述給我們一套文學與論述語言的。因此二次戰後出生的我們這代本省人，別無選擇地必須儘快學好國語，以便能順利地進行文學創作，與人論辯，並拓展出一片思想的世界。

若依字義將「母語」定義為「母親的語言」，也就是傳統社會裡「祖母與母親的那套無須論述的生活語言」，那我們其實並未失去母語能力，而是從小就不斷從祖母、母親以及三姑六婆等女性長輩娓娓而出的口中，學習到這麼一種活生生的母語的。我們只是由於父親在論述上的緘默無言，在成長過程中較無機會學習，以致在求學時期的作文、演講與論辯等的論述能力上較為吃虧。但是經過1960/1970年代在文學、論述與思辯上的鍛鍊，我們卻是以國語來恢復了父親失去的論述能力，不再像他們那樣地「失語」，也真正掌握了完整的語言能力。

不僅如此，我們這代人還因而有了一次對中國近代史，密集而精鍊的歷史性補課。以致中國近代史上的兩大議題——國族與現代化，如今仍是陰魂不散，在海峽兩邊持續發酵，繼續用這同一套語言來論辯詰難。

鄭鴻生，現從事自由寫作。作品有：《揚帆吧！雪梨》（聯經，1999）、《踏著李奧帕德的足跡》（允晨，2001）、《青春之歌》（聯經，2001年）、《荒島遺事》（印刻，2005）、《百年離亂：兩岸斷裂歷史中的一些摸索》（台社，2006）等。

知識人的眼界與立場

劉蘇里

　　針對大陸的知識人的議論，早已成為公開話題。究其原因，無外乎人們對知識人仍抱有很深的期望——當整個國家陷於非理性，不道德的狀態時，人們期望有一股最後的「拯救」力量。當此時，作為「界」的知識人群體表現如何，被人們所關注，是很自然的事情。以下幾段文字，成於近期，皆針對具體問題有感而發。

眼界首先關乎常識

　　我感覺，知識人作為群體，眼界出了問題。曠新年「受迫害」事件，鄒恒甫解職事件，《讀書》「換帥」事件，薛湧因「批評」茅于軾與《南都週刊》絕交「事件」，是最近幾個例證。

　　眼界，就是一個人看待、體驗世界的大小寬窄度，就是心靈理解、包容周遭事物的明暗強弱度。每個人眼裡有不同的世界，所以眼界不同。眼界有巨大的質量差別。個體有眼界問題，民族（國家）也有眼界問題。本文只談作為知識人的眼界問題。為討論方便起見，請讀者在最一般意義上理解「知識人」這個詞。

　　在現代社會，知識人的眼界之所以顯得重要，是因這個群體

比其他群體中的絕大多數人，掌握更多更專業的認識工具，更具表達能力——這也是知識人存在的理由。一個民族(國家)眼界的質量，很大程度與知識人有關，甚至是決定性的因素。很難想像，一個民族(國家)最重要的崗位，不是知識人占據著。這裡，我所談的作為知識、思想生產者的知識人，是恩格斯意義上的知識分子，費希特意義上的學者，以及麥基意義上的思想家。

知識人的眼界出了問題。以上提到的曠新年「受迫害」等諸「事件」起因、爭議焦點、過程，地上、空中媒體隨處可見，按下不表。我要問的是，這些「事件」的爭議，到底有多大意義，使得參加各方，非要爭出個黑白高低來？最後竟然上綱上線到各種「陰謀論」，及一家媒體對特約撰稿人言論自由的限制？我還要問，諸事件關乎什麼性質的「正義」和「公平」，關乎什麼樣式的道路鬥爭，使得當事各方非要訴諸輿論，炒得個滿世界雞飛狗跳？這難道就是知識人的責任和理應採取的姿態？

我這樣問，有委屈和受了氣的知識人肯定不服氣。果若此，說明我的上述感覺更有了憑據。其實，我並不相信諸事件當事人，如果不爭出個一二三來，便會路走不下去，思考展不開翅膀，智慧無用武之地。

常識告訴我們，作為個體，諸事件當事人，都有非說不可的話，非講不可的理，乃至非出不可的氣。對此，我可以保持一份私下理解。但在我看來，各方忘記了自己的身分，也忘記了自己的責任。或者我可以再厚道一點說，有比到媒體暴露爭吵內幕更重要的事情等著各位去做，各位的精力不該空耗在如此登不得大雅之堂的事情上，讓等著各位去做的事情對各位失望。特別是，當未來翻開成為歷史的今天這一頁，上面別只空空洞洞地寫著，「眼界不大，所聊太低。」

可事實是，事件的確一個個發生了，演繹得丁是丁、卯是卯，有滋有味。難道不是當事人的眼界出了問題？用老百姓話說，多大點兒事！作爲知識人群體的重要成員，相信各位當事人都有足夠的反省能力，檢視自己在事件中的所作所爲，是否出了眼界問題──是看待、體驗世界的眼界出了問題，還是心靈理解、包容周遭事物的眼界出了問題。各位的反省之所以有特殊價值，除個人受用，對作爲知識人的群體，亦有警示作用。

眼界首先關乎常識。換句話說，常識是眼界的基礎。我無意藉此文分析諸事件當事人眼界太低的這個那個原因。在我看來，主要是缺乏常識。常識告訴我們，西瓜比芝麻大，可分明有人丟了西瓜揀芝麻。常識還告訴我們，取法乎上僅得其中，可分明有人取法乎下。失去常識感，一個人頭揚得再高，眼界也遠不到哪兒去。知識人失去常識感，我有理由懷疑其知識、思想生產能力，和產品的質量。

我手頭有幾本近年出版的有意思的書，于光遠《「新民主主義社會論」的歷史命運》、紀坡民《憲政與「立國之本」》、匈牙利人科爾奈《社會主義體制》、美國人巴尼特《五角大樓的新地圖》，他們也都是知識人，思考的無一不是大問題。作者激情之飽滿，用心之專一，意志之堅定，皆可圈可點，都稱得上大手筆，足以做知識人眼界宏闊之楷模。他們擔當得起知識人的稱號。他們無一不具備了不起的常識感，並以此爲基礎，把自己的眼界推向遙遠而闊大的縱深處。

知識人的眼界關乎一個民族（國家）的眼界，知識人有責任把自己的精力、熱情和見識，投到比上述爭議更有價值的事情上。人民期待你們，民族（國家）期待你們。其實，知識人自己對自己何嘗沒有期待？

「問題」過後是什麼？

　　最近坊間流傳半當真半玩笑的話，說是「問題(談過)之後是(談)主義」。不用說，「問題與主義」的說法來自胡適之。可也有唱反調的，陳端洪在為自己的論文集《憲治與主權》寫的序言中，大篇幅論述多談問題少談主義的必要，任東來在給張振江新著《從英鎊到美元：國際經濟霸權的轉移 1933-1945》寫的〈序〉中，與陳端洪的議論不謀而合，並尖銳的指出，主義談起來容易，問題解決起來難矣，並痛斥目前學術研究中大談主義的傾向。

　　仔細辨認，兩者說的都不錯，所指向度不同而已。說該談主義者，往往不關乎學術，更多關乎社稷生命攸關的各種問題，以及未來憲政走向。再說白一點，是意識型態重建問題，當然關涉主義，唯此為大。陳、任兩位堅持學術研究眼下更要嚴守胡適之「問題與主義」關係原則，不僅對，且特別應該予以強調。

　　大談意識型態的著作，哪個方向的都有，但北京三聯出的一本小薄冊子，不能不單獨提出來說說。該書作者多少有些神秘，來往世界各地，跟季辛吉討論中美關係，在日內瓦搞國際戰略研究，寫過一本《義和團戰爭的起源》，翻譯過《凱恩斯傳》和《大趨勢：2020年的世界》，叫相藍欣的先生。有介紹說，此公為清代漢軍鑲藍旗後裔，相藍欣—鑲藍旗，像是化名。此公1983年赴美留學，算來留美已24年。4年前《起源》就引起我的注意，一是他把義和團之亂，稱做「戰爭」，一是作品中引用無數語種文獻，讓人稱奇。說無數語種，誇張了，但我確實沒數過來。義和團之亂牽涉多少國家，有關國家的文獻作者都用到了，還不止。去年三聯出《凱恩斯傳》，很有名，因凱恩斯有名，人們忘了譯

者。今年4月華東師大出《大趨勢》，在一個圈子裡也比較流行，以致有人要編寫《大趨勢：2020年的中國》，可譯者還是未能進入人們視野。作者剛剛出的《傳統與對外關係》，如果沒有副標題，估計還是未必引起多少人注意。它的副標題是，「兼評中美關係的意識型態背景」。這便了得，談中美關係，引出「意識型態背景」，新穎而刺激，便是好奇，都該買一本來讀讀。

作者說，此作越寫越短，勉強湊足10萬字，花了整整6年，開題正是《起源》殺青時節。作品雖短，但並不那麼容易讀，要同時具備美國多方面和中國古典文獻，特別是儒家經典等知識存量。作者大量引用《論語》中的段落，以說明，中國看待世界的基本原理，來源於儒家，具備天下情懷，跟美國「民族－國家」的短小視野，無論如何不能相提並論。在作者的邏輯中，儒家治國原則的實踐，造就了領先世界兩千多年的偉業，而且必將繼續領先世界（如果採納儒家治國原則的話）。作者有許多重要的發明創見，舉數端為例。比如，全新解讀張南皮的「中學為體，西學為用」說，認為是華夏面對西方入侵，最道中庸而極高明的哲學（頁22-27）。比如，比起西方個人自由，中國人歷來具有真正的獨立性，無論「內己」還是「外己」（頁106）。比如，正是儒家的「無為而治」啟發了西方人的「自由放任原則」。這裡，作者將「無為而治」治國原則歸在儒家賬下，顯然有待商榷。此一原則集大成者，當然是道家。《論語・衛靈公》「無為而治者，其舜也與？」，是孔子的感歎。作者說，正是此一原則，導致了宋代的經濟起飛，幾百年後西方步宋代後塵，至多是後進者趕超先進者「一個成功的範例而已」，重農學派的鼻祖魁奈不過是「歐洲的孔子」（頁133-139）。

遺憾的是，關於中美關係的意識型態背景，讀到最後，沒有

讀到作者富於啓發的建議。

「土鱉」經濟學家紀坡民也談意識型態，把許多年的思考集了一集，起名「憲政與『立國之本』——關於「新民主主義」和〈共同綱領〉的回顧與反思」，其中長達10萬字的一篇論文〈憲法修改應當以恢復『新民主主義』爲綱〉，論述最爲直截了當。此公1964年考入西安一所工程學院，學航空機械，後來因故當了多年工人，還參加過「勞動改造」，直到1980年代末才有機會「冒頭」，來到京城，研習經濟學，出版的第一部作品卻是《產權與法》，一部嚴格算來的法學論著。去年，紀坡民已到退休年齡。也就是說，他的思考和研究，大體上是最近20年的事，在不惑之年以後。這一切不能不讓人稱奇。我們不妨先把作者的立場放在一邊，看看他的結論。他認爲，中國政治體制改革的基本思路，應該是理論上，回到毛澤東的《新民主主義論》，體制上，回到58年前新政協制定的《共同綱領》——四個階級共同執政。如此一來，一通百通。他的這個看法，我早些年就聽身邊的人說過，但他的系統和邏輯，是別人不能比的。

同樣是談意識型態，相藍欣先生與紀坡民先生的出發點，估計不遠，可分量，尤其意境上，卻似有宵壤之別。這難道僅是年齡上倆人差了將近一輪之故（相先生1956年出生）？從入學求道年齡算起，相先生在國內生活了21年，國外24年，紀先生始終是地地道道的「土鱉」。這裡是否隱含著某種關乎「政治正確」的內情？我不能做誅心之論，就此打住。

問題之後，當然是主義。眼下，問題如禿頭上的蝨子，人人見得，但如何下藥，卻需要些智慧和勇氣。所謂下藥，就是重建意識型態，它應該具有強大的解說力，要能回答眼下人人關心的問題，特別是指明未來社稷的方向。我相信，在這一點上，執政

黨跟民間，想到了一塊兒。

小澤一郎、紀坡民

　　我先介紹這兩位主人公。小澤一郎，63歲，日本民主黨黨領，今年7月底率民主黨一舉奪得參議院選舉勝利，造成日本政壇兩黨制基本格局，是近14年來日本政治變動最核心的人物。紀坡民，62歲，經濟學家、法學家，中國社科院工經所研究員（已退休）。兩人是同齡人。兩人如何扯到一塊兒？先聽我說倆人的著述。

　　1993年，從自民黨幹事長位置出走，小澤一郎自行組黨同時，一口氣寫下15萬字的《日本改造計畫》（中文版，上海遠東，1995），奠定日本改造論激進保守派的政治綱領基礎。此後，小澤縱橫捭闔，左衝右突，在日本政壇翻雲覆雨，終於修成正果。1990年，開始思考「憲政」與「立國之本」，1999年，在憲法修正案徵求意見過程中，就此題發表長篇意見，2005年退休，2007年，該長篇結集首次公開出版（香港大風）。兩人用文字表達的事情，幾乎也是一個時間。兩著述的基本用意，亦如出一轍，兩著述還有一個特點，是既向後看了幾乎同樣的時間，又向前看了一樣的時間。

　　我解釋這時間上「向後」、「向前」的問題。所謂向後看，是兩著述都要為自己的立論找到出發的平臺，小澤一郎視線落在天皇裕仁〈終戰詔書〉前，也就是1945年8月前。紀坡民則把視線移到政協發表《共同綱領》時，1949年9月底。日本，1945年8月前，儘管是戰爭販子，但還是「正常國家」，政治、經濟、外交自我做主，一應俱全。中國，1949年9月底，《共同綱領》明

確載明「新中國」的政權，是四個階級的「專政」，經濟實行混合所有制，保護各類產權，一視同仁。日本因戰敗，經過東京大審判，和麥克阿瑟主導下憲法制定，被剝奪了建立正規武裝的權利，只有自衛隊建制，「國家」安全納入日美安保體制，外交上緊跟美國步伐，亦步亦趨。中國，毛澤東宣布「中國人民從此站起來了」後，迅速開始新民主主義社會「向社會主義社會的過渡」，又4年，完成「三大改造」，宣布進入社會主義，原本預計的兩個15年(新民主主義社會15年，向社會主義社會過渡15年)只用去大約1/4的時間。

在日本人眼裡，1945年以後的日本，是殘缺不全的「非正常」國家，有問題。小澤一郎自然也這麼看。在中國人的親身感受中，1951年底以後的中共政治、社會實踐，也出了不小的問題，從結果看，國家衰微、民不聊生，有目共睹。紀坡民也是這麼個觀點。

「向前看」，才是小澤一郎、紀坡民最重要的目標。在小澤那裡，向前看就意味著日本回到「正常國家」(一譯「普通國家」)狀態，擔當起與它經濟成就一樣的政治大國角色，與世界所有普通國家一樣，能與美國平起平坐。在紀坡民這裡，向前看，就是使中國國家治理的基本原則回到58年前的《共同綱領》上去，為已經取得巨大成就的改革開放搭建更加合理合法的「憲政」平臺。

我欽佩想大事兒的人，更佩服想一國大事的人，更更佩服設計國之前途這等大事兒的人。這一點，作為個體的小澤一郎和紀坡民，都是這等人。我不批評倆人設計中的種種問題，比如小澤顯示出的右翼強硬派姿態，紀坡民根本不提憲政的重要原則就是有限政府、權力制約。此非本文關心的重點。我關心兩人著述的影響和兩人60歲後的命運。小澤正逼著朝不保夕的安倍履行諾言，辭職下臺，全面實施已經開花但等結果的日本改造計畫。紀

坡民前年榮休，每天晚八點起床，讀書寫作，過退休生活。之所以把紀坡民拉出來與小澤比比，我不說很多人大概也知道，紀是毛最後歲月當家的常務副總理紀登奎的後代，小澤也是日本官宦世家的後代。他們幾乎同齡，思考一樣的軍國大事。但結果很不一樣——我不說，大家也看得出來。日本與中國的不一樣，從此細微處，是否也能看出個一二？順便說，小澤的書，在日本本土不知再版多少次，至少幾十次吧，紀坡民的書，暫時只能出在香港——好歹也算中國的領土。

劉蘇里，北京萬聖書園主人，常有各類評論問世。

思 想 鉤 沉

1902之霍布森

李有成

　　我最早讀到的有關帝國主義的著作是霍布森（J. A. Hobson）
的《帝國主義研究》。霍布森生於1858年，曾在牛津大學林肯學
院就讀，畢業後在艾塞特（Exeter）一帶教過幾年書。1887年霍布
森移居倫敦，成為費邊社的一員，並出版了幾本有關當代社會問
題與資本主義的書。霍布森後來受聘擔任《曼徹斯特衛報》駐南
非記者，就近採訪波爾戰爭（1899-1902）。波爾戰爭在歷史上向
被視為大英帝國對外擴張的重要分水嶺，之前除了克里米亞戰爭
（1853-56）之外，大英帝國的殖民戰爭面對的都是武器和組織皆
不堪一擊的土著，多半只遭遇到零星的反抗，大規模的抗爭不
多。一般人研究波爾戰爭，都把戰爭起因歸罪於大英帝國駐南非
最高專員米爾納（Alfred Milner）。米爾納一方面覬覦荷屬波爾地
區的金礦，另一方面想一舉建立自開普敦至開羅連綿不斷的帝國
版圖，因此不惜對波爾人發動戰爭，企圖兼併波爾地區的荷蘭屬
地。從1899年到1902年，帝國軍隊遭遇波爾人的頑強抵抗，死傷
非常慘重，光死亡人數即達2萬2000人。至少2萬5000名波爾人婦
孺平民和1萬4000名非洲土著死於英國人的集中營。戰爭在簽訂
《弗里尼欣和約》（*The Vereeniging Treaty*）後正式結束。波爾戰
爭使大英帝國的海外聲勢初次受到挑戰。

　　1900年霍布森從南非回到倫敦，並以波爾戰爭爲題材四處演講，痛陳波爾戰爭乃是英國統治階級爲了維護其金融與經濟利益而不惜犧牲工人階級的戰爭。在出版《帝國主義研究》之前，霍布森即以他在南非的採訪經驗與觀察，完成了《南非的戰爭》（1900）和《狂熱愛國主義的心理》（1901）這兩本書，探討資本主義、帝國主義及國際爭端的關係。

　　霍布森的《帝國主義研究》一書出版於1902年，是相關議題的重要開山著作。根據史學家霍布斯邦的說法，「帝國主義」（imperialism）一辭最初進入英國的政治論述，是在1870年代。馬克思於1883年病逝於倫敦，他的著作中並未見「帝國主義」一辭。這個字辭成爲一般用語應該是在1890年代之後。《帝國主義研究》一書影響深遠，爲霍布森帶來國際聲譽。我後來讀到列寧於1916年出版的《帝國主義是資本主義的最高階段》，發現霍布森對列寧的啓發與影響跡痕處處。列寧在1904年翻譯過霍布森此書，在《帝國主義是資本主義的最高階段》這本爲馬克思主義對帝國主義批判定調的書中，列寧指出，霍布森「所持的是資產階級社會改良主義與和平主義的觀點，……但是，他對帝國主義的基本經濟特點和政治特點做了一個很好很詳盡的說明。」列寧曾經痛下功夫，相當有系統地研究帝國主義，《列寧全集》第54卷（英文版第39卷）《關於帝國主義的筆記》即收集了他在1912年至16年間的閱讀箚記與心得，有關霍布森的《帝國主義研究》一書的筆記就占了不下30頁。在《帝國主義是資本主義的最高階段》中，列寧大量徵引霍布森書中的材料和觀點，一方面讚揚霍布森對帝國主義的經濟與政治層面的分析，另一方面則批判他的改良主義的結論，以及迂迴地維護帝國主義的企圖。換句話說，霍布森以爲改良的或成熟的資本主義是可以避免走向帝國主義的；列寧則

對此深不以爲然，他認爲帝國主義只不過是資本主義社會秩序的最後垂死掙扎，資本主義必須透過帝國主義進行海外剝削正說明其來日無多。

霍布森並不是一位馬克思主義者，霍布斯邦認爲霍布森所持的是一種自由主義的政治經濟學立場，一般的評論則把霍布森視爲社會主義者，而他的社會主義實源於英國本土激進政治的傳統；即使在批判帝國主義的同時，他的關懷主要仍在於英國內部的社會問題。《帝國主義研究》一書共分成兩大部分。第一部分討論經濟的帝國主義，這是霍布森較爲人知的理論，基本上在分析帝國主義和金融與市場資本主義的關係。這個理論當然可以推前到工業革命的興起。簡單地說，由於機器資本主義生產造成供需失調，爲了解決生產過剩的問題，帝國就必須向外擴張，尋找新的消費市場，以滿足資本家的需求，帝國主義因此是機器資本主義的產物。這就是霍布森所謂的帝國主義的經濟根源。

《帝國主義研究》的第二部分主要在批判政治的帝國主義。霍布森認爲，當帝國的擴張逐漸失去經濟效益的時候，帝國主義之所以能夠存在，就必須仰賴其他的非經濟因素。這些因素包括了帝國的榮譽、愛國主義、宗教與慈善團體的利他主義等，一言以蔽之，就是我們所熟知的帝國的教化任務 （civilizing mission），或者吉卜林所謂的「白人的負擔」，而這些因素的意識型態基礎則是自19世紀末即普遍流行的社會達爾文主義。霍布森無法苟同以社會達爾文主義爲基礎的帝國擴張，《帝國主義研究》一書第二部分的第2章和第4章對此意識型態撻伐不遺餘力。他認爲帝國主義不僅敗壞帝國的社會與道德，同時更給被侵略的所謂低等民族帶來重重災難。半個多世紀之後，法農在研究被殖民者的心理與精神狀態時，他的研究發現倒是與霍布森的看法遙

相呼應的。

對霍布森來說，與其說帝國主義是帝國的對外問題，還不如說是內政問題，其論證是這樣的：機器資本主義造成生產過剩，原因之一是勞動生產者受盡剝削，工資過低，根本無力消費自己的勞動產品，掌握生產資料和生產工具的資本家一方面必須將過剩的產品向海外銷售，另一方面他們積存的資金也必須向海外尋找投資機會。換句話說，過度生產和低度消費才是帝國海外擴張的真正原因。霍布森認為，帝國主義的真正受益者是資本家，並不是一般的帝國臣民。帝國主義因此應該被視為帝國不斷「擴大的贅瘤，內部失序的外在徵象。」

威廉士(1921-1988)在《鄉村與城市》(1973)一書中，總結帝國主義對大英帝國內部的衝擊時，特別以倫敦東區為例，分析帝國因財富分配不當所造成的社會苦難：

> 我們必須時時牢記，〔從帝國〕帶回來——現在仍在帶回來——的財富並未獲得平均分配。倫敦在其東區製造貧窮與悲慘的中心時，作為帝國都會的倫敦正值其顛峰期之一。由極少數的手從帝國帶來的財富，是讓同樣的統治階級繼續操弄政治與經濟權勢的重要來源。生活在一個已開發的工業社會的種種好處——即使是在好處等級的末端——當然被較廣泛散播。即使那個時候，這些內部裡的工人是直接受到剝削的。而英國的工人卻必須為這許多好處付出代價：一再為那些與他們的眼前利益關係不大或者根本沒有關係的戰爭而流血；而且以更深沉的方式在困惑中失去方向，精神扭曲。

　　威廉士的分析無疑坐實了霍布森的說法：工人階級其實並未享受到帝國的財富，反而為帝國的光榮付出了難以估算的代價。威廉士把這個現象稱做工人階級的「奇怪命運」：帝國都會貧民窟中的失業工人、失去土地的勞工及一無所有的農民，受僱到殖民地去，為帝國的利益而屠殺和征服同是貧苦的當地人民；而在帝國的首都，工人卻普遍遭受嚴重的剝削。

　　霍布森的《帝國主義研究》初刊於1902年，可以說是英國知識界最早較大規模地反省帝國大業的重要著作。1902年在大英帝國歷史上還發生了其他大事。這一年波爾戰爭簽訂和約。在位64年的維多利亞女王於1901年1月22日辭世，未能及見波爾戰爭結束，其長子愛德華七世隨即登基為英王。愛德華七世原訂於1902年6月26日舉行加冕典禮，但是由於盲腸切除手術，加冕大典延至8月9日舉行。自波爾戰爭之後，大英帝國的海外霸業就屢遭挑戰，知識界對帝國主義的辯論也不再陌生，加冕大典無論如何富麗堂皇，已經無助於挽救帝國逐漸走向崩解。

李有成，現任中央研究院歐美研究所研究員兼所長。研究領域包括文學理論、文化批評、當代英美文學等。著有文學評論與學術專書《文學的多元文化軌跡》、《在理論的年代》、《文學的複音變奏》、《踰越：非裔美國文學與文化研究》及詩集《時間》等。

桃莉絲・萊辛：

誤讀中煉製的火藥

雲也退

　　你永遠想像不到瑞典皇家學院的老先生們在琢磨些什麼，正如你也永遠想像不到，一個像桃莉絲・萊辛這樣的西方激進作家，在東方受到的是什麼樣的待遇。在中國，性別問題很難上升到政治層面，因為衣食大計總是第一位的。在飯都吃不飽的情況下，家庭和社會的性別結構還不會受到挑戰：天經地義的男主外、女主內，可不能放任女性主義這種資產階級謬種來挑起內訌，破壞東方式的團結。

　　於是就造成了一個情況，當桃莉絲・萊辛的作品有了一定的引進時，喜歡她的讀者往往是在把她降格使用──從進攻西方男權壁壘的火藥，降格為灑在自家後院裡的化肥，從平戎策降格為種樹書。按說萊辛本是鬥士一般的人物，在南羅德西亞時候是「共產主義小組」的創始人，有心要締造一個滌蕩了非正義的新世界。可為何來到東方就成了一位熱心的鄰家大嬸，忙著替人化解小日子裡積壓的牢騷？看見有人讀了《兩女一男的故事》後這麼寫：「激情不是愛情，妥協當然也不是。但能持久的愛情，必然寬容，必然包含一定的妥協……」你能不驚訝於萊辛作品的現實可操作性，進而質疑瑞典人的智商麼？

　　也許執迷於感性的情感題材是女性小說的特質。好在萊辛有

《金色筆記》，那本大厚書的主人公，那位毫無疑問是萊辛化身的安娜·沃爾夫，她的筆記恰恰是最不多愁善感的，是最脫離傳統意義上的母性「陰柔」的。《金色筆記》出版後，歐洲的女性主義者公推安娜作她們的代言人，集體抵制從禁錮在小閣樓裡的童年到消耗在相夫教子、操勞家務的青春的傳統命運；更令人嘖嘖稱奇的是，安娜——桃莉絲把這樣的性別結構放進了各種現存的具體社會，尤其是她有過切身經驗的種族隔離的非洲，和一襲紅色的蘇聯的背景下。例如她在筆記裡這樣寫：自己加入共產黨，「其原因就在於左派是這個鎮上唯一具有道德力量的人，只有他們理所當然地把種族隔離看做洪水猛獸」，而儘管如此，「在我身上始終存在著雙重人格：共產黨員的人格和安娜自己的人格。」

這樣的萊辛才值得讓人刮目相看。相信她會對遙遠的中國表示好感，事實上這也是許多西方女權主義分子的共同態度，因為在《金色筆記》成書的年代，東方古國的階級話語吞併了性別話語，男女共同服務於一椿宏偉的事業，兩性平權到了連身形性徵都被模糊掉的地步。由此或可理解，中國人對萊辛的接受何以滯後那麼久，乃至買櫝還珠，拿了人家的火藥當糞肥使。

讓我們來看看這塊面目慈祥的「火藥」的人生：1919年生在後來的伊朗境內，後來去了西南非洲的羅德西亞，1949年可能是萊辛生命中最重要的一年，30歲的她剛結束第二次婚姻，來到倫敦尋找前途，隨身攜帶一本處女作小說手稿和一個兩歲半的兒子。第2年她就鬼使神差地加入了共產黨。「鬼使神差」是她自己的認定，因為其後的歷史，一直到1956年赫魯雪夫報告和蘇聯侵匈兩大事件發生，都在向她，這位自視頗高的獨立知識分子，證明這一選擇的荒謬。她甚至很書生氣地寫了一封信給蘇聯作

協，抗議他們面對罪惡袖手旁觀。

但這卻是桃莉絲‧萊辛與其他女作家拉開差距的開始。政治，無論如何，都會讓一個知識分子迅速成熟起來，並最終可能把他/她鍛煉成世界上最好的作家之一——頒發諾貝爾文學獎的人真的想過要隱諱這一點？《金色筆記》裡大段大段地描寫政治，描寫主角與左翼政治派別的親疏恩怨，都是大有來歷的。1952年，萊辛在蘇聯見到了羅曼‧羅蘭、安德列‧紀德等人都見到過的情景：一位托爾斯泰模樣的農民憤怒地向她揭露集體農莊的虛偽繁榮，讓她趕緊回國去向世界說出一切。萊辛享用了史達林提供的一桌盛宴後陷入了沉思，到那時為止，這是她經歷過的最大的視覺和內心衝擊——超過了那兩次不快的婚姻經歷。

我們可以數出一大批不幸的天才女作家：19世紀的艾米莉‧狄金森害怕婚姻，一生未嫁；接著是智利人加夫列拉‧米斯特拉爾，以及出生於彼得堡的芬蘭人伊蒂絲‧瑟德格蘭，兩人年齡相差3歲，有著同樣災難般的愛的經驗。米斯特拉爾一生都在創傷中過日子，寫下的情詩為她贏得了諾貝爾獎，瑟德格蘭則乾脆英年早逝。1963年希爾維婭‧普拉思的自殺，給20世紀愛情的祭臺上又刻下了一位絕代才女的名字，一本喃喃自語的《鐘型罩》寫下了她暗無天日的內心世界。

桃莉絲‧萊辛本來也可能成為她們中的一員。1950年代連續多次的失敗戀愛的經歷，對她的打擊絕不亞於任何人。然而，不知是否因為受過政治現實磨礪的緣故，萊辛比她們都堅忍得多。她有一個人生信條：尋求自由的女性必然要付出代價。所以她認了。她一本一本地讀D. H. 勞倫斯打發苦悶；她沒有把責任一股腦兒推給放蕩無行的男人（儘管那些男人可能的確如此）——若是那樣，她大概只能寫出《鐘型罩》之類的二流小說——而寧願

多些反諷、自嘲，就是不扯開嗓子控訴。

　　女性主義運動中核心的弔詭出現了：《金色筆記》的作者被她們當做開路先鋒，然後萊辛根本不想被視為西蒙娜‧德‧波伏瓦的英國同行，也無心效法英倫前輩弗吉妮亞‧伍爾夫，絮絮叨叨而又充滿詩意地發表女人對平庸生活的哀怨。波娃是理論家，她的《第二性》是一紙昭告天下兼自我加冕的宣言書，萊辛何曾有這番抱負？在萊辛的世界裡，女人的不幸可以解剖，但不可以用來控訴，她們必須正視自己渴望被愛的天性，進而接受由此可能招致的不幸。那些把安娜奉為偶像的女人們都錯了！她是個失敗的人，你看她的筆記裡滿是關於「自由女性」的申說，但實際上，她渴望的自由無非是擺脫童年教育的桎梏、隨心所欲地去愛，而其結果又都是可想而知的；看看「黃色筆記」裡的一則則短篇故事，那裡頭充滿著義無反顧的愛和意料之中的背叛。

　　萊辛的激進大半係出誤會，她並不想激勵女讀者對男人世界的仇恨，她至多只想表白：我走到今天，可以對妳們，我的姐妹們，提出些什麼忠告。正是這份誠樸為《金色筆記》注入了力量，內向的、反諷的，甚至是自亂陣腳的力量。她沒有叫喊「看看你們把我們變成了什麼樣子」，她只是像曾幾何時的聖徒那樣，褪下衣裝，以自己身上的傷痕懾住他的對手；正是她大量提及政治現實，消除了女作家中常見的無謂的陰柔，告訴人們：我的眼睛關注著世界，而不僅僅是兩性對峙角逐的戰場。萊辛說過，她對政治並不大感興趣，選擇入黨是一種孩童時代感情的延續，當年在羅德西亞是因為結識了一批有同樣文學愛好的朋友，才呼朋引伴「同去同去」的──他們都曾懷著終結萬惡的白人社會的美好理想。這些都不打緊，重要的是，她的目光確實觸及了人類面對的某些共同問題。

那是一種身不由己的投入，一種近乎絕望的瘋狂狀態。萊辛描寫的陷入兩性關係不願退出的女人的絕望處境，是具有普遍性的。它表明：人總是不知不覺地就失去了對自己的控制。表現在政治中，那些死要意識型態面子的人不承認自己的罪錯，乃至不惜殺死任何肯說實話的刁民。人總在爲各種理由瘋狂，問題是，如何打碎生產瘋狂的那套機器。

在萊辛作品現有的中譯本中，《又來了，愛情》可能是另一部值得一讀的小說。65歲的女主角薩拉努力克制住自己不捲入新一輪的愛情，寡居了30年的她，擁有安娜‧沃爾夫所望塵莫及的理智，明白女人這種與生俱來的「愛的動物」能怎樣一次次瘋狂地跳入火坑。也許我們都愛看描寫「跳火坑」的小說，也許讓人涕泗交加捶胸頓足的美豔而苦命的女主角比花甲老婦有魅力得多——萊辛也許無趣，她可能想爲誤讀了《金色筆記》的「自由女性」們再挽一道韁繩。

桃莉絲‧萊辛寫了很多東西，《金色筆記》後，還有一組五部曲長篇小說和一大批科幻類作品。那些科幻小說清晰、明快，和被女性運動拿來當武器的書大相徑庭。在系列自傳的第二部《走進陰影》中，她稱《金色筆記》是失敗的，因爲即便這部她最有影響的書都沒能糾正人們的思維方式。確實，任何一種道德層面的改變都是極其困難的，也怪萊辛的眞心話說得太藝術，洋洋50萬言架構精緻，反而造成了虛晃一槍的效果。瑞典皇家學院的長者們本著尊老愛幼的傳統，在她米壽之年降下了一道恩典，恐怕也是出於對老太太的創作熱情的折服——就在今年早些時候，她還出版了小說新作《劈裂》，而且還在繼續寫下去。昔日曾有一位與諾獎有關的瑞典官員向她許諾「你永遠得不到諾貝爾文學獎」，因爲「我們不喜歡你」。他這有意無意的一槍足足虛

晃了30年，幸得時間淡化了一切，否則，耆耋之人還不一定經得
住如此悲喜劇的刺激。

——為萊辛獲得2007年諾貝爾文學獎而作

雲也退，不自由撰稿人，現居上海，任媒體編輯，業餘作者，有譯
作《加繆和薩特：一段傳奇友誼及其崩解》（羅納德·阿隆森著）及
《責任的重負：布魯姆、加繆、阿隆和法國的20世紀》（托尼·朱
特著）。

新書序跋

越界的創新，創新的越界：

《越界與創新》代序　　　　　　　　單德興

　　筆者於2000年出版的《銘刻與再現：華裔美國文學與文化論集》是第一本有關華美文學與文化研究的個人中文專書，之後又陸續發表了一些文章，本書收錄了其中有關亞美文學與文化研究的8篇論文和1篇附錄，除了賡續以往的學術領域之外，並且嘗試若干越界與創新之舉。首先，與先前《銘》書撰寫的時空和學術生態相較，近年來我國的相關研究快速進展，累積了一定的成果，足供我們回顧與反省，進行後設批評（metacriticism）。其次，在回顧與反省中筆者發現，我國的學者與學子相當自限於華美文學，而未積極嘗試開拓更寬廣的領域，因此本書在文學研究方面，將領域從原先的華美文學擴及亞美文學，雖然只有一篇（另一篇英文論文尚待改寫），但多少算是反省之後的回應。再就文化研究而言，《銘》書已涉及攝影文本，本書則進一步探討電影文本與建築文本，並試圖建立與學術建制、社會現實的相關性，以符合越界與創新的期待。

　　本書收錄的8篇文章，依照性質分爲兩部。第一部「越界的創新」中的4篇論文均針對特定的作家、導演、建築師以及他們的創作進行剖析。第1篇〈「疑義相與析」：林永得・跨越邊界・文化再創〉從跨語文、跨國界、跨文化的角度出發，探討夏威夷

第三代華裔美國詩人林永得（Wing Tek Lum）如何在詩作中挪用中國古典文學典故，這個迻譯與移植之舉在詩作中的意義與效應，以及這種寫作策略如何建立起他的華裔美國詩人身分。文中指出，考掘林永得詩作裡中國典故的來源，其主要意義並不是要據以斷定他的引文與創作是否道地、是否忠實於原作，而是要藉此強調詩人如何運用這些典故來達到特定詩作中的特定目的，進而彰顯其作品的原創性。質言之，過去有關翻譯的討論往往忽略其踐行的（performative）、開啓的（initiatory）、解放的（liberating）效應，本文則以仔細的文本分析顯示，林永得以英文創作來挪用、移植、馴化中國古典文學的成分，所產生的效應其實超過任何中文或英文的單語讀者、甚至中英雙語讀者的預料。藉著彰顯被忽略的島嶼（夏威夷）上被忽略的詩人（林永得）作品中被忽略的面向（中文典故），本文重探翻譯之多重面向，並試圖重繪華美與亞美文學的圖誌。

由於弱勢論述與後殖民主義的崛起，我國學者自1990年代初期以來對亞美文學的興趣漸趨濃厚，然而絕大多數都集中於華美文學，甚少涉及華裔以外的亞美文學，以致形成相當偏頗或「偏食」的現象。其實，亞裔在美國經常被混爲一談，因此不論就歷史情境、社會現實或政治需求，都須對亞美文學有一普遍的觀照與認識。遺憾的是，筆者雖然在若干場合呼籲國內學者與學子敞開胸襟，致力於其他亞美族裔作家的研究（詳見本書第二部「創新的越界」前兩篇論文），但國內學者往往仍裹足不前。此外，在1980年代以來重寫美國文學史的運動中，儘管「種族、階級、性別」（race, class, gender）三者的呼聲甚囂塵上，甚至被勞特（Paul Lauter）喻爲「三字眞言」（mantra），但國內、外的相關研究卻著重於種族與性別，對階級的議題則虛應故事。爲了開拓學術領

域，第2篇〈階級‧族裔‧再現：析論卜婁杉的《美國在我心》〉便是這方面的嘗試。該文從階級與族裔的角度出發，析論菲裔美國作家卜婁杉的經典之作《美國在我心》（Carlos Bulosan, *America Is in the Heart*）中的再現策略與重要議題。全文關注這部具有相當自傳色彩的作品中之主角集被殖民者、弱勢族裔、農民、工人、作家、編輯、知識分子、工運人士多重身分於一

身的現象及意義，討論他身爲觀察者／參與者／見證者／再現者的角色，其階級意識的覺醒，分析階級因素與族裔因素的結合，揭示主角以主流社會的價值觀（即所謂的「美國夢」）來進行抗爭，反擊美國社會的歧視與不公不義，剖析其作家與知識分子的角色，並指出文學如何藉由再現帶來希望。《美國在我心》一書遂成爲亞美文學中兼具文學藝術、社會意義、政治見地與歷史價值的罕見佳作，而放眼亞美文學史，具有如此多重角色並積極投入社會運動者也如鳳毛麟角。

　　第3篇〈空間‧族裔‧認同：析論王穎的《尋人》〉則由文學文本轉向電影文本，解讀華裔美國導演王穎的《尋人》（Wayne Wang, *Chan Is Missing*）中所呈現的都市空間／漫遊（者）與族裔認同等議題。筆者一直認爲王穎這部1980年代初期的初試啼聲之作是最另類、最具顛覆性的亞美影片之一，其被譽爲亞美獨立製片經典乃實至名歸。在這部低成本的黑白片中，他運用舊金山華埠兩名計程車司機尋人討債的過程，試圖建構失蹤者／台灣移民

陳雄的形象，呈現個人認同的複雜、游移、不定，以此反映美國華人的認同與處境。本文挪用黑色電影(film *noir*)及都市漫遊者(flâneur)的論點，探討城市空間(華埠的族裔化空間)、此空間與認同的關係，指出失蹤者有如留白，允許不同的解讀，形成「一個陳雄，各自表述」的現象，質疑了本質論的迷思。此片不僅演出了個人與族裔認同的變動不居，更是王穎思索舊金山華埠這個既是場域(site)又是景觀(sight)的空間，介入這個作爲競爭場域的異域奇觀，呈現自己面對複雜的華人認同時的立場、觀察與對策。片中的認同政治與場所政治(politics of location)，多少改變了觀者對於舊金山華埠與美國華人的看法。

第4篇〈創傷‧回憶‧和解：析論林瓔的越戰將士紀念碑〉進一步轉向建築文本。越戰是20世紀後半葉最慘痛的美國經驗，對不同人代表著不同意義，對親身參與其中的人更是如此。如何回憶與面對過去的歷史與經驗？如何處理往昔的創傷？如何再現個人與集體、過去與現在？有無可能將過去的傷慟化爲今日的動能，甚至化爲創造更公平、合理的未來之契機與資源？在傷慟、憶取、昇華中，族裔、性別的角色如何？如何藉由紀念碑再現創傷與回憶？這些在在都是複雜且值得深究的問題。因此，如何以空間的實體來表徵與紀念越戰此一集體記憶與創傷，進而引發反省、沈思、和解與昇華，誠爲一大考驗。1979年當越戰退伍軍人團體主動現身、公開徵選越戰將士紀念碑(Vietnam Veterans Memorial)設計圖時，引起各方矚目，眾多知名建築師參與角逐。經過匿名評審，脫穎而出的竟是年僅21歲當時就讀耶魯大學的華裔美國女學生林瓔(Maya Ying Lin)。在設計紀念碑時，林瓔選擇正視這個讓人痛徹心扉的傷口，並以迥異於傳統的黑色花崗石V字造形切入地表，而不像一般紀念碑那樣高聳於地面。此一設計

立即引發激烈的爭議，其中並涉及族裔、性別等議題。然而年輕的林瓔以分明的視野和堅定的意志面對排山倒海而來的批評，並監督整個建造的過程。自1982年揭幕以來，這座紀念碑每年吸引上百萬人前來憑弔，成爲最多人參訪的20世紀美國公共藝術品，2000年12月並榮獲美國建築師協會（The American Institute of Architects）票選爲美國世紀十大建築之一。這座紀念碑不僅一改大眾對紀念碑的觀感，也印證了林瓔的藝術眼光、人文關懷與人道主義。此文便是從創傷、記憶與和解的角度，來研究林瓔設計的越戰將士紀念碑的特色，所引發的激烈爭議，以及美國人如何藉由獨特的藝術品以及公共討論的過程，來面對該國最悲慟的創傷之一。因此，本文試圖探究深具意義的美國越戰將士紀念碑，分析林瓔如何以特定的身分及理念，藉由具體時空中的紀念物，積極介入歷史傷慟，以憶取尋求平撫、昇華。對於此時此地的台灣，此一深具文化（／）政治意味的紀念碑之（意義）形塑應該也有相當的參考價值。

　　第二部「創新的越界」中的4篇文章涉及我國相關學術的表現、反省與定位，頗具在地的、建制的、反省的、後設批評的色彩。第1篇〈冒現的文學／研究：台灣的亞美文學研究——兼論美國原住民文學研究〉發表於千禧年前後，旨在探討近年來台灣的亞美文學研究，其中的特色及偏重，並對照本地的美國原住民文學研究，以彰顯其特殊之處。筆者轉換高吉克（Wlad Godzich）有關"emergent literature"的觀念，而以「冒現的文學／研究」（literature/criticism of emergence）來形容亞美／華美文學的出現，以及在我國所進行的亞美文學與美國原住民文學研究，並企盼從我們邊緣的位置、冒現的處境出發，能產生一些不同於主流的看法，從原先只是地理、文化、歷史上的不同立足點，逐漸開

展出學術研究上的意義，進而可能在理論或方法論上有所建樹。
晚近我國在美國原住民文學研究方面由於研究群的努力，已累積
了更多學術成果，只要上網查詢《中華民國期刊論文索引》便見
分曉，然而該文中所指出的若干現象依然存在。本文並未特意更
新，以見證當時的學術現象。而晚近的發展也證明了只要有心，
群策群力，認真耕耘，總能踵事增華，功不唐捐。

第2篇〈台灣的華美文學研究：回顧與展望〉係前文的延伸，
曾分別以中文和英文發表於上海和舊金山，與相關學者分享台灣
在地的學術現象、經驗與反省。文中指出，以往台灣的英美文學
研究和其他地區一樣，都集中於白人主流作家，不見弱勢族裔的
蹤影。台灣的華美文學研究發軔於1980年代初期，但僅零星出
現，未成氣候。1980年代後期，以華美文學為博士論文的留美學
者返台，才算有鑽研此一領域出身的學者。1990年代，在相關學
者及研究機構（尤其是中央研究院歐美研究所）通力努力下，華美
文學研究在台灣的外／英文系如火如荼展開。相關會議陸續召
開，學術論文與學位論文如雨後春筍般出現，頓時蔚為風潮，與
其他外國文學研究相較，甚至駸駸然成為主流，直到晚近才稍有
和緩之勢。由於台灣學者／學子的中、英雙語及雙文化背景，在
閱讀華裔美國文學時特別覺得親切——有論者認為這其實是一
種「虛幻的」親切——在相關論述中運用此一特殊發言位置，研
究成果有其可觀之處。然而，綜觀這些年來的發展，筆者認為此
一新興研究領域若欲再創新猷，宜審慎考量視野的廣化、歷史的
深化、研究的脈絡化、理論的細緻化、手法的多樣化、目標的國
際化、發展的跨語文、跨學科、跨領域化等。

接下來兩篇的性質略有不同，都是筆者為《歐美研究》與《中
外文學》客串編輯的專號所撰寫的緒論。《歐美研究》與《中外

文學》都是國內超過30年的期刊，在學術與文化界享有很高的聲譽，在國科會學術期刊排序中名列前茅，並獲得國科會學術研究優良期刊獎。〈越界的創新：創造傳統與華裔美國文學〉爲《歐美研究》的專題緒論，相關論文來自1997年同名的第三屆華裔美國文學研討會。之所以採用此一主題，是因爲霍布斯邦對「創造的傳統」（Eric Hobsbawm, "invented tradition"）之闡釋有助於重新省思華美文學傳統，會議論文便環繞著此一主題進行多方位的探討，其中若干論文經審查後刊登於此一專題。該文先討論「傳統」之傳統，舉英美文學與文化爲例，說明所謂「傳統」並不像一般認定的那般牢固、穩定、一成不變，而是「與時俱遷、因地制宜、甚至因人而異的」。接著以美國文學史爲例指出，作爲後來者、新興者的美國文學，其傳統之創造、演化與更迭。繼而轉入美國的華美文學（研究）傳統，以及其流傳到台灣之後的情況。接著針對該「創造傳統」的專題論文逐一略述。最後以「期待新傳統」來期許此時此地另一個傳統的創造、延續、衍異與更新，並落實於華美文學，尤其是在當前台灣學術生態中可能具有的意義。

　　第4篇〈從邊緣到交集：探尋美國華文文學的位置〉爲《中外文學》的「美國華文文學」專號緒論。華文文學（Sinophone literature）近年來受到眾多矚目，紛紛以不同的角度來討論這個新興議題。一般人認定的華文文學基本上以海峽兩岸三地的華文書寫爲中心，而以其他地區的華文書寫爲邊緣；而在其他地區的華文書寫中，又以美國的華文文學最具傳統與代表性。該專號以此出發，指出其實由於文學認知與「傳統」的更迭，美國華文文學從原先位於美國文學或中國文學的邊緣，演變成兩者的交集，並從多語文的角度重新探究美國華文文學的特色與意義，它與此二大文學傳統之關係，並以「從邊緣到交集」來形容其轉變及獨特

位置。

　　至於附錄的〈卻顧所來徑：一位英美文學研究者的學思歷程〉原先是為《中央研究院學術諮詢總會通訊》所撰，文中回顧並省思個人身為台灣的英美文學與文化研究者，自1983年進入中研院以來的研究內容，歸結出幾個走向，修訂後納入本書，供讀者與先前諸文參照。

　　筆者在《邊緣與中心》一書〈序言〉中曾說：

> 　　我一向認為中心與邊緣的關係並非固定不變，甚至連中心也非確定不移。身為台灣的外文學者，在當前的知識體系下，處於中、外之間的中介位置與狀態，看似在二者的邊緣，但換個角度來看卻也是交集之所在。……具有雙語言、雙文化背景的台灣的外文學者，游移／游離於不同的知識與文化體系之間，也具備了〔薩依德（Edward W. Said）所描述的流亡者（exile）所具備的〕雙重視野，以及由此而來的遊牧的、去中心的、對位的覺知。這在強調多元文化的今日更形重要。

　　本書正是一位游移／游離於不同的知識與文化體系之間的台灣之外文學者，於強調全球化與多元文化的今日，以其雙語言、雙文化背景及雙重視野，以及由此而來之遊牧的、去中心的、對位的覺知，來省思亞美文學與文化研究。其實，游移／游離於不同的知識與文化體系之間的人，時時都在越界，也期盼處處能夠創新。雖然離開固有的疆界而踰越到其他領域往往帶有風險，而且越界本身未必是目的，也不保證就能創新，但不容否認地，卻能促使踰越者以嶄新的立足點與視角來重新觀照與反思，形成

創新的契機。對於置身於不同文學與文化疆界的邊緣或交集的台
灣外文學者，越界似乎是無法擺脫的「宿命」──換個角度來看
則是「優勢」──也企盼能藉此創新。本書則是一位台灣的英美
文學學者、外文學者、比較文學學者、人文學者從特定的發言位
置所企盼達到的部分「越界與創新」之舉，希望多少也呈現了身
在不同文化衝擊下的台灣學者的普遍處境，以及在此處境下的因
應之道。

　　藉著這次出書的機會，筆者把近年來所發表有關亞裔美國文
學與文化研究的相關文章結集，修訂文句，補充資料，統一用語，
惟顧及各文的性質及所反映的學術現象，未曾大幅改寫，希望讀
者透過這些文字也能見證台灣在相關學術領域中的現象與發
展。這些文章在不同階段都承蒙中研院歐美所的同事李有成、何
文敬、紀元文諸位先生提供資料和修訂意見，至為感謝。此書得
以出版要感謝有成穿針引線，允晨出版社發行人廖志峰先生多方
協助，楊啓巽先生的封面設計，以及陳雪美小姐與黃碧儀小姐的
仔細校對。

2007年9月3日
台北南港

單德興，現任中央研究院歐美研究所研究員，曾任中華民國英美文
學學會理事長。著有《銘刻與再現：華裔美國文學與文化論集》、
《反動與重演：美國文學史與文化批評》，譯有《知識分子論》、
《格理弗遊記》、《權力、政治與文化：薩依德訪談集》等。研究
領域包括美國文學史、華美文學、比較文學、文化研究、翻譯研究
等。

思想采風

會見哈伯瑪斯訪問紀要 [1]

黃瑞祺

「我現在是自由人了！」　　　　　　　　　　　　　——哈伯瑪斯

緣起

去年(2006)11月到柏林馬克斯普朗克人類發展研究所(簡稱「馬普所」)訪問研究，就在第一天下午茶時間碰到該所前所長艾德爾斯坦及其夫人莫妮卡(也是馬普所的研究人員，曾到過中國大陸做田野)，談到我的研究主題，由此而談到哈伯瑪斯。他告訴我他跟哈伯瑪斯是好朋友，問我想不想見哈伯瑪斯，他可以引介，我說當然想見啦。我請他們引見，雙方約定另約時間再談，他給了我一張名片。後來我去他辦公室找過他一次，他正好有事要出去。11月底我回台灣，這件事就打住了。今年再度來德國作短期研究，主題也跟哈伯瑪斯有關，曾試圖跟他聯繫，上網到法蘭克福大學有關部門寫電子郵件請他們轉寄，一直沒有回音。到馬普所訪問，有一次正好

1　由於是首次拜訪哈伯瑪斯，而且是到他家裡，他的夫人後來也加入了，不方便進行正式訪談，而是在美好氣氛的下午茶中，聊天與訪談交錯進行。所以本文題為「訪問紀要」而不是「訪談」。

在大廳碰到艾德爾斯坦，他正要出去，我們簡短寒喧了一下。之後幾天我突然想起這件事，就撥個電話跟他約個時間去他辦公室，他談了一下最近去冰島做研究，以及關於「民主教育」的研究，並給了我一篇有關的會議論文。後來又談到哈伯瑪斯有關的思想，我再度請他引見，他告訴我他即將要去瑞士度假了，請秘書給了我哈伯瑪斯的地址（不是網址），要我自己寫信給哈伯瑪斯，信裡可以提到他。

我於是寫了一封信到史坦伯格（Starnberg）給哈伯瑪斯，自我介紹了一下，並提了一下艾德爾斯坦，告訴他：我最近在看他2001年4月訪問中國大陸的講演集[2]，對他在中國大談人權以及對中國共產黨的批評印象深刻，其次問他是否2007年10月確如傳言會訪問台灣，以及是否可以去拜訪他。兩、三個禮拜之後收到他的回信，信上說因為最近的一個手術，必須取消中國、韓國以及台灣的行程，他覺得遺憾，不過如果我可以去慕尼黑的話，他期望能見到我。他建議我先打個電話給他，以便訂一個日期。我接到信之後有些驚喜，第二天（7日）就跟他通了電話，電話那頭是一個渾樸簡單的應答聲音，我說要去拜訪他，他問我什麼時候，我說看他的時間方便好了。他看了一下行事曆，簡單地說星期五下午4點，我說好，不過由於我沒去過史坦伯格，不一定能準確掌握時間。他就跟我說到慕尼黑之後，乘坐輕軌電車6路往Tutzing（終點站）的方向，但是不要在Tutzing下車，而是在史坦伯格下車，說得很詳細具體。他建議我到了慕尼黑火車站之後再打電話給他，讓他有所準備，同時再告訴我怎麼去。

2　《哈伯瑪斯在華講演集》，中國社會科學院哲學研究所編（北京：人民出版社，2002）。

旅程

　　我預先買妥車票，星期五一早就和友人到柏林火車站搭車去慕尼黑，到了慕尼黑火車站2點不到，在附近轉了一下，打個電話給哈伯瑪斯，他建議我們坐上了輕軌電車之後再打個電話給他，他會估計時間到史坦伯格火車站第三月台接我。我聽了有點遲疑，因爲一個動過手術不久的老人，又是世界知名的大師到車站接我？實在擔當不起。想拒絕在電話中又說不清楚，人生地不熟也實在需要人帶路，也沒再說什麼，就答應下來了。在售票機前折騰了一陣，買了一日票上了輕軌電車6路，就跟哈伯瑪斯打了個電話告訴他我們已在車上了。上了車問了人才知道史坦伯格有兩站，一站是史坦伯格北站，一站是史坦伯格湖(簡稱史坦伯格)，判斷哈伯瑪斯說的比較可能是後者，就在史坦伯格(湖)下車，車站就在湖邊，下車處正好是第三月台，一眼望過去樓梯口邊有個人很像哈伯瑪斯(在書上曾看過他的照片)，趕緊過去跟他握手，看他頭髮全白，嘴巴有點兔唇，因此說話有點含糊，鼻音頗重，需要認眞聽才聽得清楚，穿著一件有點陳舊皺折的黃色獵裝。我們跟他交談都用英語，他的英語相當流利。跟著他走出車站，他一下子似乎找不到他的車子了，不過後來大概又想起來了，他讓我們在路旁等著，他去開車。上了車子之後我坐在駕駛座旁跟他寒暄幾句，問他手術的情況，方知今年3月由於頭疼動腦部手術後，現在有時還是會頭疼。他開車有點猛，和許多德國人一樣，就像一位柏林的台灣人說的，德國人做事慢，唯獨開車快，德國有不限速的高速公路。車子開不到10分鐘就到他家了，如果不是他開車來接而是要我們自己去找還眞不容易找呢! 可見他的心思是很體貼縝密的。史坦伯格很小，應該說是小鎮，主要的景

點就是史坦伯格湖了。

家居

　　到達他家後，看我們對他的房子有興趣，他讓我們先參觀房子。進入房子，映入眼簾的是一間簡單的廚房，旁邊關著的是一間臥室（不在參觀之列），再旁邊就是一間最顯眼的、開放式的餐廳及客廳，兩廳只用矮欄虛隔著，餐廳到客廳有一矮階梯，客廳較低、較大，寬敞明亮，落地窗外一片綠意。客廳旁邊是他的工作室，右角落是落地窗，窗外綠樹盎然，窗前放一張椅子，其他牆面都是書架，中間一張大書桌。樓上有一陽台，放幾張沙灘桌椅。地下室有一間藏書室，以及一間臥室，讓他兒子回來時住，他兒子是位心理學者，住在柏林。他說這房子是他自己買地，再請人設計的。他似乎對這棟房子相當滿意。

　　我們一進房子哈伯瑪斯就問我們要喝什麼，我們都說咖啡，他覺得有點驚訝，他大概以為華人一般都喝茶。他就進廚房弄茶點，一會兒端出來咖啡和一大盤各式蛋糕，我們開始喝咖啡吃蛋糕，閒話家常。我送他跟他夫人兩把中國扇子，上面畫了花鳥，一把黃色系、一把藍色系。我跟他說，中國古代仕女和文人雅士喜歡用扇子搧涼或裝飾。

訪談

　　我一方面自我介紹一方面也想切入正題，我說我的碩士論文研究他的溝通理論，而博士論文則有一部分研究他的歷史唯物論的重建，是紀登斯指導的。他笑著說他跟紀登斯是朋友，紀登斯現在已

經是爵士了，言下似乎有點酸味，不知是否我過於敏感。從世俗的眼光來看，紀登斯榮任LSE院長暨布萊爾的首席顧問，卸任後受封爵士，而今哈伯瑪斯退休無事一身輕，似乎榮枯判然。不過內行人卻能看出哈伯瑪斯在思想原創性方面似乎略勝一籌；當然，紀登斯對於理論的演繹及運用於濟世上也不遑多讓，而獲當政者倚重。

他說我的碩士論文是在他的《溝通行動理論》一書出版之前完成的，用些什麼資料呢？這顯示他雖然高齡78歲，頭腦及聽力都很清晰。我說用你的文章和手稿，我特別提到1970年代他在美國普林斯頓大學演講的關於語言哲學的手稿，我問他出版了沒，他說已經出版了，就是他隨後贈送的《社會互動的語用學》（2001）一書。

我說基於我的研究我可不可以說，溝通理論是你的思想體系的核心及基礎，歷史唯物論的重建、法律思想、政治理論（關於審議政治、民主政治）、社會理論（公共領域、公民社會）等環繞其周圍，他點點頭表示同意。總體來看，哈伯瑪斯是德國傳統的思想家，亦即體系建構者，頗有黑格爾之風，他的任一篇文章或任一本書都是該龐大體系中的一磚一瓦，與該體系有一定的關係。而該體系的輪廓隨著他的著作的陸續推出而愈益明顯。

他問我這次到德國來研究什麼主題，我說研究你關於歐盟及全球化的思想。他隨後贈送的《過渡時代》（2006）一書即與此研究主題有關。我問他最近的研究，他說是憲政化或憲政民主，提到他的一本有關的書正由克羅寧（Ciaran Cronin）（在柏林）翻譯成英文，他將請克羅寧把其中跟我目前研究有關的一章寄給我[3]。

---

3 8月15日也就是拜訪哈伯瑪斯之後5天，收到克羅寧用email寄來一章〈多元主義世界社會的政治構成〉（英文）。克羅寧告訴我該書書名是《自然主義與宗教之間》（*Between Naturalism and Religion*），即將於2008年初由Polity Press（紀登斯的出版社）出版。

　　我再次提到他訪問中國大陸的講演，對他在中國大談人權以及對中國共產黨的坦率批評印象深刻。他在兩個星期中分別在北京和上海7個學術單位發表演講。第一次在中國社科院的演講就談論十分敏感的人權問題「關於人權的跨文化的討論」（上揭書頁3-12），直指中國現階段的一個關鍵問題，他直陳：反對普遍人權觀的「亞洲價值觀」是替專制的發展模式辯護的，他毫不諱言他的西方人權觀辯護士的角色。他的這個議論立場鮮明，也表現出說真話的勇氣。

　　他聽到我的讚揚只是淡淡地說：中國要進行現代化就必然會遇到人權及民主的問題，這是現代性的一部分，他們必須解決。言下之意，他是以一個諍友，而不是批評者的角色在說這個話。他的話在理論上也蘊含了他的普遍主義的立場，他相信人權是現代化或現代性的一個要素，除非你不要現代化，否則必然要面對普遍人權的問題。

　　我跟他說在中國「人權」的話題已成為禁忌，你可能是最後一位公開講演這個主題的學者，他表示訝異。不過他說這一次北京大學邀請他訪問，他曾透過友人問有何限制，北大表示沒有任何限制，他想講什麼就講什麼。他說可能北京奧運在即，中國為了門面好看不做任何限制。我說他訪華講演，長遠來看，對中國民主化的衝擊可能不下於當年杜威和羅素訪華的影響，他聽了沒有表示贊成或反對。不過他知道他的訪問日後在中國引起熱烈討論（尤其在網路上）。中國近年有所謂「哈伯瑪斯熱」大概跟他訪華有關吧！

　　2001年他在中國的演講中一再提到「專制的發展模式」，甚至明講「我仍然堅持我原來的一些觀點，中國共產黨作為執政的黨，在搞現代化的過程中，特別是在今天全球化的形勢下，是不是應該有所改變。」（上揭書頁217）這個說法，若放在哈伯瑪斯捍衛現代性以及上述普遍主義的立場，是不難理解的。

哈伯瑪斯在北京大學和人民大學講演「民主的三種規範模式」，同樣也是有針對性的。哈伯瑪斯在1960年代初就探討西方的公共領域的演化，後來探討溝通理論及公民社會，這些其實都是他的民主理論的要素，晚近的審議式民主進一步集中在政治體制上來思考。他這些思想對1989年東歐的和平演變曾有不可磨滅的影響。哈伯瑪斯在華演講及其民主人權的思想長遠來看，可能對中國民主化將有所衝擊。他這套民主理論即使對於台灣、東亞，乃至西方民主的深化、精緻化都還是很有意義的，從晚近本地政治學界熱烈討論審議式民主可窺知一二[4]。

他說本來今年10月安排了中國、韓國、台灣一連3個星期的演講行程，現在對他而言負擔太重了，最多只能去一個星期，選擇一個地方。我說那你應該選擇訪問台灣，因為你還沒去過台灣[5]，在那兒你有許多聽眾及讀者。他未置可否，似乎還在考量。

我問他馬克思在今天是否還相干，他說馬克思主義在理論上還是重要的，不過每個地方都應根據當地實際狀況制定政策。這主要是影射「社會主義國家」的教條主義。雖然他絕非正統馬克思主義者，但他一向自稱為馬克思主義者，或許從他的「歷史唯物論的重建」可以看出他是多麼的修正，而這又與溝通理論相關了。

我問他現在還有課程嗎?他說沒有了，全部退休了，包括法蘭克福大學，「我現在是自由人了！」。這或許也是我們此次能順利到他家拜訪的機緣吧！

4　這說來話長，請參閱拙著〈民主的重構及深化：一個社會學的觀點〉《社會學：多元、正義、民主與科技風險》，李炳南主編(台大國發所，2007)。

5　哈伯瑪斯1996年訪問韓國，2001年訪問中國。

夫人

大概5點半左右他的夫人下班回來了，我們都站起來跟夫人握手寒喧。他的夫人看起來比他年輕許多。提到哈伯瑪斯的病情，哈伯瑪斯還秀出他的頭上動過手術的痕跡，夫人對我大笑，表示他的動作幼稚可笑。他的夫人說今年1月她動腳踝的手術，3月哈伯瑪斯動腦部手術，言下不勝唏噓。我跟他夫人說我贈送他們兩位各一支中國扇子，她拿起來看，哈伯瑪斯跟她說我要黃色的，那支藍色的給你。德國人似乎什麼事都要說得清清楚楚。他夫人坐下，大家聊了一下他們2001年訪問中國的往事，對宴會上的豐盛美味菜餚讚不絕口。我說台灣的美食也很多。我給她看《哈伯瑪斯在華演講集》，尤其是書前面幾頁的照片，其中3張有她在裡面，她覺得很有趣。可是他們夫婦卻不知道這本書出版，我說他們應該贈送你們的，我的書因為裡面有註記，不方便贈送給你們。他夫人提到他手術過後直到現在還會頭疼及暈眩，頗有憐愛之意。我也感覺哈伯瑪斯站著時好像有點搖晃、不穩，覺得有點不忍，準備告辭了。我問他夫人，按醫師說法手術後多久可復原，她說至少要6個月。

告辭

哈伯瑪斯趁我們跟他太太談話時，到地下室的藏書室以及一樓工作室找書，我也趁機去看了一下他的房間及藏書。有些書他似乎一下子沒找到，最後他找到3本贈送給我，其中兩本前文提過，另外一本則是他早期的著作《公共領域的結構轉變》（1962/1989）。如前述，他還允諾要請克羅寧寄給我正在翻譯的章節。我請他在書上簽

名，他不但在贈送我的3本書扉頁上簽名，還在我帶去的兩本書（《證成與運用》（1983）、《哈伯瑪斯在華講演集》）扉頁上簽名留言，並且贈送了一本討論人性的近著給同行友人，可見他眞是細心周到。

　　6點半左右我們告辭前，跟哈伯瑪斯夫婦一起合拍了幾張照片。他們也建議我們到史坦伯格湖以及慕尼黑市中心的瑪利亞廣場看看，喝慕尼黑啤酒。最後告辭時，哈伯瑪斯開車送我們到史坦伯格火車站，在車上我問他用不用網路，他說有，但很少用，因爲怕花太多時間收信、發信，而不能做其他的事情。到了車站，他說因爲不能停車他不下車了，我們下車後，在車窗外跟他揮揮手後，他就開車走了。

　　黃瑞祺：中央研究院歐美研究所研究員，著有《批判社會學》、《社會理論與社會世界》、《綠色馬克思主義》、《現代與後現代》、《曼海姆》、*Recent Interpretations of Karl Marx's Social Theory*（Peter Lang）等。

不讓眼淚模糊雙眼

——猶太浩劫研究之父逝世　　　　陳瑋鴻

　　猶太「浩劫研究」之父希爾伯格（Raul Hilberg），於8月4日因肺癌逝世，享年81歲。希爾伯格一生雖然著述不多，然而其思考觸及了人類歷史上的幽黯深淵，開啟並奠定關於二戰期間納粹大屠殺的研究。當漢娜鄂蘭在1960年代中期出版《在耶路撒冷的艾希曼》時，便大量引用其研究成果，她所論及關於納粹體制內的個人淪為不思考的機器，可說是承襲了希爾伯格的論點[1]。希爾伯格的《歐洲猶太人的滅絕》一書於1961年出版（為1954年完成的博士論文修改與擴編而成），為猶太浩劫之研究立下了難以跨越的里程碑。為了表彰他的貢獻，2005年他獲選為美國藝術與科學學院成員。他的辭世在西方政治與歷史學界是一項重要的事件，世界各地學者紛紛悼念他對歷史研究的貢獻[2]。

　　如同許多二戰前後猶太人的遭遇，1938年納粹入侵奧地利後，年僅13歲的希爾伯格與家人開啟流亡生涯，從維也納經古巴最後落

1　希爾伯格對鄂蘭關於猶太浩劫問題的研究評價並不高，認為鄂蘭的《極權主義的起源》對事實了解太少且缺乏「原創性」。

2　包括美國 *The New York Times*（August 7, 2007）、*Los Angels Times*（August 11, 2007）；英國 *The Times*（August 8, 2007）；德國 *Süddeutsche Zeitung*（August 7, 2007）等，皆有學者專文紀念。

腳於美國。到美國後，希爾伯格曾經加入美軍，重回歐洲戰場。戰
後他竭力探求納粹體制屠殺猶太人的生成與原因，在指導教授——
著名的德國極權體制研究專家諾依曼[3]——的引薦下，加入美國官方
的「戰時文件研究計畫」，因而接觸到大量的納粹機密文件與希特
勒的私人日記。隨後於1950年與1955年在哥倫比亞大學分別獲得碩
士與博士學位，並自1956年起於佛蒙特大學政治系任教，直到1991
年退休。

　　在接觸到大量納粹文件後，縈繞其心思的問題是：一個高度現
代化的國家與社會會走向野蠻，而數以百萬的生命在納粹統治時期
就這麼無聲地消失湮滅，這一切究竟是怎麼發生的？希爾伯格不同
於一般歷史學家從受害者的回憶錄或日記等文件來呈現此事件；他
以政治學家的眼光，銳利地解剖納粹的運作機制。他描述一個現代
化的、高度發展的國家官僚體系，如何在領導者(希特勒)模糊曖昧
的政治目的下，精確並有效率地實施一連串的滅絕措施。不同於一
般視希特勒為罪魁禍首的觀點，希爾伯格認為在大屠殺的過程中，
希特勒扮演的只是次要角色，因為在1933年大屠殺開始之際，希特
勒本人也並不清楚要如何對待猶太人。此外，反猶種族主義在歐洲
歷史上潛伏已久，在美國與俄國也同樣存在。納粹時期之所以發生
如此大的悲劇，他認為主要乃是由於其官僚體制的特性。希爾伯格
用「滅絕機器」(machinery of destruction)一詞來形容納粹的官僚體
系，描述它宛如一條極具效率的生產線，從對猶太人的界定、徵召、
集中到送往死亡營進行消滅等流程，使得主政者原本並不明確的目
標，在機器無聲與冷酷的運作下，吞噬消滅了數百萬的生命。

3　Franz Neumann, *Behemoth: the Structure and Practice of National
　　Socialism 1933-1944*是他的代表著作。

1992年希爾伯格出版了《加害者、受難者與旁觀者：1933-1945年猶太人的災難》，提供觀察猶太浩劫事件三種行為者的視角，對後人探討歷史罪責課題帶來更為縝密與全面性的思考。他仍舊秉持著理性分析與為事實史料發聲的立場，敢於指出並澄清其中不少的爭議點。例如，納粹體制下協助執行與維持治安的「猶太人委員會」（Judenräte或Jewish Council）的曖昧角色，以及在納粹屠害猶太人過程中，不少旁觀者令人心寒的舉措，包括盟邦、中立國家、教會、甚至是部分的猶太人等等。將此慘無人道的屠殺描繪成理性化的結果，並且特別點出一些猶太人在迫害過程中的順從與配合，使得希爾伯格一度與猶太社群交惡，位於以色列的大屠殺紀念館Yad Vashem便曾拒絕收藏他的研究成果。而他理性分析的風格、大量的文件堆積與文表檢索，也讓他的成名作一時苦無出版商願意出版。

以複雜結構與多重角色的途徑來理解此一悲劇的發生，是希爾伯格治學的一貫風格，他亦以此標準來評論其他學者的相關研究。美國政治學者古德哈根於1996年出版《樂意當希特勒的劊子手：德國平民百姓與大屠殺》，在輿論界引起軒然大波[4]。古德哈根的書雖然旨在駁斥布朗寧（Christopher Browning）的《平常人》（*Ordinary Men*），其中論點顯然亦與希爾伯格針鋒相對；因此，希爾伯格亦曾撰文評論古德哈根的研究[5]。古德哈根認為，一般德國百姓對於納粹加諸猶太人身上的惡行，不僅知情且非常樂意的參與其中。猶太浩劫事件的發生主要乃根源於德國人普遍而有害的反猶認同之心理，

4　引起的爭論，中文介紹可見：王澤，〈自願的劊子手〉，《讀書》，1996年11期；陳郴，〈克服過去：柏林歐洲猶太人大屠殺紀念碑的歷史啟思〉，《思想5：轉型正義與記憶政治》，頁145-9。

5　Raul Hilberg, "The Goldhagen Phenomenon," *Critical Inquiry* 23 (Summer 1997), pp.721-8.

而納粹的反猶宣傳，也強化並合理化加害者的行為，使得德國人普遍認為，他們對猶太人所做的一切都是有益於民族整體的。古德哈根斷言，一般平民老百姓也許不是手上沾血的黨衛軍成員，但內心裡都是十足的劊子手。

希爾伯格認為，古德哈根簡化了大屠殺背後錯綜複雜的特性，把這部精密繁複的運作機器，理解成誰拿了槍砲、鞭子或以拳頭相向的草率問題，而此態度並無助於理解大屠殺的真相。古德哈根之所以有如此粗糙的結論，希爾伯格認為主要乃是因為他並沒有公允且客觀地面對所有的歷史事實。在檢視史料與描述事件上，古德哈根過度強調德國反猶主義的作用，但對於非德國人的劊子手與非猶太人的受害者卻輕描淡寫地帶過。根據事實資料，希爾伯格認為他的論點無法解釋「並不是所有行刑者都是德國人，另外，也不是所有的被害者都是猶太人。」在納粹體制下，部分的羅馬尼亞人、立陶宛人、克羅埃西亞人、拉脫維亞人、烏克蘭人……等等不同民族都參與其中。古德哈根將罪惡的發生歸咎於某個民族，也許滿足了被害者的復仇心理，或許替新一代德國人找到重新反省上一代人所犯的罪惡的機會，然而希爾伯格認為草率地面對史料，不僅無助於後人理解歷史真相，也為日後人們理解浩劫事件帶來揮之不去的陰影。

希爾伯格的憂慮值得後人省思。他的研究風格與成果顯然不易感動人心，讀者只能隨著大量檔案的呈現與不含情緒性的文字描述，觀看這些事情怎麼在各地發生，「滅絕機器」如何不停地運作著。一般人在接觸猶太災難的文件時，往往只能含悲忍淚或沈默以對，而希爾伯格卻是如此理性，令人懷疑他的冷酷心態異於常人。國際事務研究專家、亦曾是美國猶太大屠殺紀念博物館的主任賴希（Walter Reich）就曾經問過希爾伯格，外界一直對他的研究風格有所

不滿，批評他像是不含任何情緒埋首在一堆火車時刻表中，冷酷地看著車上無數的猶太人如何由生到死。賴希問希爾伯格：他看過這麼多檔案，是否有一件文件讓他哭過？希爾伯格回答有的，他想起一個法院的文件，案件發生在1942年間一位柏林猶太人購買咖啡所發生的糾紛，其中記載，最後納粹法院判決賣咖啡給那位猶太人是違背法律精神。他讀到檔案時，直覺地憶起兒時在維也納所嗅聞到的咖啡香。儘管他自認已經不容易被那些殘酷的檔案所折磨，但那麼直接與單純的嗅覺反應，還是讓他不禁聯想到猶太人的集體命運，而滋味是如此苦澀。

透過他一生介入猶太浩劫研究的身影，後人可以窺見一位歷史學者的治學典範；他讓自己沉浸在大量的檔案中，戮力將隱藏在這些不義事件背後悲憤而哀慟的眼神，轉化成理性的凝視。

陳瑋鴻：台大政研所博士生。研究興趣為德國古典哲學、當代政治哲學、台灣政治論述等。

泰勒新著：

論世俗時代的信仰

馬慶

　　最近，著名哲學家查理斯 ·泰勒出版了新作《世俗時代》[1]。這位被羅逖（Richard Rorty）稱爲當今最重要的10位哲學家之一的加拿大學者，一向以反思現代性文化與社會的重大轉變聞名於世，並在年初獲得了2007年度坦普爾頓獎（Templeton Prize）。由慈善家約翰··坦普爾頓爵士設立於30年前的坦普爾頓獎，旨在鼓勵科學和宗教對話，以比諾貝爾獎更高的獎金額著稱，特雷莎修女和索爾仁尼琴也在前度獲獎者之列。而這本《世俗時代》也展現了泰勒對現代性種種問題的最新思考。

　　此書出版後，好評迭至。同樣以反思現代性著稱的哲學家麥金泰爾，稱讚此書爲過去一百多年的討論提供了原創性貢獻，並不無歎息地說，好久沒有看到這樣的書了。社會學家貝拉（Robert N. Bellah）甚至想把此書稱爲他一生中讀過的最重要的一本書。《經濟學人》則稱，每一位對人類社會發展有些許興趣的人，都可以在此書中發現大量的眞知灼見。*Kirkus Reviews*也讚歎，泰勒可以把複雜的哲學術語轉化爲所有讀者都明白的語言，卻絲毫不損害其精妙之處。

1　Charles Taylor, *A Secular Age*（Harvard University Press, 2007）.

　　本書出自泰勒在1998-99年的吉佛德講座講稿。書中，泰勒首先
分析了世俗時代的含義。對於世俗時代，人們往往會理解爲宗教的
退場。不過，泰勒提醒我們注意，這種習見的看法中其實包含著幾
層相當不同的意蘊。第一種意思是從公共領域來理解世俗時代。在
今天的各種諸如政治、經濟、教育之類社會活動中，我們所依照的
規範，我們所權衡的程序都完全不需要訴諸任何上帝或宗教信仰的
考慮。第二種意思則是說，世俗化意味著現代世界中宗教信仰和宗
教活動的衰亡。人們不再去教堂，也不再信教。世俗時代還有第三
種含義，它是指信仰地位的改變。上帝已經從一個不容置疑的信仰，
轉爲一個普通的、與他者相等的觀點。在今天，宗教並不是眞的從
人們視野中消失了，而是我們早已習慣把各種觀點，宗教的、非宗
教的、有神論的、無神論的，並列混雜地加以考量。在這個意義上，
世俗時代意味著我們理解事物的整個語境發生了變化。

　　泰勒的工作就是以歷史的視角，敘說第三種意義上的世俗化。
他藉助對1500年以來哲學、宗教、道德、藝術、小說、詩歌等的分
析，追溯了世俗主義的興起以及現代社會的世俗化過程。他告訴我
們，世俗化其實是來源於宗教，新教改革就是世俗時代的起點。通
過對18、19世紀世俗主義和宗教的考察，泰勒得出一個與眾不同的
結論：宗教並沒有在西方文化中消失，而是以新的面貌重新爲人們
所接受。這是因爲，雖然啓蒙運動和科學革命向我們展示了一個不
需要任何超驗力量的物質世界，也賦予我們一種新的思考方式。但
這樣的思考方式並不能解決人們對人生意義的渴望，所以理性的現
代人仍然會有對超驗力量的尋求，歷史上這樣的例子比比皆是。而
宗教就在意義層面上發揮著作用，只不過此時的宗教已不再高高在
上，而是與其他的信仰方式並列的一種選擇。

　　當然，泰勒也承認，宗教信仰在歷史上往往造成危害。他並不

希望、更不提倡我們回到早期的基督教形式。雖然他本人是一個誠信的天主教徒，但在泰勒看來，具體的宗教模式其實無關宏旨。對於出生在加拿大魁北克，從小長在雙語氛圍中（母親家裡說法語，父親家裡說英語）的泰勒來說，多元身分或者說以多樣的方式表達自己的身分早已根深柢固。他在牛津讀書時所親近的導師，伯林和小說家兼哲學家艾麗絲‧默多克同樣是遊走於多個文化之間的人物。他們都認可現代乃是一個多元文化的社會，自然也不會贊成某個一元性的宗教模式。不過，泰勒也相信，人沒有信仰是無法生活的，因為人的生存與活動都需要意義的引導。意義來自於人的自我解釋，這些解釋背後涉及到泰勒所說的「道德源頭」，而宗教無疑是一種有益的資源。

熟悉泰勒的人知道，對於世俗時代的現代社會，他一直是持批評態度的。在他1989年的傑作《自我的根源》中，泰勒表明，西方的現代性模式呈現出一種難以接受的兩難困境：或者投身於那些令人愛恨交加的傳統宗教型態；或者委身於那種壓抑精神生活的自然主義。在結尾處，泰勒寫到，「拋開歷史上所有的宗教因素或基本的希望，而採取一種徹頭徹尾的世俗觀點，並不是一種解決兩難困境的做法，儘管它可能是身處兩難困境中的一種好的生活方式。它不能避免兩難，因為這也關乎到它自身的殘損。它關乎到扼殺了我們回應那些人類所知的最深刻最強勁的精神追求。」如今的泰勒似乎更為積極，試圖以現代意義下的宗教精神來走出這種兩難困境，所以他會嘗試地討論也許存在「一種天主教的現代性（A Catholic Modernity）？」。

不過，泰勒也清楚地意識到他的敘述往往是很西方化的，他提出「多樣現代性」的主張，反對一種模式下的現代性，尤其是套用西方模式的現代性。既然如此，作為沒有宗教傳統的中國人，面對

現代性的兩難困境，我們又該做何選擇？這也許是《世俗時代》最讓我們思考的地方。

馬慶：上海華東師範大學歷史學系2005級博士研究生。

致讀者

　　1987年7月15日，蔣經國先生解除了實施39年的戒嚴令。當時之所以解嚴，主因應是外在的，包括了中國大陸以及蘇聯先後「改革開放」所造成的冷戰體制鬆動；但也有內在的原因，包括新生力量的挑戰與國民黨統治意志的衰退。至今20年過去，比起1990年的學運、或是2000年的政黨輪替，解嚴對於台灣的意義，似乎聞問者較少。確實，由於解嚴乃是統治者的決策，與此前或者後來大規模民眾參與促成的運動性變化性質不同，在歷史上的位置也就不會一樣。但是，如果說解嚴代表整個社會逐漸回到常態的政治生活，那麼20年來的諸般現象，應該更能展示這個社會的根本性格所在。掌握這種性格，是我們要以解嚴為本期《思想》專輯主題的用意所在。

　　李丁讚、馮建三、張鐵志、廖元豪四位，分別從社會運動、傳播媒體、民主與資本主義、以及人權法治幾方面，對解嚴之後台灣的得失成敗，提出了全面的分析與評價。他們對解嚴寄以厚望、對解嚴之後的發展給予肯定，但同時也在社運政治化、媒體資本化、金權政治、以及弱勢人權幾方面，指出台灣社會必須正視的難題。應當知道，如今這些問題已經無法歸咎於一個凌駕在上的威權體制，而是台灣社會內部的共同責任。

　　從較為寬廣的視野來看，解嚴對整個社會造成的改變雖然可觀，可是其間的不變也需要面對。在我們所關切的思想、文化、學術領域，變與不變的對比，更值得玩味。解嚴以來，台灣的文

化意識、價值意識、所處世界的意識，都呈現了多少的移轉，可是基本的軸線如今何在，需要進一步的探討。除了本期發表的四篇力作，本刊又在10月舉辦過「後解嚴的台灣文學」座談會，邀請陳芳明、唐諾、劉亮雅、張錦忠幾位共聚一堂切磋攻錯，其內容可望在下一期的《思想》發表。

至於文學之外，戒嚴與解嚴對於哲學、史學、乃至於社會科學，又造成過甚麼影響呢？如果影響不大，那是因為台灣的戒嚴狀態原本即無傷於這些學門呢？是因為解嚴原本只有政治意義，並沒有改變社會結構與集體意識呢？還是因為台灣的思想文化學術與戒嚴體制原是同源，都是冷戰、反共、以及威權式現代化的產物，只要解嚴後的局面因襲著這些大環境因素，也就無礙於思想文化學術20年來的新瓶舊酒相安無事？

在本期的眾多精彩文章之列，我們要請讀者特別注意劉世鼎先生關於澳門五一抗議遊行的討論。常有人說，要透視一個重大社會事件，需要兼顧「結構」與「形勢」兩方面的分析。在這方面，劉先生的大作堪為典範。這樣的觀察視野，同時呈現長期的趨勢與當下的動態，讀者自然會認識到事件的來龍去脈與過程的生動真實。本刊盼望繼續發表這樣的社會分析。

「思想筆談」則是本刊新闢的欄目，旨在促進中文知識界的對話與互動。本期針對自由主義當前處境的討論，即是由大陸、香港、台灣多位學者共同促成。在這個天涯比鄰的時代，類此的專題對話機會仍屬可遇不可求，我們很珍惜這樣的機緣，相信讀者也能領會其間的深意。

編者

2007年深秋

《思想》求稿啟事

1. 《思想》旨在透過論述與對話，呈現、梳理與檢討這個時代的思想狀況，針對廣義的文化創造、學術生產、社會動向以及其他各類精神活動，建立自我認識，開拓前瞻的視野。

2. 《思想》的園地開放，面對各地以中文閱讀與寫作的知識分子，並盼望在各個華人社群之間建立交往，因此議題和稿源並無地區的限制。

3. 《思想》歡迎各類主題與文體，專論、評論、報導、書評、回應或者隨筆均可，但請言之有物，並於行文時盡量便利讀者的閱讀與理解。

4. 《思想》的文章以明曉精簡為佳，以不超過1萬字為宜，以1萬5千字為極限。文章中請盡量減少外文、引註或其他妝點，但說明或討論性質的註釋不在此限。

5. 惠賜文章，由《思想》編委會決定是否刊登。一旦發表，敬致薄酬。

6. 來稿請寄：reflexion.linking@gmail.com，或郵遞110台北市忠孝東路四段561號4樓聯經出版公司《思想》編輯部收。

第1期：思想的求索（2006年3月出版）

第2期：歷史與現實（2006年6月出版）

第3期：天下、東亞、台灣（2006年10月出版）

第4期：台灣的七十年代(2007年1月出版)

第5期：轉型正義與記憶政治(2007年4月出版)

第6期：鄉土、本土、在地(2007年8月出版)

訂購網址：www.linkingbooks.com.tw

思想7
解嚴以來：二十年目睹之台灣

2007年11月初版　　　　　　　　　　　　　　定價：新臺幣360元
有著作權・翻印必究
Printed in Taiwan.

編　　　者　思想編委會
發　行　人　林　載　爵

出　版　者　聯經出版事業股份有限公司　　　叢書主編　沙　淑　芬
台北市忠孝東路四段555號　　　　　　　　校　　對　李　國　維
編輯部地址：台北市忠孝東路四段561號4樓　封面設計　陳　玉　嵐
叢書主編電話：(02)27634300轉5226
台北發行所地址：台北縣汐止市大同路一段367號
　　　　　電話：(02)26418661
台北忠孝門市地址：台北市忠孝東路四段561號1樓
　　　　　電話：(02)27683708
台北新生門市地址：台北市新生南路三段94號
　　　　　電話：(02)23620308
台中門市地址：台中市健行路321號
台中分公司電話：(04)22312023
高雄門市地址：高雄市成功一路363號
　　　　　電話：(07)2412802
郵政劃撥帳戶第0100559-3號
郵撥電話：26418662
印　刷　者　世和印製企業有限公司

行政院新聞局出版事業登記證局版臺業字第0130號

本書如有缺頁，破損，倒裝請寄回發行所更換。　ISBN　978-957-08-3215-0（平裝）
聯經網址：www.linkingbooks.com.tw
電子信箱：linking@udngroup.com

國家圖書館出版品預行編目資料

解嚴以來：二十年目睹之台灣/
思想編委會編著 . 初版 . 臺北市：聯經 .
2007 年，(民 96)
336 面；14.8×21 公分 . (思想：7)
ISBN　978-957-08-3215-0 (平裝)

1.哲學　2.期刊

105　　　　　　　　　　　　　95021195